교회력에 따른 감각적인 성경 읽기 03

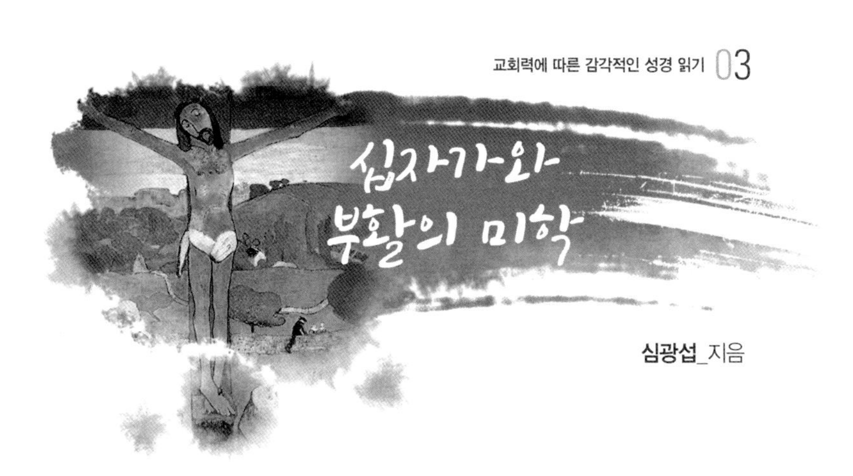

십자가와 부활의 미학

심광섭_지음

교회력에 따른 감각적인 성경 읽기 03

십자가와 부활의 미학

2021년 3월 12일 인쇄
2021년 3월 17일 발행

지은이 | 심광섭
펴낸이 | 손원영
펴낸곳 | 도서출판 예술과영성
등　록 | 제 2017-000147호(2017년 11월 13일)
주　소 | 서울 종로구 숭인동길 87, 3층
전　화 | 02-921-2958
홈페이지 | www.artmin.org

정가 18,000원
ISBN 979-11-962443-6-1

교회력에 따른 감각적인 성경 읽기 03

십자가와 부활의 미학

심광섭_지음

추천사 01

믿음의 예술, 예술의 믿음

믿음의 언어로 새로운 체험을 구상하고 우리를 초대하는『십자가와 부활의 미학』은 원시반본의 거울처럼 우리 앞에 선물로 마주선다. 여기 새로운 생명은 봄처럼 다가오고, 고난의 계절을 통과하여 역설적인 생명의 찬연한 꽃으로 사르르 올라오는 부활은 어느새 우리 존재를 가득 채우는 신비가 된다.

추운 겨울을 지나면서 빛을 고대하고, 점차 길어져가는 태양의 광채는 빈틈없이 살아있는 것들을 어둠으로 가두는 겨울에게 새로운 생명의 기운이 거침없이 풍요롭게 넘치는 시간이 왔다고 알린다. 아 얼어 붙은 세상, 그 틈새를 비집고 얼굴을 내미는 한란(寒蘭)처럼, 십자가 위에서 아름다운 구원의 꽃이 피어오른다.『십자가와 부활의 미학』은 추울 때 피는 숭고한 난초 한란, 음지에서 1-2월에 눈을 비집고 피워나는 선비의 꽃, 한란처럼, 우리 앞에 예술적인 은총으로 다가온다.

강한 절개와 믿음으로 창조주의 그 사랑을 만천하에 반사하면서, 몸을 입고 오신 주님의 거동은 새로운 고백의 언어와 상징으로 강력한 구원의 약속으로 오신다. 점차 햇빛이 머무는 광주기(光週期)가 길어지면서 겨울이 가시고 주변의 새 생명들이 계절의 잔치를 서둘러 준비하듯이, 그리스도 예수의 다양한 사건과 이야기로 복음서는 새로운 우주의 집을 짓는다. 천지공사라고 했던가 개벽이라고 했던가.

목회 현장에서 자연스럽게 수년 교회력을 따라 예배를 준비하면서 세월과 함께 뼈가 굵었다. 세계 그리스도인 공동체가 공동으로 독서하는 말씀을 받아 묵상하고, 기도하고 설교를 준비하는 반복된 세월에서 우리도 모르는 사이에 역동적인 생명과 기도를 접맥하는 설교자의 모습으로 변신해 왔다.

바로 교회력은 창조적인 기운을 말씀과 함께 입체적으로 구상하여, 새로운 언어의 집을 짓고 그 둥지에 드나드는 회중과 함께 복음으로 합창을 하기도 하고, 그것이 때로는 장엄한 오케스트라가 되어 예배 공동체의 황홀경을 맛보기도 한다. 일상 속에 임하시는 주님의 현존을 바라보고 비상하게 그분의 제자가 되고 큰 뜻을 터득하게 하는 복을 경험하기도 한다.

여기서 흩어져 있는 건축 자재들을 거룩한 영으로 틀어서 한 틈 한 틈 새로운 집을 짓는 일을 반복하면서, 우리 스스로 변형된 자재들이 되어 성스러운 그분의 나라를 만들어 가는 분깃이 됨이 변형의 미학으로 증거하게 된다. 세상에 존재하는 모든 것들이 다 공평하게 그분의 손에 닿아서 변형되고 사랑의 화신이 되어서 아름다운 능력의 공동체를 이루어 가니, 이 놀라운 체험을 소명으로 받드니 어찌 이것을 설교자의 복이라고 말할 수 있지 않겠는가.

일상에서 그 기호와 상상력이 고갈되어 다양하고 잡다한 자료를 뒤적이며 지적인 방황을 할 때가 얼마나 우리를 당황하게 하는가. 내 속을 풀어 이야기를 하고 싶지만 그 이야기는 하늘의 영을 맞닿아서 성스러운 작품이 되어야 하고, 복잡한 세계의 문제 앞에서 그분이 펴신 평화와 정의는 새로운 길, 희망이 되어야 한다는 생각은 늘 압도적으로 우리에게 다가온다.

그리스도 예수의 사건을 대언하고자 하니 일맥상통하는 해석학적인 틀이 필요하고, 그것이 언어를 넘어서 생명으로 통하는 열정을 실어낼 수 있는 도구가 있었으면 하는 갈망은 늘 설교자의 초조함이라 말할 수 있다. 초월을 내재로 표현하고, 동서남북을 만유주재의 편만한 현존으로 그려주고, 일상은 신비와 변형의 역설적인 감동의 순간으로 느끼게 하는 길잡이, 그 열쇠가 바로 여기 신학예술, 예술신학이며 그 생명의 씨앗이 『십자가와 부활의 미학』으로 활짝 꽃핀다.

먼지나는 목공소 뒷골목에서 만난 예수가 유대인의 왕이 되는 이야기, 수많은 판관들이 득실거리는 재판장에서 고독의 진리로 다가오는 성스러운 담론, 십자가 형틀에서 상상할 수 없는 아픔과 번민으로 눗뱀이 되어 긴 광야 길에서 지친 사람들 앞에 높이 세운 역설의 미학, 갈피 잡지 못하고 방황하며 수모와 변절의 자리에 질퍽하게 앉아 눈물을 흘리는 군중을 본다.

십자가와 부활은 새벽 미명에 떠오르는 태양처럼 우리의 온 존재를 빛으로 점령하고, 부활의 현현으로 어디에도 걸림없는 원융무애(圓融無礙)의 자유를 공로없이 받은 은총으로 노래한다. 우리는 바로 그 이야기 속에서 성령에 사로잡히고 아무도 줄 수 없는 희망의 찬가를 온 세상에 부르게 된다. 십자가와 부활의 틈을 이어주고, 연속적인 불연속성의 여력을 생명 현상으로 이끌어 가는 성서의 이야기들은 마치 우리 속에서 순간순간마다 일어나는 변형의 사건, 숨 쉬는 대로 우리들에게 임하는 성령을 대언한다.

"성령은 예수 밖의 또 다른 계시자가 아니라, 부활하신 예수 그리스도를 우리를 위하여 생각나게 하고, 우리를 위하여 예수님께서 현재화하는 능력이다. 성령의 현존 안에서 과거로 돌아가 기억 속에서 떠오르는 과거의 예수상이 아니라, 현전할 뿐 아니라 말씀하고 요구하며 미래를 제시하는 살아 계신 예수를 마주하게 한다." (246쪽)

저자는 오랫동안 시와 그림을 벗삼아 문자의 평면성을 넘어서고, 교의를 초탈하는 형상의 언어로 솔직하게 말씀에 기어들어가 읽고자 했다. 그는 수월한 학문과 교회 목회 뒤안길에서 성서화와 다양한 미술 작품을 입체적인 미학으로 풀어 말씀을 보다 역동적인 생명으로 풀고자 암호해독의 순례 길을 일찍 나섰던 것이다. 이미 다른 저작 들에서 추구하던 예술 신학의 틀을 이제 예수의 생애 순간순간의 모습을 따라서 정성껏 조심스럽게 그분의 세계에 입문하고자 한다. 순박한 믿음의 옷감을 몸에 칭칭 감고, 어려운 시대의 암호를 현학적인 신학의 선입견을 물리고 순간 순간 예술성 그 자체로 풀어가려고 한 용기있는 구도자의 흔적이 감동스럽다.

보다 열린 영적인 감수성을 한없이 갈망한 저자의 흔적이 촘촘히 들어나 있고, 자기 믿음의 형상화를 주체적인 예술 감각으로 이야기하니 거듭 설레이는 마음으로 한쪽 한쪽을 읽어 가게 된다. 그리고 그런 순례길을 떠난 그에게 감사하는 마음으로 화답한다.

믿음이 예술을 논하고 예술이 믿음을 논하는 교차적인 자리에서 든든한 둥지를 틀고, 우리 스스로 아무런 조건없이 자신을 타자화하여 개방하는 사랑의 자리를 거듭남의 자리로 삼고자 한다. 때때로 거듭났다고 하면서 자기만 알고 자기 방기와 초월을 체득하지 못하면 믿음의 담론이 무슨 대수인가. 어디에 갇혀 있어 사랑의 향기를 남에게 나누어 주지도 못하고 박제화되어 버리면, 소박하고 순박한 마음도, 너그러운 자비도 전할 수 없게 되는 허상을 우린 알고 있다. 제도화되어서 생명없는 종교의 장마당에서 더이상 허송세월 하지 않고 애틋한 사랑을 투박하게 하더라도 주체적 인 변형이 날로 절실하게 여겨지는 자리에서 『십자가와 부활의 미학』을 읽는다. "그림과 성서의 본문을 더 풍요롭게 느끼고 생각할 수 있을 것 같아 한국 시인들의 일반 시와 신앙시를 중간 중간 인용하고 또한 시편의 시들로 성경의 샘물에서 마시고 공명을 얻으려 했다." (21-22쪽)

『십자가와 부활의 미학』이 풍요롭게 입체화하고 있는 예수 그리스도의 사역이 우리가 사는 생태 문화적인 공간에서 보다 실천적인 진리로 들어나기를 간절히 소망한다. 저자의 통합적인 신학적 예술이 많은 이들에게 성례전적인 순례길로 예수께 다가가게 하는 보편적인 방편이 되기를 바라며, 이제 함께 그 길을 걸어가는 길벗이 된 감동적인 우정과 인식이 하늘 아바 아버지에게 기쁨의 제사로 드린다. 말로 표현할 수 없는 감사를 봄과 함께 다가오는 구원의 개벽, 부활로 찬양 드리고 싶다.

"우리가 아직 죄인 되었을 때에 그리스도께서 우리를 위하여 죽으심으로 하나님께서 우리에게 대한 자기의 사랑을 확증 하셨느니라." (롬 5:8)

2021년 3월 초순에
정희수 (위스콘신연회 감독, 철학박사)

추천사 02

거룩하고 아름다운 하나님

나의 오랜 친구 심광섭 박사가 전화를 걸어왔다. 곧 출간될『십자가와 부활의 미학』의 추천사를 써 달라고 했다. 나는 한사코 손사래를 쳤다. 오랜 친구이지만 난 심 박사의 깊은 예술신학의 세계를 추천할 만큼 공부가 깊지 않기 때문이다. 더군다나 난 요즘 정신분석이니 영성이니 하는 곳에 빠져 자꾸 내면의 세계에 빠져들어 도무지 추천의 글을 쓸 여력이 없다. 그런데 친구는 내가 아니면 안 된다고 한다. 친구의 강력한 청에 굴복하여 짧은 추천사를 써보기로 했다.

내가 심 박사를 만난 것은 1977년 감신 2학년 때였다. 난 감신 학부를 처음부터 입학해 다녔고, 심 박사는 일반대학교에서 편입해 같은 반에서 공부하기 시작했다. 심 박사는 학자가 되어 오직 한길을 갔다. 심 박사는 학부를 졸업할 때 하이데거를 읽고 논문을 썼다. 그리고 대학원에서도 하이데거의 신론을 쓰면서 홀연히 독일로 유학을 떠났다. 독일에서 공부하는 동안 심 박사는 교의학이 죽은 학문이 아니고 살아 있는 신앙의 학문임을 경험했다. 그래서 한국에 돌아와서는 슐라이어마허 신학을 연구하고 난 다음 무게감 있는 교의학을 써서 한국 교회에 선물하고 싶어 했다. 심 박사는 누구보다 많은 자료를 찾아 읽는 학자이고 그 읽은 것들을 묶어 정리하고 해석하는 능력이 남다르고 성실하다. 나는 그렇게 심 박사가 교의학자로서 자기 소임을 다할 것이라고 믿어 의심치 않았다.

그런데 그의 여정이 예상치 않은 곳으로 안내되었다. 그는 구체적으로 다양한 장르의 예술을 만나기 시작했고 특별히 미술사와 성서미술에 대한 공부에 매진하였다. 그는 예술신학의 정립에 소명을 느끼기 시작했고, 감신에서 "예술과 기독교 신앙", "예술 신학 세미나" 등을 열면서 서서히 자신의 신학적 지평을 넓혀갔다. 그는 마침내 『예술신학』(2010년)이란 연구서로 새로운 신학분야를 한국 신학계에 제시했다.

심 박사는 신앙 경험이 깊다. 그의 심장 속에는 살아 있는 신앙의 사건이 담겨 있다. 그런 까닭에 그는 철학적 신학과 교의학을 거치면서도 어떡하면 자신이 만난 거룩하고 아름다운 하나님의 실재를 표현해낼 것인가 장고했다. 그리고 그의 신학적 소명은 『기독교 미학』(2018년)으로 열매를 맺었다.

그의 성화 해석과 신학적 글쓰기는 철저히 성서읽기에 기초한다. 심 박사는 성서언어를 자유롭게 읽을 수 있는 조직신학자로 알고 있다. 또한 그는 서양 철학에 해박한 지식을 갖고 있다. 여기에 동양의 고전을 읽을 수 있는 한문 실력을 갖췄다. 그리고 미술사와 성서미술 분야에 여러 전문가들과 교류하며 공부하고, 오랫동안 시를 읽고 음미하기를 즐겨한다. 그리고 최근에는 정신분석과 분석심리학의 영역에도 독서를 해서 상당 수준의 인간 내적 세계를 이해하고 해석한다. 이처럼 신학과 예술 그리고 인문학 분야의 다층적 훈련에서 그 스스로가 해석적 주체가 되어 다양한 층위의 영역을 돌려가며 예술 신학의 실타래를 풀어낸다.

그의 해석적 단계는 대략 이렇다. 먼저 성서를 읽고 그 성서에 입각해 성서화를 선정하고 성화를 다시금 성서와 대화시킨다. 그리고 그 대화의 과정에서 자신 안에 있는 여러 해석의 층위를 돌려가며 성서화에 대한 신학적 해석을 풀어낸다. 그러니까 자신이 성서와 대화하고, 성서를 통해 성서화를 읽고 해석하면서, 성서화를 텍스트로 삼아 화가의 삶과 성서화 앞에 선 해석자가 되어 그림과 대화한다. 이제 그 대화를 통해 얻어진 시각으로 현대적 이슈와 성서를 연결시켜 읽는다. 이 때 시인들을 떠올리며 적합한 시와 또 다른 대면을 시도한다. 그리고 마침내 해석된 내용들을 다시 성서와 대면하면서 글을 맺는다. 그러니까 심 박사의 예술 신학은 성서텍스트가 성화를 통해 다시 읽혀지고 시인의 눈을 통과해 자신에게로 돌아온다. 그리고 다시금 성서로 돌아가 새로운 성서의 해석을 하면서 신학의 열려진 지평에 나아가기를 계속한다. 이점에서 그의 예술 신학은 아직 끝나지 않은 여정이고 그의 신학적 해석 역시 진행 중에 있다. 그리고 그의 가장 멋진 신학은 아직도 그의 글쓰기를 기다리고 있다.

그의 해석이 독특한 또 하나의 이유는 그의 삶이 순탄하지 않은데 있다. 그의 예술신학은 거룩하고 아름다운 하나님을 찬미하는데, 그 하나님을 노래하는 그의 삶은 고난과 희망이 가득하다. 심 박사는 공부를 마치고 한국에 들어와 오랫동안 시간 강사를 지냈다. 어렵게 얻은 모교 감신에서도 정년을 기다리지 않고 광야로 나가야 했다. 그는 슬픔과 아픔과 고통의 시간 속에서 사랑과 희망을 일궈낸 학자로서 비극적 아름다움을 토해낸다. 채워짐과 풍요보다는 비움과 빔에서 만난 거룩하고 아름다운 하나님을 서술한다. 심 박사의 예술 신학은 넉넉한 풍요에서 나온 예쁜 신학이 아니라 고통의 무늬가 새겨지고 기쁨의 결이 일렁이는 십자가와 부활의 신학이다. 그래서 그에게는 십자가가 하나님 사랑의 자리이며 이 땅에서 고통당하는 모든 피조물이 위로받고 생명을 얻는 장소이다. 이런 점에서 『십자가와 부활의 미학』은 고통당하는 사람들을 안아주는 어머니 하나님의 품이다. 여기에서 예술과 영성은 둘이 아닌 한 쌍이다.

『십자가와 부활의 미학』은 교회력 중에 수난절과 부활절을 기리며 쓴 글들이다. 크게 십자가의 사랑, 부활의 너른 지평과 부활절의 실존으로 나누어 성화를 통해 주님을 깊이 묵상하고 신학적 세계와 접속하도록 하였다. 성화에 나타난 상징해석을 통해 하나님이 말 걸어온다. 독자들은 하나님의 말 건넴에서 생명의 아름다움을 접할 수 있다. 마지막으로 즐겁게 예술 신학의 길을 열어가는 심 박사에게 존경을 보내며 하나님께서 풍성한 은혜로 인도하길 기도한다.

2021년 3월
와우리에서 이세형 교수(협성대학교, 상담학)

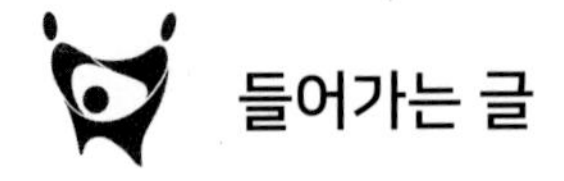

들어가는 글

나는 기독교 신앙의 실체를 보고 싶어 하는 교의(敎義)학자다. 교의학은 조직신학의 원래 이름이다. 교의학은 기독교의 핵심인 복음(기독교 신앙)을 교리적인 방법으로 해석하고 이해하는 데 중점을 둔다. 그러나 나는 박사학위 마칠 때(1991년)까지 전통적인 교의학보다는 철학적 신학에 더 큰 흥미를 느껴 학위논문도 철학과 신학의 경계선에서 훨씬 철학 쪽으로 기울어진 논문을 썼다. 그런데 독일에서 공부하는 동안 신학공부를 시작한 이후 처음으로 '교의학'(Dogmatik)에서 맛을 느끼며 공부하게 되었고, 교의학은 죽은 언어의 집합이거나 신앙의 현실과 거리가 먼 추상적 관념의 학문이 아니며 더더욱 독단주의(dogmatism)가 아님을 새롭게 알게 되었다.

학위논문을 쓰면서 공부한 탈형이상학적 사유가 교의학과 기독교미학(예술신학)으로 연결된 것은 그 후(1997년 경)의 일이다. 교의학에서 탈형이상학적 사유는 슐라이어마허 연구(『공감과 대화의 신학. F.Schleiermacher』, 신앙과지성사, 2015)를 통해 진전되었고, 신학의 예술적 전개는 『예술신학』(대한기독교서회, 2010)과 『기독교미학의 향연』(동연, 2018)이란 이름으로 태어났다. 앞 두 책은 각각 그다음 해 대한민국학술원 우수학술도서로 선정되는 기쁨의 선물을 안겨주었다.

20세기 최대의 예술신학자 한스 우르스 폰 발타자르(Hans Urs von Balthasar)는 "교의는 유머를 가지고 유머에 의해 써지지 않으면 안 된다"고 말했는데, 교의가 자칫 빠질 수 있는 무미건조함과 독단을 염두에 두고 한 말이라 생각된다. 그 길을 피하기 위해 교의는 미술과 시(詩) 등 예술을 통해 써질 것이다.

예술신학은 신학에 대한 미학적 이해이면서 동시에 예술분야에 대한 신학적 이해라는 생각에서 다양한 예술 분야[음악, 미술(회화, 조각, 건축), 이콘, 시, 춤(무용), 연극, 놀이, 대중문화...]에 끌려 정신없이 기웃거렸다. 어느 날 미술작품들이 눈에 들어와 1999년경부터 방학을 이용해 문화센터에서 특강을 듣고 미술사와 성서미술에 대한 공부를 시작했다. 당시에 강사들은 슬라이드 필름으로 작품을 보여주었다. 작가의 상상과 강사의 해석은 참으로 흥미롭고 신기하기만 했다. 우연히 포스터를 보고 홍익대학교 성화감상회에 5-6년 참석했다. 한정희 교수를 통해 미술인선교회를 소개 받아 특강할 수 있는 기회도 얻었다. 아직 대형교회 중심이지만 많은 미술인 선교회가 조직되어 활발히 작품활동 및 선교활동을 하는 것을 보고 반가움과 놀라움을 금할 수 없었다. 한국 개신교 안에 미술에 대한 이해와 보급이 매우 가문 편인데 이렇게 많은 미술작가들이 활동하고 있음을 보고, 기존 교회와 신학은 미술 무관심한 태도에서 미술 호감의 태도로 과감하게 틀을 바꿔야 한다고 생각했다. 나는 2005년부터 감신 학부에서 미적 교육의 일환으로 "예술과 기독교 신앙"을 신설했고, 그 후 대학원에서 "예술신학 세미나"를 새로 개설했다.

나는 미술작품 특히 성서화를 나름대로 보고, 읽고 싶어 2014년 페이스북에 그림과 글을 한 꼭지씩 올렸다. 이것들을 보충하고 진척시킬 수 있는 오랜 성찰의 시간이 운명처럼 나에게 주어졌다. 성 이냐시오(Sanctus Ignatius de Loyola)의 다음 말씀을 마음에 새겨 말씀과 그림을 벗 삼아 옆에 놓고 양쪽을 왕래하면서 되도록 오래 머물러 음미하고 맛보려 했다. "영혼을 충족케 하고 또 만족시키는 것은 풍부한 지식이 아니라, 사물의 내용을 깊이 깨닫고 맛보는 것이다."

나는 복음을 이야기와 은유로써 보고 그림을 통해 느낀 것들의 젖은 자리랄지, 뒷모습이랄지 하는 것들을 글로 옮겨 적으면서 그 복음의 이야기에 참여하고 싶었다. 하여 이 글에서는 명제화되고 추상화된 교리문장에 익숙해진 조직신학자의 해묵은 글쓰기 습관을 벗어나고자 애썼다. 그림을 통해 복음과 그리스도를 스케

치하고 색칠하면서 기독교 신앙의 경이로운 풍경 안으로 들고자 온 감각을 열어 보았다. 신학은 반드시 합리적 사유(思惟)만을 통해 이루어질 수 있는 것이 아니라 풍경(風景)으로 다가오는 이야기와 그림을 자욱한 심경(心境)으로 깊고 길게 품을 수 있음을 새롭게 알게 되었다. 풍경이 깊어지면 깊어질수록 아려서 심경이 때로는 아프고 슬프게, 때로는 넘치는 기쁨으로 은총의 신비 안으로 스미어 든다.

미술작품이란 한 작가가 보고 깨달은 세계에 대한 새로운 감각을 물질화시켜놓은 것이라는 말에 호감이 간다. 예수님은 가나 혼인 잔치의 향긋한 포도주 항아리에서부터 베다니의 악취 나는 나사로의 시신에 이르기까지 모든 물질적이고 감각적인 것에 우리를 담그신다. 예수님의 마음과 몸을 담은 사물, 사건, 사람은 아침이슬을 머금은 이른 봄의 새싹처럼 파릇파릇 일어나고 몽땅 신성을 향해 투명해진다. 우리는 이들을 성례(성사)적-신비적으로 때로는 예언자적으로 생각하고 만나면서 세계 속에서 믿음을 배운다. 좋은 미술작품은 우리에게 사물과 세계를 다양하고 풍성하며 보통과는 다르게 보는 새로운 시선, 매력적인 감각을 열어준다. 그로 인해 나와 다른 타자의 삶을 공유하게 되고 삶이 좀 더 풍요롭게 되는 것임을 잊지 말아야 한다.

성서화는 성서를 다시 조형하고 현재 감각에 어울리게 패션화한다. 작가는 회화를 통해 성서 안에 있는 빈틈들을 상징과 이야기로 채운다. 회화는 단지 빈틈을 채우는 것으로 그치지 않고 성서 이야기를 생생하고도 강렬하게 재현하고 메시지도 전달한다. 회화는 그들의 관심사에 적합하게 창작(조형)함으로써 성경 이야기를 지금 여기서 다시 살아 옆에서 말하는 것처럼 현실감 있게 만든다. 그들은 심지어 전통의 해석에 반대하기 위해 같은 주제를 다시 사용하기도 한다.

전통적으로 역사-비평 방법의 훈련을 받은 성서학자들은 성서의 기원과 의미, 저자의 의도와 역사적 배경 등에 주된 관심을 가졌다. 성서의 본문도 언어학적,

구문적 분석을 앞세웠기 때문에 독자(신앙인)들이 성서의 독서를 통해 기대하는 영성 함양과 거리를 느낄 때가 많다. 그러나 역사-비평 방법의 훈련을 받지 않은 화가들의 작품은 성서를 새롭게 읽는 예술이고 영성(예술적 영성, 영성적 예술)이며 본문에 대한 확장된 감각을 선사한다. "텍스트 밖에는 아무것도 없다"는 데리다(Jacques Derrida)의 말에서 텍스트는 성서의 문자와 언어, 문장이 아니라 화가의 그림이 된다. 사실 그림은 문자와 언어보다도 더 신선하게 영을 각성하고 옹글게 뜻을 전한다.

성서화를 보면서 나는 성서가 '미적 상상력의 원천'이 될 수 있음을 새롭힌다는 생각이 들었다. 물론 나는 그림을 보면서 성서의 해당 본문을 읽고 다시 그림으로 돌아온다. 그러면서 성서와 그림이 데면데면 보는 것이 아니라 대면하고 직면하여 잘 섞이길 바란다. 그림이 성서와 살을 섞을 때 성서가 그림을 읽는 것만이 아니라 그림을 통해 성서를 읽는다. 그때 그림은 성서를 통해서만 이해되었던 성서의 사실적 이야기의 지평을 넘어 넓고 높은데서 불어오는 화안한 하나님의 신비와 내 안의 본디 맑은 심성을 보여주고 밝혀주며, 우리가 그 신비를 체험할 수 있도록 이끌어 준다. 그림은 초월자를 보여주고 속삭이는 아름다운 창이다. 그림을 통해 환한 하나님의 사랑의 자비가 우리 삶 안으로 스멀스멀 스며들어온다.
나는 기독교사상사를 가르치면서 오래전부터 정통주의와 경건주의 시대(17세기)에 바흐와 렘브란트가 대표적 인물로 들어왔으면 좋겠다는 생각을 했다. 렘브란트의 그림을 공부하던 중, 십 수 년 전 우연히 수표교교회 담임목사였던 김고광 목사님 목회실 탁자위에서 『렘브란트와 성서』(Rembrandt and the Bible)를 발견하고, 그 책을 빌려오긴 했으나 너무 두꺼워 통독하는 것이 엄두가 안 났지만, 조금씩 오랫동안 읽었고 아직도 내 옆에 있다. 김고광 목사님께 특별한 감사의 말씀을 드리고 싶다. 페인팅, 에칭 그리고 드로잉으로 그린 렘브란트의 신구약 성서화가 그 책에 거의 망라된 것 같다.

발터 니그에 의하면 렘브란트가 드러낸 기독교는 전통적 관념들을 부숴 버리며 자체로만 이해될 수 있는 깊이에 가 닿는다. '삼십 년 전쟁' 무렵에 살았던 렘브란트는 분열과 투쟁으로 이끌고 간 교파주의와 정통주의에 더 이상 관심을 기울이지 않고 구체적인 살아 있는 신앙에 관심을 쏟았다. 이 신앙만이 교의 문제들을 무력 분쟁이 아닌 다른 방법으로 해결하도록 인간들을 결합시킬 수 있다고 믿었다. 성경구절을 어떻게 이해하는 것이 교의적으로 올바른가라는 물음보다, 진정으로 신앙으로 가득 찬 열정을 뿜어내고 있는 그리스도인됨이 렘브란트의 진짜 관심사였다. 렘브란트의 그림은 기독교 신앙이 끝끝내 얻고 싶은 하나님이 창조하신 경이로운 생(生)의 풍경을 느끼고 즐기는 신비적, 영적 감각을 향해 큰 걸음을 내딛고 있다.

2003년 『기독교 신앙의 아름다움』이라는 제목으로 출간한 적이 있는데, 이제 신앙의 아름다움을 신앙의 감각으로 감촉하고 느끼며 그 안에서 살고 성찰할 수 있는 기독교 신앙의 신비한 풍경이 되어 나타나니 기쁘다. '아름다움'은 하나님 신앙의 신비이고, '풍경'은 신앙의 형상이며, '감각'은 신앙의 아름다움에 접속하는 촉수(더듬이)다. 아름다운 신앙의 경이로운 풍경에 감촉되어 오늘도 활발한 더듬이의 움직임을 통해 주님의 영광의 아름다움을 맛보며 산 것이 초기 기독교 신앙의 삶이기도 했다.

이 책에는 렘브란트 뿐 아니라 다른 화가들의 성서화도 많이 들어 있다. 어떤 정해진 콘셉트를 가지고 택한 것은 아니며, 그림을 두루두루 보다가 본문과 가장 궁합이 잘 맞는다고 생각되면 선택했다.

차례는 예수 그리스도의 생(탄생, 행위와 가르침, 인격, 십자가와 부활의 길)에서 신앙적 의미들을 찾는 순서이고, 그것들은 그리스도인의 일 년 삶의 상징인 교회력(대림절 – 성탄절 – 주현절 – 사순절 – 고난주간 – 부활절 – 성령강림절-창조절)을 따라 배치했으며 한층 더 구체화 되었다. 이 책은 고난주간의 십자가와 부활절에 관한 글을 모았다.

이 글은 고난주간 한 주간 하루 하루 예수님의 행적을 전반부에서 궁구했고, 후반부에서는 특히 성 금요일의 시시각각 변하는 주님의 고난과 십자가의 길을 가장 가까이에서 따르고 경험하고자 했다. 주님의 부활에서는 전반부에서 부활을 내재적 삼위일체의 사건이라는 부활의 지평 위에서 성찰했고, 후반부에서는 인간과 교회, 시간과 역사, 세상과 자연의 부활이라는 경륜적 삼위일체의 사건이 부활의 생명으로 나타나는 양상을 숙고하였다. 십자가에 달린 자의 부활과 부활한 자의 십자가는 불가분리의 한 사건이라는 신학적 시각을 견지했다.

인간 존재는 시간을 어떻게 경험하느냐에 따라 그 삶의 의미와 존재의 결이 달라진다고 생각한다. 자연을 삶의 환경으로 살아가는 모든 인간은 자연의 시간(서양에서는 태양력, 동북아시아에서는 24절기)에 따라 일 년을 산다. 그러나 그리스도인들은 교회력을 통해 자연의 시간을 기반으로 하면서도 그리스도론적 변형을 통해 자연으로부터 전능한 하나님의 창조와 역사로 넘어간다.

성경의 시간 이해의 열쇠는 당도한 '때', 곧 '빈 시간', '채워진 시간', '충만한 시간'이다. "사건은 그것의 시간 없이 있을 수 없으며, 시간은 사건 없이 생각될 수 없다"(몰트만). 여기서 서로 다른 여러 시간들이 나온다. 이스라엘과 교회는 복수의 시간을 자연의 움직임이나 하늘의 성좌와 결합하지 않고 한결같은 하나님의 언약과 성실하심과 결합한다. 미쁘신 하나님이 창조와 함께 세운 언약, 성령 안에서 그리스도를 통해 나타난 구속의 역사, 삼위일체 하느님의 새 창조의 역사가 시간들을 근거 지으며 이것이 시간이 새롭게 머무는 집인 교회력으로 나타난다.

숙련된 도공의 손가락의 움직임에서 그릇이 만들어지듯 오랫동안 詩를 읽었던 기억들이 마음에서 그림과 별생각 없이 연결되었다. 호라티우스는 시학에서 시와 그림의 유사점을 이렇게 말한 바 있다. "어떤 것은 가까이서 볼 때 더 감동적이고 어떤 것은 멀리서 볼 때 그렇습니다. 어떤 것은 어두운 장소를 좋아하는가 하면 어떤 것은 비평가의 형안(炯眼)을 두려워하지 않고 밝은 장소에서 관람되기를 원합니다. 어떤 것은 한 번만 보아도 마음에 들지만 어떤 것은 열 번을 거듭해서 보아야만 마음에 듭니다."

그림과 성서의 본문을 더 풍요롭게 느끼고 생각할 수 있을 것 같아 한국 시인들의 일반 詩와 신앙시를 중간 중간 인용하고 또한 시편의 시들로 성경의 샘물에서 마시고 공명을 얻으려 했다. 시편의 빛 안에서 예수 그리스도가 해석되었다. 그리스도가 시편을 합법화하는 것이 아니라 오히려 시편이 그를 정당화해 준다(에리히 쳉어). 시에 대한 여러 가지 이해들이 있지만 여기서는 C.S.루이스의 이해가 울림을 준다. "詩란 보이지 않고 들리지 않던 것에 몸을 주는, 하나의 작은 성육신이다." 사랑하는 나의 하나님은 김춘수의 시에서, 늙은 비애로, 푸줏간에 걸린 커다란 살점으로, 놋쇠 항아리로, 어리디어린 순결로, 연둣빛 바람이 되어 '거룩한 비움의 공간'(sacred emptiness) 안으로 폴리포니하게 성육신하신다.

「나의 하나님」

김춘수

사랑하는 나의 하나님, 당신은
늙은 悲哀다.
푸줏간에 걸린 커다란 살점이다.
詩人 릴케가 만난
슬라브 女人의 마음 속에 갈앉은

놋쇠 항아리다.
손바닥에 못을 박아 죽일 수도 없고 죽지도 않는
사랑하는 나의 하나님, 당신은 또
대낮에도 옷을 벗는 어리디어린
純潔이다.
3월에
젊은 느릅나무 잎새에서 이는
연둣빛 바람이다.

시인 김수영은 "시는 온몸으로, 바로 온몸으로 밀고 나가는 것이다"라고 힘주어 말한다. 스승은 삶으로 글을 쓰라 조언한다. 인간의 고통은 살을 으깨고 뼈를 갈아 잉크를 만들고 글에 녹이게 한다. 그러나 하나님의 한량없는 사랑은 푸르른 희망을 바라며 기독교 신앙의 넓고 깊은 풍경의 비의를 감촉하게 하는 영적 감각을 새로운 선물로 주신다. 그러므로 고통과 사랑은 한 어머니의 정열(passion)이 낳은 이란성 쌍둥이다. 정열을 만족시킬 수 있는 수단은 희극보다는 비극이다.

지독한 고통과 어려움 속에서도 곁을 지켜준 형제자매 그리고 가족, 용기와 격려를 보내 준 선후배, 신실한 친구들과 사랑하는 제자들, 예술목회연구원의 운영위원님들과 이사님들의 우정과 인간애(人間愛) 그리고 디자인과 편집의 달인 강원경 목사에게 깊은 감사의 말씀을 드린다. 은퇴하고 서예를 즐기는 형님(심창섭 목사)께서 써 주신 이름을 책에 새기게 되어 더욱 기쁘다.

2021년 02월 17일(성회수요일)

의왕 모락산 자락 至樂齋 又玄 沈光燮

추천사 01. 정희수, 믿음의 예술, 예술의 믿음 5

추천사 02. 이세형, 거룩하고 아름다운 하나님 11

들어가는 글 16

제1장 고난주간: 십자가의 사랑

비아 돌로로사

1. 종려[성지(聖枝)]주일 29
2. 순례, 그리스도 수난의 길 40
3. 성전 새로 짓기 47
4. 다 빈치의 '최후의 만찬' 55
5. 파스카 만찬 – '최후의 만찬' – 성찬 65
6. 제자들의 발을 씻기시는 예수 77
7. 너희도 끝까지 사랑하라! 81
8. 김병종의 바보 예수 92

고난의 거룩한 아름다움

9. 겟세마네 96
10. 깨어 있는 감각들의 영성 110
11. 베드로와 수탉. 성금요일 새벽 무렵 115
12. 빌라도와 예수님. 성금요일 이른 아침 123
13. 조롱과 채찍. 성금요일 아침 총독 공관에서 골고다까지 143
14. 십자가에 올려지시는 그리스도. 성금요일 오전 09시 148
15. 십자가 위의 그리스도. 성금요일 오전 09시 ~ 오후 3시 158

16. 십자가에서 내려지시는 그리스도. 성금요일 저녁 173
17. 피에타(Pietà). 성금요일 하루해가 저물었을 때 178
18. 무덤에 누이신 그리스도. 성금요일 밤 마지막 묵상 189
19. 성토요일. 죽음의 세계에 내려가신 예수님 195

제2장 부활절: 새로운 삶

부활의 지평

20. 부활(1). 하나님의 연초록빛 힘의 승리 209
21. 부활(2) 십자가에 달린 예수님의 부활 224
22. 부활(3). 성령의 사귐 안에 있는 부활 238
23. 부활(4). 부활절의 실존. 시간에서 영원으로 248
24. 부활(5). 부활의 교회 - 교회의 부활 257
25. 부활(6). 시간과 역사의 부활 265
26. 부활(7). 거짓된 세상의 심판과 부활 275
27. 부활(8). 신음하는 자연의 부활 284

부활절의 실존

28. 부활의 몸에 새겨진 화해의 상흔(傷痕) 295
29. Noli me tangere 306
30. 엠마오의 은총(1), 말없이 동행해주시는 분 313
31. 엠마오의 은총(2), 성찬의 신비 318
32. 엠마오의 은총(3), 신비한 아우라 326
33. 엠마오의 은총(4). 투명한 형상의 광채 330

제1장

고난주간: 십자가의 사랑

1. 비아 돌로로사

2. 고난의 거룩한 아름다움

비아 돌로로사

1. 종려[성지(聖枝)]주일

묵상본문: 눅 19:28-40; 막 11:1-11

미니어처, 〈예수의 예루살렘 입성〉, 1000년경

조토, 〈예루살렘 입성〉, 1304-1306.

새 날의 새로운 삶이 새로운 한 주의 시작인 종려주일과 함께 시작된다. 종려주일은 부활절 한 주 전 주일로서 예수님이 예루살렘으로 승리의 입성을 축하하는 주일이며, 고난주간(성주간)의 시작이기도 하다. 가톨릭교회에서는 '성지(聖枝)주일'이라 칭한다. 하나님은 이 주간에 그리스도의 마지막 시련과 십자가 고난의 가장 값비싼 은총을 경험하게 하신다.

종려주일은 예수님께서 예루살렘에 나귀를 타고 입성할 때 군중이 종려나무 가지를 낭창거리며 그를 다윗의 아들(메시아)로 찬송했다는 복음서의 구절에 기원을 둔 축일(祝日)이다. 이 사건에서부터 예수님 생애의 마지막 여섯 날들이 시작된다. 이 사건은 '성전 정화'와 '최후의 만찬'과 함께 예수님의 생애의 마지막을 이루는 표징적 행동이다.

미니어처, <예수의 예루살렘 입성>, 1000년경

다른 세 복음서에는 그냥 '나뭇가지'라고 되어 있지만 요한복음만은 '종려나무 가지'라고 구체적으로 밝히고 있다. 나귀를 탄 것은 겸손함의 표시다. 제자들은 스가랴의 예언이 실현되었다고 여겼다. "도성 시온아, 크게 기뻐하여라. 도성 예루살렘아, 환성을 올려라. 네 왕이 네게로 오신다. 그는 공의로우신 왕, 구원을 베푸시는 왕이시다. 그는 온순하셔서, 나귀 곧 나귀 새끼인 어린 나귀를 타고 오신다."(슥 9:9). 마가는 본문의 2/3가량을 예수님이 타고 갈 이 짐승, 가난한 이들과 작은이들의 짐승인 어린 나귀를 찾는 일에 할애한다(막 11:1~6). 그만큼 이 짐승을 통해 시위하고자 하는 뜻인 공의, 구원, 겸손이 중요했기 때문일 것이다.

나귀를 탄 겸손의 왕은 참 평화의 왕이시다. 스가랴 9장 9절 다음의 말씀을 통해 확인된다. "내가 에브라임에서 〈병거〉를 없애고, 예루살렘에서 〈군마〉를 없애며, 전쟁할 때에 쓰는 〈활〉도 꺾으려 한다. 그 왕은 이방 민족들에게 평화를 선포할 것이며, 그의 다스림이 이 바다에서 저 바다까지, 유프라테스 강에서 땅 끝까지 이를 것이다"(슥 9:10). 예루살렘으로부터 온 땅 끝까지 평화가 선포되어야 한다.

종려주일은 어린 나귀를 타고 겸손과 평화의 왕으로 입성하시는 예수님의 표징행위를 기쁨과 즐거움(悅樂)으로 맞이하는 주일이다. 본문의 하이라이트는 이 입성을 맞이하는 무리들의 환호성에 있을 것이다. 본문은 서기 30년 어느 봄날 예루살렘에 들어가시는 예수님을 제자와 온 무리가 기쁨과 즐거움으로 맞이한다. 기쁜 나머지 큰 소리로 확 쏟아 낸 하나님께 드린 그들의 찬양은 봄에 한꺼번에 핀 긴 행렬의 화려한 벚꽃들의 합창이다.

찬송하리로다.
주의 이름으로 오시는 왕이여!

하늘에는 평화요
지극히 높은 곳에는 영광이로다
(눅 19:38; 막 11:9-10; 시 118:25~26 참조)

누가에서는 예수님께서 예루살렘에 들어가시는 이 날, 성탄절의 복된 찬양(눅 2:14)이 재현된다. 예수님으로 말미암아 하나님의 평화가 해 질 무렵 강물에 산(山)빛이 비추어 은은하게 가득 차듯 하늘에 충만하다. 이 날 이후 주님의 평화사역이 한 가지 한 가지 예루살렘에서 구체적으로 실현된다. 예수님은 부활하신 다음 제자들 한가운데 나타나시어 이렇게 말씀하신다. "너희에게 평화가 있어라"(눅 24:36).

누가의 종려주일 본문은, 9장 51절부터 19장 27절 까지 무려 10장에 걸쳐 걸어왔던 예수님의 긴 순례의 길이 도달한 지점이기도 하다. 이런 의미에서 종려주일은 예수님을 기다렸던 무리들에게 예수님이 성육신 되는, 예수님이 함께 계시는 경험을 하는 시간이다. 예수님은 완성의 도시, 하나님의 모든 약속을 받은 도시인 예루살렘을 향해, 그 중심인 성전을 향해 순례하는 분으로 그려진다. 이런 의미에서 종려주일은 예수님의 심장을 맞이하는 주일이다. 기쁨과 즐거움의 환호성은 예수님을 맞이하는 백성들의 뛰는 심장의 소리다.

그러나 예루살렘으로 들어가는 예수님의 마음은 두 가지 이유로 여간 무거운 게 아니다. 하나는 바리새인들이 제자들의 외침을 꾸짖어달라고 예수님께 말할 때 예수님은 이렇게 답변하신다. "만일 이 사람들이 침묵하면 돌들이 소리 지르리라"(눅 19:40). 예수님의 예루살렘 입성은 차갑고 딱딱한 돌들까지도 따뜻하고 말랑말랑해져 하나님의 뜻을 받드는 엄청난 영적 예언의 능력으로 충만한 시간이 될 것이라는 말씀이다. 성경적 예언은 미래를 점치거나 예측하는 행위가 아니라 하나님의 구원의지에 비추어 역사를 해석하고 역사를 밝히는 행위다. 그 행위가 예수님을 통해 이제 온전한 모습으로 그리고 결정적으로 일어날 것이다.

조토, <예루살렘 입성>, 1304-1306.

둘은 예수님께서 성을 보시고 눈물을 그렁그렁 흘리시며 우신다(눅 19:41). 평화의 도성 예루살렘이 정작 평화를 모르기 때문이다. 울음은 한갓 감상주의가 아니라 평화를 갈망하는 정열적 마음의 표현이다. 평화를 해치는 전쟁과 지배는 너 밖에 쌓은 삶의 영역으로서의 성(城)과 너 안에 쌓은 인격이라는 성을 "네 안에 돌 한 개도 다른 돌 위에 얹혀 있지 못할"(눅 19:44) 정도로 송두리째 무너뜨리고 쑥대밭을 만들 것이다.

타인에 대한 지배는 타인의 인격을 망가뜨려 끝내 무너뜨리고, 전쟁은 나라를 아수라장과 지옥으로 만든다. 평화를 세우려는 예수님의 다스림 방식은 지배가 아니라 사랑의 겸손을 통한 사귐이다. 교회는 사랑과 겸손의 힘이 지배의 권력보다 생명을 살리고 평화를 만드는 근원적인 힘임을 예수님에게 배워 알고 있다.

겸손은 아래에서 위로 올라가려는 마음이 아니라 위에서 아래로 내려오는 행위이다. 겸손은 작은 자가 큰 자를 인정하는 태도가 아니라, 큰 자가 작은 자 앞에서 작은 자에 대한 외경심을 가지고 마음을 열고 몸을 숙이는 것이다. 겸손은 물이 거품이 되는 것이다. "물은 거품을 받아들일 때 가장 겸손하다/인간도 물거품이 될 때 비로소 아름답다"(정호승, 〈물거품〉 중에서).

성 프란체스코가 교황의 옥좌 앞에 무릎을 꿇었을 때, 그것은 겸손이 아니라 진실한 태도이다. 그는 교황의 직책을 믿었기 때문이다. 그러나 그가 가난한 자 앞에 고개 숙였을 때는 〈겸손〉했다. 그는 돕는 자로서 가난한 자에게 자신을 낮추거나 가난한 자를 인격적으로 존중한 차원이 아니라, 하나님의 일깨움을 받은 마음을 가지고 존엄한 신비 앞에서처럼 가난한 자의 궁핍 앞에서 엎드렸기 때문이다(과르디니, 『주님』).

교회에서는 예수님의 예루살렘 입성을 '승리의 입성'이라고 불러 온 것 같은데, 입성 장면을 꼼꼼히 보면, 전쟁에서 승리해 들어오는 로마 최고의 장군이 좋은 갑옷을 입고 훌륭한 말을 타고 군중의 열광적 환호를 받으면서 들어오는 그 장면과 생판 다른 것이다. 갑옷 안장 대신 백성들의 겉옷을 걸친 나귀새끼를 탄 예수님의 입성은 '승리의 입성'이라기보다는 사실 예수님께서 예루살렘에 가시기로 마음을 굳혔을 때(눅 9:51)부터 시작된, 강하고 위대하고 진실한 사랑의 열정(passion=고난)을 담은 '겸손을 시위하는 입성'이다. 겸손도 시위하는가? 겸손도 시위한다. 겸손은 인간이 세계와 만나는 가장 단순하고 순수한 방법이기 때문이다.

예수님의 겸손에 대한 찬양은 교만을 배제하는 것만이 아니라 세상적인 지배에 근거한 삶의 기준과 평가와 질서들을 생각지도 못한 방법으로 뒤집음으로써, 하찮게 여겨진 인간들이 소중하고 존귀하다는 선언이며 재발견이기도 하다.

사실 예수님의 이 표징적 행위는 최고 존재의 흔적을 찾고 증명하기 위해 바친 인류의 열망과 철학적, 과학적 지식이 전연 생각해 내지 못한 방법으로 하나님을 알고 나아가는 길을 열어준 완전 새로운 방법이다. 토마스 아퀴나스의 하나님에 이르는 다섯 가지 길은 이 길에서 완성된다고 생각된다. 이것이 예수님을 통해서 하나님을 인식해야 하는 이유이며, 예수님에게서 하나님 인식이 충분히 성취되었다(칼 바르트)고 말하는 이유이다. 그분은 이런 방법으로 평화를 세우실 것이다.

보그와 크로산은 이 행진이 예루살렘 반대쪽에서 입성하는 로마 제국의 총독 빌라도와는 다른 행진, 예수님께서 미리 계획하신 '반대행진', '계획된 정치적 시위'라고 부르는데(『예수의 마지막 일주일』, 19), 이보게들 사람의 눈에는 그렇게 보일지 모르지만 예수님께서 무슨 의도적 계획 같은 거 하실 분이신가? 예수님의 온유하고 겸손한 마음에서, 그냥 무위(無爲)처럼 순수하고 단순한 심성(心性)에서 우러나온 자연스러운 행위인 것이라네.

"나는 마음이 온유하고 겸손하니, 내 멍에를 메고 나한테 배워라"(마 11:29), 하신 말씀은 자신을 부정하기 위해서가 아니라 남에 대해 사려 깊은 겸손의 신비를 보여주기 위한 것이다. 나귀를 타신 것은 권력자들에 대한 풍자와 해학이 아니라 예수님의 본래 지성, 하늘에서 타고난 성품(신성이라고 부르는 성품)에서 저절로 나오는 온유와 겸손이다. 이것은 그리스도의 탄생에서부터 출발한 세상에 대한 순수한 새로운 시작의 장엄한 행진이다.

그 겸손의 신비는, 예루살렘 입성 전 두 번째 수난 예고 후 "누가 가장 큰 사람이냐?"로 제자들 사이에 일어난 다툼에 대하여 "누구든지 첫째가 되고자 하면, 그는 모든 사람의 꼴찌가 되어서 모든 사람을 섬겨야 한다"(막 9:35)는 말씀에서 분명하게 표명된다. 사실 제자들은 예수님이 박해를 당하고 죽을 것이라고 말하는 순간에도 그들 가운데 누가 우월하냐는 것으로 논쟁하고 있었다. 제자들만이 아니라 인간의 삿된 성정은 다 그렇다.

그리고 세 번째 수난 예고 후 야고보와 요한의 요구에 대하여, "너희 가운데서 누구든지 위대하게 되고자 하는 사람은 너희를 섬기는 사람이 되어야 하고, 너희 가운데서 누구든지 으뜸이 되고자 하는 사람은 모든 사람의 종이 되어야 한다"(막 10:43-44)는 말씀에서도 또 한 번 강조된다.

마지막으로 겸손의 신비는 예루살렘 입성 후 잡히시기 전날 저녁식사 시간에 제자들 앞에 무릎을 꿇고 그들의 발을 씻기실 때 어리둥절 빛난다(요 13:1-20). 주님은 "겸손한 사람을 공의로 인도하시며, 겸비한 사람에게는 당신의 뜻을 가르쳐 주신다"(시 25:9).

겸손은 그리스도의 사랑의 心性이 사람을 만나 밖으로 표현된

心情이다. 사랑과 겸손은 도덕적 정언명령에 따라 필연적으로 요구되거나 인간의 본성에서 우연히 생겨나는 것이 아니다. 사랑과 겸손은 모든 세상적 세력들을 지양, 폐기하고 새롭게 창조하시는 하나님의 아름다운 권능에서 생겨난다. 그것들은 사람에게는 영생을 선물하고, 공동체에게는 하나님의 다스림(나라)을, 자연에게는 새 하늘과 새 땅에 대한 희망을 선사하며, 그리고 이때 하나님은 영광의 하나님이 되신다. 사랑과 겸손은 그리스도인들이 예수님의 수난 그리고 죽음과 부활에 참여함으로써 얻어지는 지고지순(至高至純)한 삶의 아름다움이다.

이미지 (1)은 1000년경에 그려진 미니어처로 예루살렘으로 들어가시는 예수님의 모습을 소박하면서도 위엄 있게 그렸다. 그의 제자들은 놀라고 신난 모습으로 주님을 올려다보고 있다. 그림 아래 두 제자가 많은 사람들(눅 19:36)을 대표하여 안장 대신 웃옷을 벗어 나귀 위에 얹고 길에 깔기도 하며, 그림 위 한 사람은 평화의 상징인 올리브나무 가지를 꺾어 손에 들고 흔들면서 환호한다.환호하는 모습은 이미지(2)에서 분명하게 표현된다. 예수님께서 여리고에 입성할 때 예수님을 보기 위해 뽕나무에 올라갔던 삭개오를 연상하게 한다. 예수님을 만나 새로운 관계를 맺은 삭개오는 삶 전체가 바뀌었다. 예루살렘으로 들어가시는 예수님은 바로 우리 마음의 집 안으로 들어오셔 우리들의 삶을 전환하고자 하신다. 우리는 새롭게 맺어진 '예수님-나'의 관계 속에서 변화된 자아를 인식한다.

그림 상단 흰색과 빨간색의 둥그런 띠가 하늘의 지붕을 이루고 있는데, 그것은 노아의 홍수 이후 인류에게 더이상 홍수와 같은 형벌은 없을 것이라고 약속한 무지개이다. 자연의 현상 무지개를 통해 평화를 약속한 하나님이 예루살렘으로 들어가시는 "마지막 아담"(고전 15:45) 예수님을 통해 진정한 구원과 평화를 약속하신다. "내가 예루살렘에 평화가 강물처럼 넘치게 하며, 뭇 나라의 부귀영화가 시냇물처럼 넘쳐서 흘러오게 하겠다"(사 66:12).

조토, Christ Entering Jerusalem. Detail. 1304-1306.

조토, Christ Entering Jerusalem. Detail-1. 1304-1306.

비아 돌로로사

2. 순례, 그리스도 수난의 길

묵상본문: 막 11-16장

한스 멤링, 〈그리스도 수난의 장면들〉, 1470-71.

15세기 프랑드르 화가의 대가인 한스 멤링(Hans Memling, 1430~1494)은 이 그림에서 〈예수님의 수난〉의 스물세 개 장면을 한 캔버스 안에 다 묘사했다. 예수님의 예루살렘 입성에서 예루살렘에서의 행적과 수난 그리고 십자가의 죽음과 부활에 이르는 한 주간의 사건을 이 그림을 따라 묵상할 수 있다. 많은 사람이 예수님의 수난에 전념하는 일을 망설이는데, 그렇게 하면 자신의 삶이 위축된다고 생각하기 때문이다. 하지만 중세의 수난 신비주의에서 예수님의 수난에 몰두하는 것은 예수님의 사랑을 깊이 묵상하는 방식이었다.

한스 멤링, <그리스도 수난의 장면들>, 1470-71.

예수님의 수난(passion)의 뜻에는 '고난당함'과 어떤 일에 몰입하는 헌신적인 '열정'이 함께 있음을 반듯이 인식해야 한다. 고난주간 묵상에서 예수님께서 고난당할 만큼 열정적으로 관심을 쏟아 부은 일, 하나님나라의 일에 초점이 모아지길 원한다. 하나님나라를 위한 예수님의 열정(passion)이 우리가 수난(passion)이라고 부르는 것, 즉 그를 고난과 십자가의 죽음으로 이끈 것이다.

멤링은 초상화에 풍경을 그려 넣은 최초의 플랑드르 화가로도 유명하다. 멤링의 그림에서 모든 배경과 인물들은 질서 정연한 완벽함으로 반짝이는 빛을 발한다. 멤링의 작품에는 초자연적인 고요함이 그림 전체에 오롯이 충만해 있다. 그것은 실체가 없는 묵상의 세계다. 그들은 관람자의 시선을 피해 눈을 지그시 아래로 뜨고 있으며 무표정하다.

이러한 회화의 특성은 그림 외양에 대한 정교한 인식과 더불어 아름다운 장면을 통해 관람자에게 종교적 묵상을 권하는 것이다. 멤링은 종교적인 묵상에 도움을 주는 아름다운 장면을 세밀하고 구체적으로 제시해 보여줌으로써, 작품을 감상하는 이에세 경건함과 차분하게 묵상할 수 있는 마음의 태도와 상황을 만들어준다. 묵상은 실재에 가까이 다가가 연합할 수 있는 정신의 지고한 능력이다.

현대사회에서 다양하게 분화된 기능들일지라도 결국 그것들은 한 인간본성 안에 뿌리내리고 있다. 그러므로 그 모든 기능들의 목적은 인간 자신이다. 몸과 마음, 이론과 실천, 지성과 감정, 종교와 세속, 인문과 자연 등으로 분리하여 나눈 결과 인간의 부분은 전면에 등장하지만 인간 자신은 사라진다. 인간은 여러 분야로 나뉘어 다양하게 분석되지만 인간의 궁극적 의미와 세계에 대한 인간의 관계는 점점 모호해진다. 인간은 유한성을 극복하기 위해 계속 분화하여 전문화하지만 불안의 강도는 깊어가고 그럴수록 재결합을 위한 열망은 커진다.

원래 지식은 참여를 전제로 했다. 그러나 근대의 과학적 지식은 냉정함과 객관적 관찰을 중시한다. 지식(인식)이 있는 곳에 참여 대신 나눔과 분리가 생겼다. 존재의 현상과 존재의 구조, 다른 존재와의 관계를 지식이 제한한다. 과학적 지식과 달리 예술은 참여를 전제한다. 대상에의 참여 없는 예술은 있을 수 없다. 가령, 식물학자가 제시하는 나무와 고흐가 그려낸 나무 사이에는 큰 차이가 있다. 같은 나무이지만 참여의 정도는 매우 다르다. 고흐의 그림에서 존재의 힘을 느낀다. 보이지 않는 나무의 생명과 투쟁하며 교감한다. 우리는 고흐의 그림에서 새로운 실재와 만난다. 나무의 외관이나 나무의 구조가 아닌 나무의 새로운 실재를 만난다. 창조적 직관과 예술적 창조를 통해 존재의 새로운 질을 만난다.

과학적 지식이 거리두기, 관찰, 분석, 분리라면 예술은 연합이고 연합하는 사랑이 지배한다. 사물과 사람과 사건에 대한 참여, 교류, 만남, 교제, 공감, 공명은 과학적 동일시가 아니다. 사귐과 교제(communion)는 예술적 참여보다 더 높은 것이다. 교제의 지식은 인식적 지식이 아니다. 우리는 교제를 통해 사물에 대한 물정(物情), 사건에 대한 사정(事情), 인간에 대한 인정(人情), 세상에 대한 세정(世情)을 얻는다. 구약의 계명들은 선험적 도덕규범이라기보다는 이러한 많은 정(情)들을 감안한 생명살림의 규칙이다. 예컨대 "당신들이 이웃 사람의 곡식밭에 들어가 이삭을 손으로 잘라서 먹는 것은 괜찮지만, 이웃의 곡식에 낫을 대면 안 됩니다"(신 23:25)라는 규정은 가난한 사람의 사정을 배려하되 불법적 소유는 금한다. 이것들은 삶의 참여 속에서 나온 도덕적 지식이다. 참여의 지식은 사랑이다. 에로스(Eros)가 분리를 극복하여 결합하려는 욕망이라면, 필리아(Philia)는 인간과 인간의 재결합이고 아가페(Agape)는 에로스를 배제하지 않고 통합하는 창조적인 것의 총괄개념으로서 사랑의 최고의 형식이다. 사랑은 분리된 것들의 연합을 재촉한다. 인간은 가장 고립되고 분리된 존재이고 그렇기 때문에 가장 강력하게 사랑을 원한다. 지식, 예술, 교제는 사랑의 세 형식이다.

인간은 무한자와 분리된 채 존재한다. 그래서 무한자에 다가가 결합하기 위해 상징을 창조한다. 상징의 창조는 참여의 한 형식이다. 유한한 인간이 자유를 얻기 위해 속박으로부터 자유하는 방법은 세 가지다. 첫째 일, 노동, 기술을 통해 극복을 시도한다. 둘째, 윤리적 극복이 있다. 셋째, 예술적 극복이다. 인간은 예술적 형식의 세계를 창조함으로써 주어진 것을 표현하고 변형한다. 예술적 자유는 놀이의 자유, 놀이를 향한 자유다. 인간은 실재의 심각함으로부터 자유할 수 있다. 그는 상상과 실현 속에서 자유하다. 동물들의 놀이는 실재를 초월하기 위한 자유의 표현이 아니다. 그들은 그들의 놀이에 구속된다. 그러므로 놀이 속에서 아무런 새로운 것도 창조되지 않는다. 그러나 인간의 놀이능력은 주어진 세계 너머의 새로운 세계를 창조할 수 있는 능력이다. 예술은 현상과 실재의 구조를 초월할 경우에만 놀이이다. 그러나 예술은 임의적인 놀이가 아니다. 주어진 것으로부터 창조적인 자유를 통해서만 발견할 수 있는 차원에서 예술적 표현은 전개된다. 그러므로 예술은 발견이며 창조다. 예술은 표현하고, 변형하며, 기대한다. 예술은 그

것이 발견한 실재의 불안을 표현한다. 예술은 그 자신이 아닌 어떤 것을 표현하는 힘을 주기 위하여 일상적인 실재를 변형한다. 예술은 주어진 가능성을 넘어서는 새로운 가능성을 기대한다.

이 작품은 맨 왼쪽 상단으로부터 아래로 다시 오른쪽으로 이동하면서 맨 오른 쪽 상단에 이르기까지 23장면을 통해 예수님의 수난의 모든 사건을 그렸다. 그림을 왼쪽에서 오른쪽으로 횡으로 5단계로 나누어 이동하면서 위에서 아래로 보면 아래의 지점들에 머무른다. 10여 년 전 성지순례를 한 적이 있는데 기억을 되살리면서 한 주간 그리스도께서 걸어가신 수난과 십자가 그리고 부활의 길을 존 웨슬리의 「순례자의 기도」를 낭송하면서 동행(同行)해 보자.

예수님의 마지막 한 주간을 요일별[종려주일(막 11:1–11), 월요일(11:12–19), 화요일(11:20–13:37), 수요일(14:1–11), 목요일(14:12–72), 성금요일(15:1–16:1), 성토요일(눅 23:56; 벧전 3:18–19), 부활주일(막 16:2–8)]로 그리고 성금요일의 사건은 시간별[오전6시(막 15:1), 오전9시(15:25), 정오(15:33), 오후3시(15:34), 오후6시(15:42)]로 기록한 마가복음서의 시간순서를 토대로 다른 복음서를 함께 읽으면서 순례의 여정을 가는 것이 좋을 듯하다.

[1] ①예루살렘 입성, 오른쪽으로 ② 성전정화, 다시 왼쪽 중간 ③ 최후의 만찬 ④ 겟세마네 동산의 기도

[2] ⑤ 유다의 음모와 배반 ⑥ 유다의 입맞춤, ⑦ 체포 ⑧ 베드로의 참회

[3] ⑨ 가야바 앞에 서신 그리스도 ⑩ 빌라도 앞에 서신 그리스도 ⑪채찍질 ⑫ 조롱당하시는 그리스도 ⑬가시관을 쓰신 그리스도 ⑭Ecce Homo(이 사람을 보라) ⑮십자가를 지신 그리스도

[4] ⑯고난의 길(via dolorosa)을 오르시는 그리스도 ⑰십자가 밑에 넘어지신 그리스도 ⑱십자가에 못 박히신 그리스도 ⑲십자가에서 내려지시는 그리스도

[5] ⑳ 무덤에 누이신 그리스도 ㉑ 죽음의 세계(inferna)에 내려가신 그리스도 ㉒ 부활하신 그리스도 ㉓ Noli me tangere(나를 붙잡지 말라)

오 주님,
당신께로 향한 우리의 전진이
그 무엇에 의해서도 중단되지 않게 하소서.
이 세상의 위험한 미로에서
이 땅에서의 우리 순례의 모든 과정에서
당신의 거룩하신 명령이
우리의 지도(地圖)가 되게 하시고
당신의 거룩하신 생명이
우리의 안내자가 되게 하소서.
–존 웨슬리, 「순례자의 기도」 전문

비아 돌로로사

3. 성전 새로 짓기(고난주간 월요일)

본문: 막 11:15-19

엘 그레코, 〈성전 정화〉, 1600.

그리스에서 태어나 태생적으로 비잔틴 예술을 익히고 티치아노(Tiziano)로부터 베네치아 화풍을 배운 후 스페인에서 활동한 엘 그레코(El Greco, 1541~1614)는 평생(1570-1600) 거듭해서 이 주제, 〈그리스도의 성전 정화〉를 그렸다. 그는 이 그림에서 신약성경의 중심 주제를 인식했다.

예수님께서는 주일에 예루살렘에 들어오시고, 월요일에는 바로 예루살렘의 중심인 성전으로 가신다. 거룩한 예루살렘 성전을 에워싼 무리들은 누구인가? 예언자들에게 예루살렘은 절망스럽게 죄악의 도시다. "유다의 산당이 무엇이냐? 예루살렘이 아니더냐?"(미 1:5) 통치자들은 "백성을 죽이고서, 그 위에 시온을 세우고, 죄악으로 터를 닦고서, 그 위에 예루살렘을 세웠다"(미 3:10).

하나님 경외(예배와 기도)는 온데간데없이 보이지 않고, 즐비하게 모인 사람들은 돈 바꾸어주는 환전상과 소, 양, 비둘기를 파는 상인들뿐이다. 그들은 성전을 상품이 내뿜는 '광휘'에 둘러싸인 파사지(passage, 쇼핑 아케이드)와 "강도의 소굴"(막 11:17; 렘 7:11), 물신숭배(Fetischismus)의 자리로 만들고 있다. 인간의 손이 만든 상품이 우상이 되어 인간과 그의 모든 삶을 지배할 것이다. 사실 예수님께서 공생애를 처음 시작하신 가버나움의 회당에도 악한 귀신 들인 한 사람이 휘젓고 다니고 있었다(막 1:21~28).

예수님께서 구약의 전승(토라)을 새롭게 하셨듯이, 성전을 본래대로 새롭게 지으시려고 하신다. 토라의 파괴가 그분의 목적이 아니듯이 성전을 허는 것이 그분의 목적이 아니다. 성전을 하나님의 눈에 드는 모습으로 새로 짓는 것이 그분의 목적이다. 성전은 "만민이 기도하는 집"(막 11: 17, 사 56:7)이다. 예수님은 "성전보다 더 큰 이"(마 12:6)다, 요한복음에서 성전은 예수님 자신의 몸(요 2:21)을 가리킨다. 성령의 사도 바울은 한 걸음 더 나아가 우리의 몸이 성령의 전(고전 6:19)이라고, 우리도 "그리스도 안에서 함께 세워져서 하나님이 성령으로 거하실 처소"(엡 2:22)가 된다고 고백한다. 인간의 몸을 통해, 몸 안에서, 몸과 함께 성전 새로 지음의 역사가 시작된 것이다.

출애굽의 목적은 이스라엘 백성이 하나님 앞에 자유롭게 드리는 예배였다. 예배공간으로서 성전을 마련하기 위한 다윗의 계획(삼하 7)을 솔로몬이 완성(왕상 6)했다. 그러나 바빌론 포로기 이후의 성전에 대한 열심(라 5장)은 늘 "하늘은 나의 보좌요 땅은 나의 발판이니 너희가 나를 위하여 무슨 집을 지으랴 내가 안식할 처소가 어디랴"(사 66:1; 삼하 7:5-7; 행 7:49 참조)하시는 하나님의 말씀에 직면한다.

따라서 예수님의 성전 비판은 물신화, 대상화, 물질화, 공간화, 수단화 되어가는 성전에 대하여 직접 '기도'와 '하나님의 현존'을 즉각 전면에 내세워 일깨운다는 점에서 늘 근원적이다. 예수님께서는 토라 전승으로부터 하나님의 사랑과 인간의 구원을 선포하는 복음을 길러 낸다. 예수님의 방법은 단지 새로운 해석(이론)만이 아니라, 환한 하나님의 삶이 아침 햇살처럼 비쳐와 세상을 환하게 드러내는(미학) 실천(윤리)에 있다.

예수님께서 늘 하시던 대로 표징행위와 말씀으로 성전의 변신을 시도하신다. 예수는 ①성전 뜰에서 팔고 사는 체계를 무너뜨리기 위해 사람들을 내쫓으시면서, ②돈을 바꾸어 주는 사람들의 상과 ③비둘기를 파는 사람들의 의자를 둘러엎으시고, ④성전 뜰을 가로질러 물건을 나르는 것을 금하셨다.

예수님의 표징행동은 예언자들을 잇는 것이다. 예언자는 미래를 보는 사람이 아니라 하나님의 구원의지에 비추어 역사를 해석하고, 이 의지를 역사를 향하여 말하는 사람이다. 예언은 하나님으로부터 오는 의미에 비추어 현실을 밝힌다. 그런 예언이 예수님의 행동에서 지금 이행된다.

성전은 부지불식간 물신에 혼을 빼앗기게 만드는 세계박람회가 아니다. 이렇게 된 성전은 무화과나무가 뿌리째 말라버린 것과 같이 아무런 쓸모가 없게 된 것이다. 마가복음은 성전행동 사건(11:15-19) 전후에 열매를 맺지 못하는 무화과나무의 저주 비유(11:12-14, 20-25)를 배치함으로써 성전 정화의 의미를 상징적으로 확연히 드러낸다.

그러나 이 광경을 지켜 본 대제사장과 율법학자들 및 성전에서 쫓겨난 자들은 앞으로 이 보다 더 매서운 채찍을 만들어 예수님의 몸에 사정없이 내리칠 참이다. 온 무리가 그분의 가르침의 권위에 놀라고 새로운 매력에 푹 빠져 있는 반면, 대제사장과 서기관들은 예수를 죽일 음모를 꾸미기 시작한다. 가르침의 정곡은 “내 집은 만민이 기도하는 집”이라는 말씀에 모아진다. 더 나아가 성전행동의 표징적 의미는 최고 의회가 예수님을 심문하는 과정에서 ‘거짓 증인들’의 증언을 통해 역설적으로 참 의미가 밝혀진다.

“내가 사람의 손으로 지은 이 성전을 허물고, 손으로 짓지 않은 다른 성전을 사흘 만에 세우겠다.”(막 14:58) 손으로 짓지 않은, 예수님께서 몸소 세우실 성전! 예수님의 성전행동 사건은 이 종말의 성전을 세운다는 암시이자 표징, 바로 그 시작이라고 할 수 있다.

그들은 예수님의 성전비판이 그들의 관습화된 신앙의 걸림돌이 된다고 생각했으며, 따라서 그를 제거하는 것이 마땅하다고 생각했다.(막 11:18) 그러나 예수님의 성전에 대한 생각은 시편과 예언서가 말하는 하나님의 정의와도 일맥상통한다.

내가 배고프다고 한들, 너희에게 달라고 하겠느냐?
온 누리와 거기 가득한 것이 모두 나의 것이 아니더냐?
내가 수소의 고기를 먹으며, 숫염소의 피를 마시겠느냐?
감사제사를 하나님께 드리며,
너희의 서원한 것을 가장 높으신 분에게 갚아라.
감사하는 마음으로 제물을 바치는 사람이
나에게 영광을 돌리는 사람이니,
올바른 길을 걷는 사람에게,
내가 나의 구원을 보여 주겠다.
(시 50:12-14.23; 암 5:21-24, 호 6:6, 미 6:6-8, 사 1:11-17, 렘 7:5-7도 보라)

엘 그레코, The Purification of the Temple, 1600.

이제 엘 그레코의 그림에 집중해보자. 그는 그 이전에 그린 그림(1570년)에서보다 훨씬 행동을 단순화시켰고, 그리스도의 신비스러운 모습을 부각시켰다. 그리스도께서 채찍을 들고 성큼성큼 위엄 있게 성전 안으로 들어오신다. 예수님은 열심당원이 아니다. 그는 로마제국을 전복하는데 관심이 없다. 그러나 예수님은 성전에 있는 환전 책상을 둘러엎는다. 그는 하나님나라에 대한 혁명적인 관점을 제시하기도 했다.

"나는 세상에다가 불을 지르러 왔다. 불이 이미 붙었으면, 내가 바랄 것이 무엇이 더 있겠느냐? 그러나 나는 받아야 할 세례가 있다. 그 일이 이루어질 때까지, 내가 얼마나 괴로움을 당할는지 모른다. 너희는 내가 세상에 평화를 주러 온 줄로 생각하느냐? 내

가 너희에게 말한다. 그렇지 않다. 도리어, 분열을 일으키러 왔다.(눅 12:49-51)

모든 권력과 권세가 하나님께 속한 것은 아니다. 그러나 모든 무제약적인 호소는 하나님으로부터 나온다. 우리들 중에 가장 작은 자를 위한 정의의 부름에 대한 응답인 경우를 제외하고 어떤 권세도 정당하게 사용될 수 없다.

예수님을 중심으로 왼쪽에 있는 사람들은 당혹해 뒤로 넘어지고, 앞에 있는 책상은 둘러엎어 진다. 한 상인은 작은 상자를 엎드려 끌어안고, 바구니를 쥐고 있는 한 여인은 왼 손을 이마에 얹은 채 절망감으로 하늘만 우두커니 바라보고 있다. 위통을 벗은 한 남자는 역시 바구니를 지키기 위해 머리 위로 치켜들었으며, 또 다른 한 남자는 채찍을 피하기 위해 몸을 뒤로 젖히고 있다.

그러나 예수님을 중심으로 오른쪽에 있는 사람들은 이 사건과 통 무관해 보이는 모습이다. 두 늙은이는 일절 방해받지 않은 듯 서로 귓속말로 속닥속닥 대화를 나누고 있다. 예수님을 죽일 음모를 꾸미고 있음이다. 밖으로 보이는 예루살렘의 하늘도 슬픈 세상의 일에 걱정이 커지는 듯 구름이 점점 짙어지고 흐려질 것만 같다.

왼쪽 상단 벽에 성전에 일어난 소동과 긴밀한 연관성이 있어 보이는 부조가 보인다. 아담과 이브가 천사들에게 낙원으로부터 추방당하는 장면이다. 그들은 낙원에 머물 수 있는 자격을 상실했다. 성전 뜰에 있는 사람들도 마찬가지이다. 그들은 하늘로 들어가는 문(창 28장)이며 하나님의 거룩한 현존의 장소인 하나님의 집(대상 28장)을 인간의 삿된 욕망을 채우는 쇼핑 아케이드로 만들어 가로막고 있다.

다음 시는 항상 새 시대라고 하면서 자본을 主님처럼 모시며 사는 사람들에 대한 시인 고정희의 풍자적 주기도문이다.

권력의 꼭대기에 앉아 계신 우리 자본님
가진자의 힘을 악랄하게 하옵시매
지상에서 자본이 힘있는 것같이
개인의 삶에서도 막강해지이다
나날에 필요한 먹이사슬을 주옵시매
나보다 힘없는 자가 내 먹이사슬이 되고
내가 나보다 힘 있는 자의 먹이사슬이 된 것같이
보다 강한 나라의 축재를 북돋우사
다만 정의나 평화에서 멀어지게 하소서
지배와 권력과 행복의 근본이 영원히 자본의 식민통치에 있사옵니다(상향~)
-고정희, 「새 시대 주기도문」-밥과 자본주의 전문

비아 돌로로사

4. 다 빈치의 '최후의 만찬'

본문: 요한 13:21–30
레오나르도 다 빈치, 〈최후의 만찬〉, 1497.

최후의 만찬에는 예수님께서 잡히시기 전날 밤 제자들과 마지막 유월절 식사를 하시면서 한 말씀과 행동이 나온다. 하나는 성찬을 통한 몸의 나눔과 죄 사함을 통한 '구원의 약속'이고, 다른 하나는 '유다의 배반'이다. 그러나 두 가지 전부를 하나의 화폭에 표현할 수 없는 한계 때문에 화가들은 두 가지 말씀 중 하나를 선택할 수밖에 없었다. 레오나르도 다 빈치(Leonardo da Vinci, 1452–1519)의 〈최후의 만찬〉(1495~98)은 후자를 선택했다.

레오나르도 다 빈치, <최후의 만찬>, 1497

다 빈치는 이 그림을 수도사들을 위해서 그렸다. 이 그림은 밀라노의 산타 마리아 델레 그라치에 수도원에서 식당으로 사용하던 긴 홀의 벽화로 그려진 것이다. 그 크기(460×880cm)를 알면 일단 그 크기에 압도되어 질릴 것이다. 우리는 이 그림이 처음 공개되었을 때 어떠했을까, 또 수도사들이 긴 식탁과 나란히 예수님과 사도들의 식탁이 벽 위에 나타났을 때, 그들이 어떤 충격을 받았을지 눈앞에 그려볼 필요가 있다. 성경 이야기가 이처럼 가깝고 실감나게 그려진 적은 일찍이 한 번도 없었을 것이다.

그것은 마치 또 하나의 홀이 수도사의 홀과 이어져, 그 안에서 최후의 만찬이 이루어지고 손을 대면 만져볼 수 있을 것처럼 느껴졌으리라. 식탁 위에 떨어지는 빛은 또렷하고, 또한 그 빛이 인물들의 입체감을 살려주고 있다. 단순하면서도 표현력이 풍부하다.

수도사들은 식탁위에 있는 접시나 의상의 주름에 이르는 모든 것이 세부적으로 생생하게 묘사된 것을 보면서, 식사 때마다 주님과 함께 식사한다는 느낌이 들었을 것이다.

이 그림은 동일한 테마를 다룬 이전의 그림과 닮은 데가 하나도 없다. 이전의 〈최후의 만찬〉 그림들에서는 사도들이 식탁에 한 줄로 앉아있고 유다는 다른 사람들과 떨어져 있으며, 예수님은 솔깃이 빵을 나누어 주고 계시다. 그런데 이 그림은 구도와 인물 배치에서 그 이전의 그림과 전혀 다르다.

다 빈치는 예수님께서 배신을 예언하는 순간의 혼란스러운 소동과 당혹으로부터 완벽한 질서와 안정적 균형으로 재창조한다. 원근법과 투시법을 발명한 르네상스의 위대한 업적의 결과이다. 화가가 얼마나 학문적으로 회화의 법칙과 질서, 원리를 연구했는지 충분히 알 수 있다. 화가는 긴 식탁 앞의 한 가운데 예수님을 중심으로 12사도를 좌우 3사람씩 4무리로 나누어 일렬로 그려 관람자가 제자들의 등을 보지 않아도 되게 했다. 그러나 자세히 보면 제자들의 한편은 앞쪽으로 서로 결합되어 있고, 다른 편은 뒤쪽에서 서로 연결되어 있다. 그리스도는 정확하게 중심인물이다.

그렇지만 이 그림에서는 드라마가 있고 흥분이 있다. 이 그림의 주제는 성찬 나눔이 아니라, 배반의 예고다. "내가 진정으로 너희에게 말한다. 너희 중의 한 사람 곧 나와 함께 먹고 있는 사람이 나를 배반할 것이다"라는 말씀을 듣고 난 후 제자들이 근심하여 하나씩 "주여 분명히 저는 아니지요"라는 말을 하면서 일어난 반응을 그린 것이다.

화가는 예수님의 끔찍한 말을 듣고 동요하는 제자들의 몸짓과 토론의 장면을 역동적으로 담아낸다. 어떤 사도들은 공포에 놀라 몸을 뒤로 움츠리고 있다. 또 어떤 사도들은 그들의 사랑과 죄 없음을 호소하는 것 같고, 또 어떤 사도들은 주님이 누구를 지칭했는지를 심각하게 논의하는 것처럼 보이며, 또 다른 사도들은 예수님께서 방금 말한 것을 설명해달라고 예수님을 쳐다보는 것처럼 보인다. 그래서 식탁이 너무 좁은 것 같지만 제자들의 몸짓이 강렬해서 식탁에 에너지가 넘친다. 그럼에도 가장자리에 앉은 두 제자의 옆얼굴이 전체를 하나로 감싼다.

그들 중에 성미가 급한 베드로가 예수님의 오른 편에 앉아있는 예수님이 사랑하는 제자 요한에게 귓속말로 이야기 한다. 사도 요한의 얼굴은 다 빈치의 성 안나를 닮았다. 이때 무심코 유다를 앞으로 떼민다. 유다가 분리되지는 않았으나 고립되어 보인다. 유다만이 몸짓도 움직이지 않고 질문도 하지 않은 채 애써 태연하다. 그는 몸을 뒤로 젖히며 전대를 손으로 불끈 쥔 채 의심과 분노에 찬 모습으로 예수님을 올려다보고 있다. 그러나 그의 얼굴은 제자들 중 유일하게 빛을 등진 그늘 속에서 어둡다.

다빈치, <최후의 만찬>(부분도)

메시아이신 예수님은 가운데 홀로 고립되어 보이지만 모든 시선이 모이는 초점이다. 그분 혼자만 조용히 앉아 눈을 아래로 깔고 같은 말을 되풀이하는 듯하다. "너희 중의 한 사람 곧 나와 함께 먹고 있는 사람이 나를 배반할 것이다." 이 말씀의 거북한 울림이 여운이 되어 길게 귓가에 맴돈다. 예수님의 뒤편에는 북부 이탈리아의 풍경을 보여주는 창문이 열려있다.

당시 예수님을 따르겠다는 수도사들은 식사 때마다 짐짓 예수님의 이 음성을 상기해야 했을 것이고 이렇게 다짐하며 기도했을 것이다.

하나님,
나를 샅샅이 살펴보시고,
내 마음을 알아주십시오.
나를 철저히 시험해 보시고,
내가 걱정하는 바를 알아주십시오.
내가 나쁜 길을 가지나 않는지
나를 살펴보시고,
영원한 길로 나를 인도하여 주십시오. (시 139:23-24)

예수님은 배신을 예감한 폭풍 소란 속에서도 오도카니 달관한 듯 눈을 지그시 감은 채 지극히 고요하게 앉아 계신다. 식탁 앞으로 뻗은 두 팔이 머리 꼭대기로 흘러올라 남한강과 북한강이 만나는 두물머리(양수리)의 호반처럼 잔잔하고 고요하고 우람하여 예수님의 침묵을 더욱 의미심장(意味深長)하게 만든다.

다윗은 아들 압살롬의 반란에 처해 참모 아히도벨의 배신 소식을 듣고 충격과 마음의 평지에 불쑥 솟아오른 분노를 다음의 탄식시로 삼킨다. 이런 모습이 보통 인간의 성정에 부합하는 것이 아닌가.

나를 비난하는 자가 차라리,

내 원수였다면, 내가 견딜 수 있었을 것이다.

나를 미워하는 자가 차라리,

자기가 나보다 잘났다고 자랑하는 내 원수였다면,

나는 그들을 피하여서 숨기라도 하였을 것이다.

그런데 나를 비난하는 자가 바로 너라니!

나를 미워하는 자가 바로,

내 동료, 내 친구, 내 가까운 벗이라니!

우리는 함께 두터운 우정을 나누며,

사람들과 어울려 하나님의 집을 드나들곤 하였다.

(시 55:12-14)

바흐는 마태수난곡(Nr.8)에서 아리아 소프라노의 음성으로 한 때 주님을 사랑했던 유다의 배반을 애절하게 노래한다.

피투성이가 되누나

Blut nur,

그를 사랑했던 당신의 마음이여!

du liebes Herz!

아! 당신이 키우시고

Ach, ein Kind, das du erzogen

당신 가슴의 젖을 먹고 자란 아이가

Das an deiner Brust gesogen,

그 양육자를 살해하려하다니

Droht den Pfleger zu ermorden

그 아이가 뱀과 같이 사악한 자가 된 것이로다

Denn es ist zu Schlange worden.

예수님의 모습은 격정과 분노와 원망은커녕 고결하고 지적이며 성스럽다. 다 빈치는 예수님을 정삼각 구도 안에 표현했기 때문에 그의 당당한 기품, 흔들리지 않는 침착함과 안정감이 자연스럽게 강조되어 전면을 지배한다. 화면의 중심에 앉으신 예수님은 열 두 제자의 스승이며, 더 나아가 초연한 절대자의 위치에 있음을 보여준다. 이런 예수님의 흔들리지 않는 모습과 좌우의 동요하는 제자들의 반응이 극적인 대조를 이룬다.

이 그림을 처음 본 사람들이 이 모든 극적인 움직임을 낱낱이 표현하는 완벽한 예술을 이해하는데 얼마나 시간이 걸렸을까? 예수님의 말씀이 야기한 흥분에도 불구하고 이 그림에는 혼란스러운 구석이 한 군데도 없다. 12사도들은 제스처와 움직임에 의해서 서로 연결되어 있고, 세 사람씩 네 그룹으로 구분되어 있음에도 전체가 하나를 이룬 것처럼 보인다. 이 변화 속에는 너무나 풍부한 질서가 있으며, 역으로 이 질서 속에는 너무나 다양한 변화가 내재해 있다. 그럼으로써 하나의 움직임과 그것을 받는 움직임들 사이의 조화의 놀이를 이룬 상호작용을 살펴보려면 끝이 없다.

이 그림에서는 성찬의 신비와 성스러움 그리고 종교적 의미보다는, 현실적으로 살아있는 인간 제자들의 감정과 호흡을 느낀다. 그렇지만 제자들의 혼란과 동요를 기하학적인 법칙과 같은 엄격한 질서 안에 둠으로써 그리스도의 죽음이 기필코 부활, 그리고 인류의 구원이 될 것임을 화가는 보여준다. 우리들은 인간들의 행위와 반응을 우리 눈앞에 한 화면으로 생생하게 전개시켜 보여준 다 빈치의 그 도저한 통찰력과 그 생각의 유희와 그 대가적 붓놀림에 감탄하지 않을 수 없다. 당시의 한 목격자는 화가가 〈최후의 만찬〉을 제작하고 있는 모습을 보았다고 한다.

다 빈치는 받침대 위에 올라가 그가 그려놓은 것을 유심히 바라보며 붓 한번 대지 않고 팔짱을 끼고 하루 종일 사색에 잠겨 서 있곤 했었다. 작품이 심히 파손된 상태 속에서도, 화가는 식사하는 수도사들뿐 아니라 지금 우리들에게도 "주여, 나는 아니지요?" 반문하는 제자들의 동요(動搖)하는 모습을 통해 "너희 중에 한 사람이 나를 팔리라"(요 13::21)하시는 예수님의 말씀이 생생하게 들린다. 그러나 수사들이 그 상황 속에서도 음식을 맛있게 몸 안으로 삼킬 수 있었던 이유는, 정작 한 가운데서 이 말씀을 하시는 예수님의 고요(靜)한 평화의 모습을 대조적으로 보았기 때문일 것이다. 제 모습을 다시 찾은 제자들은 이제 고통 받아야 할 사람은 "나입니다. 지옥에서 손발을 묶이고 벌을 받아야 하는 것은 바로 나입니다"(마태수난곡, Nr.10) 라고 고백할 수 있다. 이것은 바로 화가의 복음에 대한 오랜 성찰의 결과 덕분이기도 하다.

비아 돌로로사

5. 파스카 만찬 - '최후의 만찬' - 성찬

본문: 막 14:12-26

에밀 놀데, 〈최후의 만찬〉, 1909.

중세기부터 〈최후의 만찬〉을 그린 그림의 대부분의 주제는 예수님께서 빵과 포도주를 나누는 성찬이 아니라 유다의 배반에 대한 예수님의 예고였다. 〈최후의 만찬〉이 일련의 예수님의 수난의 시작이라는 관점에서 그려질 때 유다의 배반 예고를 중심으로 그려졌고, 그 배반을 예고하는 순간의 비극은 뒤따르는 예수님의 수난 이야기와 이어지면서 조화를 이룰 수 있었다.

그러나 가톨릭의 반종교개혁 전통에서는 다시 성찬을 강조하기 시작했다. 독일출신의 표현주의 화가 에밀 놀데(Emil Nolde, 1867-1956)는 가톨릭은 아니지만 최후의 만찬에서 '성찬'의 참된 의미를 살려낸다.

에밀 놀데, <최후의 만찬>, 1909.

놀데의 〈최후의 만찬〉은 그의 예술 작품의 결정적인 전환기를 초래한 일련의 종교화 중 첫 작품이다. 이때부터 그의 작품을 지배하기 시작한 것은 평면과 형식과 더불어 암시적인 표현력을 지닌 색채의 힘이다. 강렬한 붉은 색, 옷 위의 검은 붓 터치는 강조하고 싶은 그림의 내면성을 의미한다. 새로운 기법으로 그린 그림을 통해 놀데는 '무엇'을 표현하고자 했을까?

초록빛 성찬의 식탁을 중심으로 모여든 사람들은 서로서로 팔을 잡고 있거나 어깨를 밀착하고 있어 식탁에 앉은 예수님을 에워싼 느낌이다. 그러나 이들은 옛 거장들의 그림에서처럼 聖사도들이 아니다. 이들은 화가가 당시 살았던 덴마크의 알젠(Alsen) 섬과 루테뷸(Ruttebüll) 농촌 세계에서 온 투박한 일상의 俗농민들이다. 그들은 모두 힘들고 모진 운명에 깊이 새겨진, 평생의 삶을 세상의 치열한 경쟁 속에 내맡긴 울퉁불퉁한 어부와 농부의 각진 얼굴들이다. 오랜 고투의 생에 새겨진 무늬들이 울긋불긋 빛난다. 예수님의 얼굴도 이들의 얼굴처럼 거칠고 황량하며 각이 져있다.

놀데는 왜곡된 형태와 강렬한 원색으로 격한 분노, 모진 고통, 넘치는 기쁨과 색 바랜 슬픔 등의 통렬한 정념을 직접 표현하는 표현주의의 기법으로 종교를 냉정한 머리가 아니라 뜨거운 가슴과 뛰는 심장으로, 회색의 사색 속에서가 아니라 채색 빛 생의 한가운데서 받아들이게 한다.

〈최후의 만찬〉의 중심 인물은 예수님이다. 그리스도의 원색적인 노란 얼굴, 붉은 머리카락과 겉옷, 흰색 상의의 강렬한 원색 대비, 특히 성배의 푸른색과 노란색 큰 손의 대조는 복잡한 한 사람의 내면과 외면의 혼종적 삶의 특성을 거침없이 표현하려는 듯하다.

예수님께서는 무겁게 그려진 크고 투박한 농부의 손으로 포도주잔을 움켜쥐고 계시다. 그는 아직 무언가 자신에게 말하는 듯하고 골똘히 생각하는 것 같이 보인다. 한국 사람처럼 옆으로 찢어진 그의 눈은 비스듬히 거의 감겨 있고, 얼굴은 약간 위를 향하고 계시다. 그의 우울하게 보이는 얼굴표정은 비장함과 굳건한 결의를 더하고 있다. 도대체 그분께서 무엇에 그리도 골몰하고 계신 것일까? 이들 중 한 명이 나를 배신할 것이라는 사실을...? 그러나 예수님께서 제자들에게 기상천외의 말씀을 하신다.

"예수님께서 빵을 들어서 축복하신 다음에,
떼어서 그들에게 주시고 말씀하셨다
'받아라. 이것은 내 몸이니라 ...

이것은 많은 사람을 위하여 흘리는 나의 피,
곧 언약의 피니라." (막 14:22-24)

지금도 성찬 예문의 핵심 본문으로 사용되는 이 본문에서 〈들다 = 취하다〉(λαβὼν), 〈축복하다〉(εὐλόγησεν), 〈떼다〉(κατέκλασεν), 〈주다〉(ἐδίδου)라는 네 개의 동사가 눈에 띈다. 이 동사는 오병이어의 기적 이야기를 상기시킨다(막 6:41). 배고픈 사람들이 충분히 먹고 남을 수 있는 공동체가 하나님 나라의 공동체다. 십자가에서의 죽음을 앞둔 예수님의 말씀인즉 이렇다. "이 빵은 나 자신이다. 나의 역사와 삶 그대로의 나 자신이다. 나의 삶은 이 빵처럼 쪼개질 것이다. 이것을 나는 너희에게 준다. 너희가 여기에 동참하도록 하기 위함이다"(로핑크, 『예수마음코칭』, 445).

레오나르도 다 빈치가 〈최후의 만찬〉에서 '유다의 배반'을 초점으로 그렸다면, 놀데는 성찬을 통한 '한 몸이 됨', 곧 '구원의 약속'에 비중을 두고 있다. 화가는 굵은 선을 따라 가운데 예수님을 중심으로 열두 명의 제자들을 좌우로 6명씩 한 선에 촘촘히 엮어 그렸다. 빈 들에서 날이 저물 무렵 무리 중에 이미 있는 빵 다섯 개와 물고기 두 마리를 모든 사람에게 나누어 줌으로써 한 공동체가 되는 사건이 일어났다면, 아직 서늘한 독일 북부의 봄 저녁, 그리스도에게 큰 고난의 어둑어둑한 밤이 서서히 깔리기 전에 그들은 한 작은 식탁에서 포도주잔을 드신 예수님의 살과 피를 나누며 한 몸이 된다. 그리고 이렇게 결연히 다짐한다.

나는 여기 당신 곁에 있을 것입니다
Ich will hier bei dir stehen,
주여 나를 비웃지 마소서
Verachte mich doch nicht,
당신 곁을 결코 떠나지 않으리이다.
Von dir will ich nicht gehen,
당신의 심장이 산산이 부수어질 때
Wenn dir dein Herze bricht
당신의 심장이 창백해질 때
Wenn dein Herz wird erblassen
죽음의 마지막 호흡이 엄습할 때
Im letzten Todesstoß

나는 당신을 품으리이다.

Als dann will ich dich fassen

내 팔에, 내 품에 당신을 안으리이다.

In meinen Arm und Schoß.

–바흐, 〈마태수난곡〉(Nr.17, 합창)

그리스도의 몸이다. 빵이 새로운 이름을 얻어 '표징'(signum)이 된다. 지체들(오케스트라와 단원들)이 모여 공명을 생산하는 마태수난곡의 합창은 그리스도의 몸의 의미를 층층 겹겹이 무한 느끼게 한다. 그리스도의 살과 피다. 포도주가 새로운 이름을 얻어 '상징'이 만들어진다. 이 상징을 통해 제자와 그리스도 사이뿐 아니라 물질과도 살아있는 관계로 들어간다. 성찬은 사물의 제모습이 드러나는 사건이기도 하다. 성찬의 은총 아래서 이 세상은 물질만의 세상도 아니고 정신만의 세상도 아니며 성례전적 세상인 것이다.

이제 여기에 쏟아 부어지는 합창 소리는 살갗을 파고들어 살 속에 전율을 일으켜 장엄과 숭고의 경지를 선사하고 온몸에 피가 맥동하게 한다. 단지 그리스도의 '진리'와 '사랑'이라고 말하지 않는 점에 주목해야 한다. 복음은 그리스도의 정신성에만 있는 것이 아니라 빵과 포도주의 변화된 물질성을 통해서도 나타난다. 빵과 포도주를 먹고 마심으로써 우리 자신의 실팍한 몸 안에 고동치며 흐르는, 〈루터〉가 말한 살아 계신 그리스도의 실제적 현존(real presence)을 발견한다.

〈칼뱅〉이 부연하고 〈웨슬리〉가 받아들인 성령의 임재하심 속에서 우리는 함께 주님의 선하고 아름다운 사랑을 맛보아 알게 된다. 우리는 빵을 먹고 포도주를 마심으로써 눈과 코와 혀와 목구멍과 위와 내장과 정수리에서 발끝까지 이르는 실핏줄 안에서 성육신의 신비를 경험한다.

주님의 사랑의 〈건넴〉과 주님께 대한 우리의 헌신과 귀의를 담은 〈받음〉이 우리의 존재를 변화시킨다. 〈가톨릭〉에서 말하는 실체의 변화(transsubstantiation)는 살과 피로 상징된 주님의 몸을 받고 주님의 삶에 참여함으로써 수반되는 삶과 존재의 변형(transformation)에서 의미를 찾을 수 있을 것이다. 이것들이 〈교회 일치적〉 성찬(ecumenical Eucharist)을 통해 나타나는 '신앙의 신비'(Mysterium fidei)이다.

주님의 살과 피, 그분의 부활한 몸, 그분의 변모된 인간성은 그분의 진리와 사랑의 구체적 표현이다. 표현주의적 신비주의다. "내 살을 먹고, 내 피를 마시는 사람은 내 안에 있고, 나도 그 사람 안에 있습니다"(요 6:56).

한 사람 '곁'에 있는 것도 쉬운 일이 아니다. 그런데 믿는 자는 그리스도 '앞'이나 '옆'에만 있지 않고 그리스도 '안'에 머문다. "내 안에 머물러 있어라. 그리하면 나도 너희 안에 머물러 있겠다. … 너희는 내 사랑 안에 머물러 있어라"(요 15:4.9).

제자들은 예수님의 사랑 안에 푹 잠긴다. '안에 있음'의 근거는 아들과 아버지 사이의 '상호 내재적 안에 있음'이고 '머물러 있음'이다. "내가 그들 안에 있고, 아버지께서 내 안에 계신 것은, 그들이 완전히 하나가 되게 하려는 것입니다"(요 17:23).

요한복음 17장의 예수님의 기도에서 형언할 수 없는 삼위 하나님 사이의 일치의 신비가 펼쳐진다. 그것은 아버지가 아들 안에 그리고 아들이 아버지 안에 있고, 그리고 이 둘이 성령의 사랑 안에서 하나인 거룩한 '우리'이다. 하나의 삶, 하나의 진리, 하나의 사랑, 그러나 살아있고 진실하게 사랑하는 세 분, 이것이 삼위 하나님의 '서로 안에 있음', 즉 사랑의 존재 신비이다.

성찬은 그리스도께서 몸소 자신의 살과 피를 주시는 사랑 안에 머물러 있음으로, 그리스도의 몸에 더 깊이 뿌리내리고, 접목하고, 삼위 하나님의 사랑의 교제를 나누고, 눅진하게 참여하는 신앙의 신비이다. 신앙의 신비는 이론적 확신이 아니며 행위나 인위가 끝나 자기를 내어주는 삼위 하나님의 사랑의 경험 속에서 열리기 시작한다. 그 결정적인 사건은 성령강림절 예루살렘 공동체에서 성찬 중에 터져 나온 종말론적 기쁨과 찬양일 것이다. 그들은 "날마다 한 마음으로 성전에 열심히 모이고, 집집이 돌아가면서 빵을 떼며, 순전한 마음으로 기쁘게 음식을 먹고, 하나님을 찬양하였다."(행 2:46f) 이 찬양은 그들이 빵을 떼어 나누는 만찬에서, 하나님과의 식사에 미리 참여한다는 기쁨에서 흘러나오는 것이다.

예수님 안에 있음으로써 우리는 삼위 하나님 안에 묵고 머무를 수 있으며, 결국 삼위 하나님의 이 사랑의 추동력으로 형제들 안에 머물 수 있게 된다. 예수님의 주위를 원형으로 둘러싸고 있는 열두 제자의 모습은 심리적으로 두터운 유대감을 강조한다. 누가 스승을 배반할 것인지 서로 의심하며 경계하는 눈초리는 찾아볼 수 없다. 오로지 스승이 주는 성찬을 받아먹으며 서로 하나가 되는 끈끈한 유대감과 뜨거운 사랑을 교환하고 있는 모습이다. 예수님께서는 당신 자신을 빵과 포도주로 내어주심으로써 제자들은 예수님의 사랑을 기억하고 사랑의 새 언약을 기념한다.

지그시 눈을 감으신 그리스도의 머리에 채색된 붉은 사랑의 빛이 예수님의 몸을 감싸 흐르고 좌우 제자들에게로 흘러가 온 제자들의 입술을 붉게 물들인다. 시간은 영원 속으로 스며 머무르며, 공간은 그리스도의 사랑으로 충만하다. 사랑을 잉태한 시간은 공간 안에서 육신이 되기를 목말라한다.

사랑의 공간은 경계가 지워진 '늘-서로-안에-있음'이며, 사랑의 시간은 과거를 기억하고 미래를 기대하는 언제나 현재다. 사랑은 시간의 양태로서의 과거와 미래가 아니라 시간의 원천(힘)으로서의 과거와 미래를 생각한다. 그러므로 경험을 회상하면 할수록 더욱 아름다운 미래가 그려진다. 성찬의 사랑은 미래 시간의 원천으로서 시간의 미래는 우리에게 다함이 없는 창조적 생 에너지의 저장고이다. 순색영원(純色永遠)이 우리의 덧없는 시간 속으로 사랑을 통해 들어온다. 이때가 오래오래 전의 시간과 지금의 시간과 도래할 시간이 비빔밥처럼 버무려지는 '영원한 현재'(eternal now)이며, 하나님과 인간이 하나 되어 인간이 신성에 차지게 참여하는 순간이다. 사랑은 영원한 현재를 창조하는 예술이다.

> "그리스도께서 사랑하는 제자들에게 위대한 구원의 은혜를 선사하는 시간이다. 예수는 성배를 두 손으로 감싸고 눈을 반쯤 감고 무언가 비장한 결심을 한 듯하고, 제자들은 예수에게서 발산되는 거룩한 광채를 받으며 환상적인 경험을 하는 듯 상기되고 흥분되어 있다. 그들의 얼굴은 초월적인 신비와 흥분으로 그로테스크하게 타오르고 있다. 가면을 쓴 듯한 그로테스크한 얼굴은 현실세계에서 일어나고 있는 장면이 아니라 종교적인 비밀과 신비를 말해주는 듯하다."(김현화, 『성서 미술을 만나다』, 217)

종교적인 비밀과 신비란 십자가를 통해 표현될 정도로 인간에 흠씬 빠진 예수 그리스도의 인간사랑(Philanthropia)이다. "받으시오. 내 몸입니다. 나는 있는 그대로의 나를 그대들을 위해 바칩니다. 나는 그대들을 위한 빵이며, 이 빵은 그대들의 양식입니다. 죽음으로 나의 몸은 그대들을 위해 부수어질 것입니다. 이는 그대들의 삶이 부수어지지 않기 위함입니다"(그륀, 『예수, 자유의 길』, 194).

따라서 성찬에 참여한 그리스도인은 바울과 함께 이렇게 고백한다. 성찬에서 보여준 "그리스도의 사랑이 우리를 다그칩니다." (고후 5:14, 가톨릭성경). 모든 것이 그물에 걸리는데 바람은 그물에 걸리지 않는다. 그러나 바람도 사랑과 용서의 그물에는 걸린다(김홍신). 예수님께서는 사랑과 용서의 그물을 세상에 쳐놓으심으로써 사람 잡는 거짓과 증오의 그놀을 풀어 사랑과 용서의 그물에 걸리게 하신다.

교회는 성찬이 성찬배제의 차별로 인한 '상처'와 무의미하게 반복되는 형식화된 예전의 '공허함'과 의미를 모른 채 맹목적으로 예전에 참여함으로써 생길 수 있는 '미신'이 되지 않도록 각별히 신경 써야 한다.

놀데는 이렇게 쓰고 있다. "나는 깊은 정신성과 종교와 내면성을 서술하고 싶은 항거할 수 없는 욕망을 따랐다. 나는 자연에서는 그 모범을 찾아볼 수 없는 작품 앞에 서 있다. 이제 나는 가장 신비하고 가장 내면적인 기독교의 복음을 그려야 한다. 나는 그리고 또 그렸다. 나는 낮인지 밤인지 알지 못했다. 나는 내가 사람인지 단지 화가인지 잘 알지 못했다." 놀데의 이 작품은 독일의 북부, 슐레스비히의 루테뷸에서 이렇게 태어났다.

비아 돌로로사

6. 제자들의 발을 씻기시는 예수

본문: 요한 13:1-15

두치오, 〈발 씻김〉, 1308-11.

요한복음은 마지막 만찬 후 성찬례가 아니라 세족례(제자들의 발을 씻는 예수님)의 사랑과 겸손을 기록한다. 성찬을 통한 옹근 하나됨과 발 씻김의 섬김과 사랑의 새 계명(요 13:34-35)은 하나이기 때문이리라.

저녁 식사 중 예수님께서 무슨 영문인지 일어나 제자들의 발을 씻어주신다. 대야에 물을 떠놓고 한 사람씩 불러 손수 발을 씻기시고 또 수건으로 닦아주신다. 이 전혀 예기치 못한 새롭고 어마어마한 예수님의 창조 행위에 제자들, 얼마나 놀랐을까! 사실 고대 동방 전통에서는 손님이 찾아오면 씻을 물을 챙겨 시종이 발을 씻겨드리는 풍속이 있었고, 높으신 분이라면 주인이 직접 나서서 궂은 일을 맡기도 했다.

마침내 베드로 차례가 왔다. 베드로는 한사코 손을 내젓는다.

"아닙니다. 내 발은 절대로 씻기지 못하십니다."

두치오, <발 씻김>, 1308-11.

그림에서 예수님과 베드로 사이의 실랑이 끝에, 끝내 원치 않은 모습으로 예수께 발을 내미는 베드로의 모습을 엿볼 수 있다.

일찍이 신성이 손을 내밀어 인간의 발을 씻어준 사례가 있었던가? 고대의 신화와 전설에 무수히 등장하는 신들은 다들 억세고 전능한 손을 가지고 있지만, 고작 벼락을 때리거나 화살을 쏘아대고 황소의 뿔을 꺾으면서 힘자랑이나 할 뿐이다. 그런데 예수님은 시종과 노예들의 역할이었던 섬김과 낮아짐을 통한 하나님의 긍휼과 사랑의 본보기를 수수하게 드러내 보이신다.

성 아우구스티누스는 갈라디아서 강해에서 겸손(humilitas)은 기독교 최고의 덕목이며, 교만은 사랑(caritas)을 가차 없이 파괴하지만 겸손은 사랑을 지킨다고 말씀한다. "지금 문제가 되는 것은 세상의 어둠과의 싸움이 아니라 사랑이다"(그륀, 『예수, 생명의 문』, 162). 문제는 사랑할 능력의 회복이며, 그 힘은 겸손에서 나온다. 겸손(Humilitas)은 교만(Hybris)을 치유한다. 겸손은 땅(Humus)과 연결되며 유머(Humor)와도 연관성이 있다. "안 됩니다. 제 발만은 결코 씻지 못하십니다" 라고 말하는 베드로의 진지한 거부에 예수님께서는 유머로 말씀하신다.

"내가 너를 씻기지 아니하면, 너는 나와 상관이 없다."

발은 우리가 세상과 맺는 관계를 상징한다. 우리는 발로 세상에 틈입해 우리 자신을 더럽힌다. 또 발은 가장 나약한 부분이기도 하다. 우리는 서로의 나약한 부분, 곧 상처를 쓰다듬고 어루만져야 한다. 그래야 우리가 걸어온 길이 다 아름다울 수 있다. 다른 사람의 곪은 상처를 쏘삭거려 헤집는 사람의 손은 잔혹하게 되고, 마음은 거북이의 등껍질처럼 딱딱하고 모질게 된다. 상처가 치료되기 위해서는 사랑스럽고 정성스런 어루만짐, 곧 하늘과 땅에 가득 차 보슬보슬 내리는 사랑의 기름을 상처에 발라야 한다.

주님
주님의 한결같은 사랑은
하늘에 가득 차 있고,
주님의 미쁘심은
궁창에 사무쳐 있습니다. (시 36:5)

그림에는 유다가 빠진 열한 명의 제자들이 자신의 순서를 기다리면서 가슴이 두근거리는 모습이다. 한 제자만이 오른쪽 구석에서 용기 있게 신발 끈을 풀고 있다. 동방의 비잔틴 미술에서는 제 차례를 기다리면서 신발 끈을 풀고 있는 제자 하나를 그림 한 구석에 끼워 넣는 소재를 개발했는데, 보기에 아기자기하게 재미나고 눈길을 끌어서 금세 서방 유럽에 수입되었다.

비아 돌로로사

7. 너희도 끝까지 사랑하라!

묵상본문: 요 13:15

그림: 가족소장용 책을 만든 어느 예술가, 〈사도들의 발을 씻기는 예수〉, 1475-80.

요한복음은 예수의 발에 향유를 붓고, 자기 머리털로 그 발을 닦은 마리아의 예수 섬김(요 12:1-8) 이후에 예수님께서 수난을 바로 앞둔 시점에 제자들의 발을 씻는 예수님의 제자사랑 이야기(13:1-20)가 길게 이어진다. 고난당하시기 전 제자들과 함께 있는 예수님의 행위 가운데 그리스도인의 마음과 정서에 매우 깊은 인상을 남긴 특이한 사건이다.

먼저 1475-80년 베를린의 한 제단의 바깥 날개를 위해 성찬 장면과 함께 그려진 이 그림에서는 일종의 긴장감이 감돈다. 고대에는 초대받은 사람들이 만찬에 참석할 때에 당연히 그 만찬에 걸맞은 준비를 해야 한다. 샌들을 신었기 때문에 가마에 타지 않은 사람들의 발은 먼지가 낀다. 그래서 집의 입구에서 하인이 손님을 맞으면서 발을 씻어준다. 예수님께서 바리새파 시몬에게 "내가 네 집에 들어왔을 때에, 너는 내게 발 씻을 물도 주지 않았다"(눅 7:44)라고 책망한 말씀도 이런 관습을 떠올리게 한다. 발 씻는 일은 분명 천한 일이며 하인들이 이 일을 했다.

마가의 집에 모여 유월절 예식을 조촐하게 치룬 제자들은 베다니에서 예루살렘에 갔다가 온종일 거기에 머물렀고, 저녁이 되어 피곤한 몸으로 기분은 그다지 유쾌하지 않은 채 식탁에 앉았을 것이다. 누구도 자리에서 일어나기 싫은 그때, 하인의 앞치마를 두르고 무릎을 꿇어 스스로 몸을 낮추신 예수님께서 제자들의 발을 씻기기 시작한 것이다.

의자에 앉아 멋도 모르고 예수님께서 하라는 대로 하던 제자들의 마음이 당황하여 흔들리고 웅성거리는 소리가 들린다. 조마조마하던 베드로, 차례가 되자 그는 예수님께 거부 의사를 분명히 표시한다. 베드로는 왼손으로 재촉하는 예수님의 팔을 제지한다.

*베드로: "아닙니다. 내 발은 절대로 씻기지 못하십니다."

*예수님: "내가 너를 씻기지 아니하면, 너는 나와 상관이 없다."

예수님께서는 예루살렘에 오시면서 인간이면 피할 수 없었던 세상의 권력질서인 서열에 편승되지 말 것을 한사코 제자들에게 여러 번 당부하셨다. 권력은 사람을 홀리고 미치게 만들기 때문이다.

> "그러나 너희끼리는 그렇게 해서는 안 된다. 너희 가운데서 누구든지 위대하게 되고자 하는 사람은 너희를 섬기는 사람이 되어야 하고, 너희 가운데서 누구든지 으뜸이 되고자 하는 사람은 모든 사람의 종이 되어야 한다"(막 10:43-44).

세상에서 참으로 높은 사람은 섬김을 받는 사람이다. "그러나 나는 섬기는 사람으로 너희 가운데 있다"(눅 22:27). 하나님이 다스리는 세상에서 사는 새로운 인간의 모습이다.

다른 사람을 섬기는 일은, 특히 모든 면에서 위(나이, 물질, 지위, 지식, 권세...)에 있으면서 아랫사람을 섬기는 일은 현실적으로 일회적이거나 있다 해도 지속되기 어렵지만, 그가 위로부터 피상적으로가 아니라 '아래로부터,' 속 깊은 곳으로부터 세상의 진면목을 보는 안목을 갖는다는 엄청나게 중요한 의미를 가진다.

예수님의 이 행위는 우선 세상에 불문율처럼 형성된 위계질서를 전복시키는 행위다. 예수님께서는 위계질서가 아닌 흡족하고 흐뭇한 복 있는 생명의 질서를 말씀하시고 그렇게 사신다. 우리의 현실에서 지금 문제가 되는 것은, 세상의 어둠 속에서 시비를 가린다는 명목하에 결국 자기 집단의 잇속을 챙기는 피 터지는 싸움이 아니라, 어둠에 빛을 비추고 얼어붙은 마음을 녹이는 따뜻한 자비와 사랑의 행위이다.

발은 우리의 가장 보잘것없는 미천한 지체로 여긴다. 그러나 우리가 가장 먼저 구체적으로 세상과 맺는 관계를 상징한다. 우리는 세상에 영(靈)으로 들어가지 않고 먼저 발로 들어간다. 우리는 발로 서 있고 발로 길을 걷는다. 그러나 발은 우리 자신을 더럽힌다. 가야할 곳을 가지 못하고 가지 말아야 할 곳을 기웃거렸던 후회, 누구든 한두 번은 있을 것이다. 이렇게 발은 가장 나약한 부분, 아킬레스건이기도 하다.

그러나 우리는 더렵혀진 상대방의 발의 흠과 허물, 때와 상처를 더럽다고 서로 지적하여 헤집지 말고, 심지어 자기 집단의 결속과 유지를 위해 부정적으로 사용하지 말고, 예수님께서 제자들의 발을 씻기듯 정성을 다해 씻겨야 한다.

「따스한 물에 발을 담가놓고 발가락, 발바닥, 발등을 부드럽게 누르고 보드랍게 어루만진다. 다시 따스한 물에 잠시 담그고 이제 정결의 비누로 거품을 내어 발 마사지를 하면서 작은 먼지까지 씻어낸다. 발가락 사이사이에 배인 냄새까지 손가락으로 구석구석

청결하게 닦는다. 닦은 후에 조심스럽게 자신의 허벅지 위에 올려 놓고 수건으로 물기를 닦고 발등에 사랑의 향을 바르고 호호하면서 바람을 불어, 남은 습기를 말린다」(15년 전쯤 3박4일 참여한 한 영성수련회에서 이 인상적인 과정이 30분쯤 지속되었다).

가족소장용 책을 만든 어느 예술가, <사도들의 발을 씻기는 예수>, 1475-80.

남의 발을 씻으려하기 전에 발가락 사이에 낀 나의 하루치 모욕과 수치부터 매일 깨끗이 씻자. 나의 모든 비루함을 기억하고 있는 발이 걸핏하면 넘어져 마음 상하게 하기 전에 발을 씻자.

늦은 밤 집으로 돌아와 발을 씻는다
발가락 사이 하루치의 모욕과 수치가
둥둥 물 위에 떠오른다
마음이 끄는 대로 움직여왔던 발이
마음 꾸짖는 것을 듣는다
정작 가야 할 곳 가지 못하고
가지 말아야 할 곳 기웃거린
하루의 소모를 발은 불평하는 것이다
그렇다 지난날 나는 지나치게 발을 혹사시켰다
집착이란 참으로 형벌과 같은 것이다
마음의 텅 빈 구멍 탓으로
발의 수고에는 등한했던 것이다
나의 모든 비리를 기억하고 있는 발은 이제
마음을 버리고 싶은가보다
걸핏하면 넘어져 마음 상하게 한다
늦은 밤 집으로 돌아와 발을 씻으며
부은 발등의 불만 안쓰럽게 쓰다듬는다
—이재무, 「발을 씻으며」 전문

다른 사람의 곪은 상처를 건드리는 사람은 자신의 손이 더럽게 된다. 상처가 치유되기 위해서는 사랑스럽고 정성스런 어루만짐, 곧 사랑의 기름을 상처에 발라야 한다.

> "주이며 선생인 내가 너희의 발을 씻겨 주었으니, 너희도 서로 남의 발을 씻겨 주어야 한다. 내가 너희에게 한 것과 같이, 너희도 이렇게 하라고, 내가 〈본〉을 보여 준 것이다. …
> (요 13:14-15)

예수님의 모범을 따라 형제를 사랑하되 예수님께서는 "끝까지 사랑하셨음(εἰς τέλος ἠγάπησεν)"을 요한복음은 처음부터 기록한다. 여기서 '끝까지'(εἰς τέλος)는 무슨 뜻일까? 우선, 시간적인 의미일 것이다. 예수님의 말씀과 행위가 끝나자마자 유다는 빵 조각을 받고 곧 나갔다(요 13:30). 어디 유다뿐인가? "나는 주님을 위하여서는 내 목숨이라도 바치겠습니다."(요 13:37)라고 호언장담하던 베드로도 곧 예수님을 부인할 것이다. 그러므로 '끝까지'는 죽을 때까지 사랑하며, 죽음도 예수님의 사랑을 끊지 못한다는 의미일 것이다.

그러나 시간적 의미만으로 설명하기에는 뭔가 아쉬운 점이 있어 보인다. '끝까지'(εἰς τέλος)는 사랑의 질, 사랑의 자발성, 사랑의 목적(τέλος)에 부합할 수 있는 온전한 사랑을 의미한다.

"이제 나는 너희에게 새 계명을 준다.
서로 사랑하여라(ἀγαπᾶτε ἀλλήλους).
내가 너희를 사랑한 것 같이, 너희도 서로 사랑하여라.
너희가 서로 사랑하면, 모든 사람이 그것으로써
너희가 내 제자인 줄을 알게 될 것이다."(요 13:34~35)

예수님의 발씻김의 행위를 〈본〉으로만 해석하면 너무 평이하고 윤리-교육적이다. 물론 그분은 본을 보여 주셨다. 그분은 모범(Vorbild)이시다. 그러나 주님을 윤리-교육적인 관점에서만 본다면 주님의 본래적인 존재를 상실하게 된다.

로핑크는 "너는 ~해야 한다"는 명령은 예수님의 선포를 그르치는 일이라고 말한다. 그것은 결국 예수님을 가장 거룩한 도덕주의자로 만들어 버린다는 것이다. 그의 논리를 따르자면 사랑이 목표로 하는 것은 의무나 책임, 윤리적인 명령이 아니다. 그것은 초대받은 잔치에 대한 환호, 지금 이미 발견 가능한 보물과 진주에 대한 기쁨에서 나오는 힘이다. 로핑크는 해방과 치유가 시작되는 곳은 도덕적 계명이나 억지 주입이 아니며 폭력은 더더욱 아니라고 말한다. 새 세상으로 달려가는 것이 불가피성이나 도덕적 압력이어서는 안 된다. 변화된 세상의 넘치는 매력이어야만 한다.(『예수마음코칭』)

그분의 사랑의 존재의 신비는 〈자기 비움〉(낮아지심, κένωσις, kenosis: 빌 2:7)이라고 말하는 겸손에 있다. 이 겸손은 인간의 도덕적 심성에만 달려 있지 않다. 겸손은 대상(사물이나 사람)의 아름다움 앞에서 솟아나는 자발적 감정의 순수성에서 나온다. 겸손의 길은 아래에서부터 위로 가지 않고, 높은 곳으로부터 아래로 향한다. 그분은 〈하나님의 모습〉(μορφῇ θεοῦ)을 지니신 분이다. 그런데 그분은 자기를 비워서 〈종의 모습〉(μορφὴ δούλου)으로 사셨다(빌 2:6-7). 종의 모습 속에 스미어 발하는 하나님의 모습이 아름다운 것이다.

종의 모습으로 발하는 하나님의 아름다움이 우리를 사랑으로 끌어당기며 사랑으로 다그친다. 사랑의 계명은 최선의 의지만을 가진다고 되는 것이 아니다. 사랑이 온전하고 진정한 것이 되려면 마음으로부터 우러나와야 하며, 거짓된 것이 아니어야 한다.

작은 자 앞에서 몸을 굽혀 자세히 살펴보려는 인간은 겸손하며 위대하다. 그런 사람의 눈은 작은 것 안에서 신비한 존엄을 발견한다. 이 존엄을 발견하고 그것을 귀하게 여기고 그것을 소중하게 생각하고 높이는 것이 겸손한 사랑이다. 예수님은 우리에게 사랑의 실천으로 부르는 사랑의 〈모범〉(Vorbild)이시기도 하지만, 사랑의 존재론적 발원, 곧 〈원형〉(Urbild)이시다.

신학자 슐라이어마허의 생각을 빌어서 표현하자면, 그리스도는 '원형성'(Urbildlichkeit)으로 말미암아 우리들의 구원자가 되시며, '모범성'(Vorbildlichkeit)으로 말미암아 구원을 전달하고 소통하며 또한 우리가 따르고 본받아야 할 모범적 스승이 되신다. 그러나 예수님의 모범성은 하나님께서 영원히 선택하신 구원자로서 생명을 주는 능력의 아름다움을 의미하는 것이 아니라, 구원의 전달과 소통을 가능하게 하는 인류와의 연대성을 의미한다.

예수님을 스승과 모범이라고 말하는 것은 그를 세계 안에서 한계를 가진 "위대한 한 인간"으로 제한하려는 의도에 있지 않다. 오히려 예수님이 구원자로서 처한 역사적 공간과 시간 안에서 충분히 교감하고 공감하고 소통하는 인간이었고, 우리 인간도 그와 소통할 수 있음을 말하는 것이다.

이런 의미에서 기독교대한감리회의 교리적 선언 2항의 "우리의 스승이 되시고 모범이 되시는" 그리스도 고백은, 그 의미상 그리스도 존재의 아름다움이 아니라 아름다움의 힘과 영향을 강조하는 고백이다. 따라서 이 고백은 인간학적 후퇴가 아니라 신학적으로 정당하고 필요하며 윤리적으로 여전히 타당하며, 그리스도를 따라 살게 하는 동기부여의 능력이 된다. 예수님께서 베드로에게 한 말씀을 이행함으로써 베드로는 예수님처럼 신적인 자기헌신의 신비 속으로 들어간다.

그림 상단에는 유리창이 있어 환한 빛이 흘러들어와 화장대를 비추고 화장대 옆에는 흰 수건이 길게 걸려 있다. 빛은 저 멀리 이층으로 올라가는 계단으로 이어진다. 자기를 비우는 섬김과 사랑을 통해 하늘나라로 올라갈 수 있다는 표식일 것이다.

비아 돌로로사

8. 김병종의 바보 예수

묵상본문: 막 9:35

(1)김병종, 〈바보 예수〉(1985, 1992); (3)–, 〈빗발치다〉, 1989;

(4)–, 〈상처난 얼굴〉, 1991.

(1) 〈바보예수〉를 그리던 시절, 1980년대를 회상하는 화가의 목소리를 직접 들어보자. 대학엔 연일 최루탄이 난무했고 대치된 증오는 그 최루탄보다도 매웠다. 조석으로 그 연기속을 오르내리며 나는 이천 년 전 바람 불던 유대 광야를 걸어간 한 남자를 떠올렸다. 그리고 그가 다시 이 시대 서울하고도 저 최루탄 속에 서 있다면 어떤 모습일까를 생각해보았다.

화가는 초등학교 시절 아버지를 여의었는데 해질녘 아이들과 놀다가 여기저기서 "아버지 오셨다. 어서 들어와라"하고 부르는 소리를 단 한 번이라도 듣고 싶었다고 회상한다. 그때마다 예수님,

그분은 어린 화가에게 그지없는 위로였고 살뜰함이었다. 채워주시고 달래 주시는 나의 아버지였다.

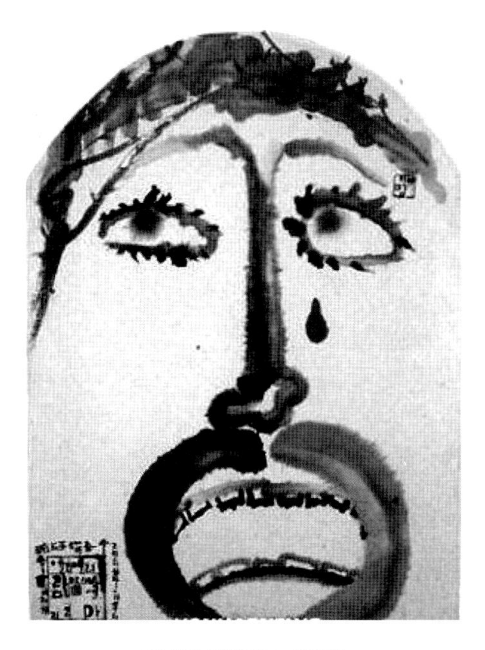

김병종, 바보예수, 1985

김병종은 예수라는 서양의 거대한 아이콘을 문인화풍의 동양화로 변주하는데 성공했고, 한국인의 심성(心性)에 흔적 없이 스며들고 고이는 컨템퍼러리하면서도 토착적인 예수상을 표정(表情)했다. 〈바보예수〉에는 감각적으로 아름다운 것보다 수수하고 서투른 것에 높은 품격이 있다고 보는 동양미학의 기본이 잘 드러나 있다.

⑵ '바보 예수'는 성서 양식사학자들이 말하는 '인간 예수'보다 한 걸음 더 나아간 개념이다. 예수님을 단지 탁월한 한 인간(현인, 예언자, 혁명가 등)으로 보겠다는 역사성에서 한 걸음 더 들어가 바보로 보겠다는 실존성의 의미를 확연히 표방하고 있는 것이다. 예수님께서 "또 바보라고 말하는 사람은 지옥 불 속에 던져질 것이다"(마 5:22)라고 말씀하셨지만, 바보란 사람들에게 속고, 힘이 없어 뒷전으로 밀려나면서도 자기 진실을 지키며 선한 일을 실행하는 인간을 말함이다. 남을 속이고서라도 경쟁에서 항상 이기는 것을 목표로 삼는 영악한 인간 반대편에 서 있는 인간이 바로 바보다.

옛말에 "대지약우(大智若愚)"라는 말이 있다. 큰 지혜는 바보스럽게 보인다는 뜻이다. 아니, 지혜로울수록 바보스럽다는 뜻이다. 예수님의 바보스러움이야말로, '무의 파격(無의 破格)'이다. 공포의 눈, 벌어진 입, 멍청한 시선, 적색의 고뇌, 이 모든 바보스러움이야말로 현세적 혁명을 요청했던 그의 영원성, 그리고 그 강렬한 현실성의 원천이다.(도올 김용옥)

⑶ 그에게 예수님은 '관념'이 아니라 '구체적인 현실'이다. 다소 우둔해 보이는 큰 눈과 뭉툭한 코, 다듬지 않은 수염과 약간 헤벌린 입술 – 그 평범하고 못생긴 사내의 얼굴 속에 담겨진, 인간을 향한 눈물겹도록 뜨거운 애정과 신뢰, 우수와 번민, 고통과 좌절,

희망, 분노와 연민 등의 인간적 감정을 표현하기 위해 김병종은 지나친 묘사에의 욕구를 최대한 절제하고 있다.[최태만(미술평론가)]

(4) 바보란 바로 보는 사람이요, 바로 보살펴주는 사람이요 마음을 다하는 사람이다. 바울은 예수님의 바보스러움을 하나님의 어리석음으로 표현했다[한완상, 『바보예수』에서]. 바보는 자기 자신에 대하여는 어떤 요구도 없이 전적으로 타인을 위해 자신의 삶을 바쳤던 예수님의 존재방식에 대한 한국적 표현이다.

하나님의 부름은 인간이 생각한 시간을 늘 비켜 오시고 생각하지 못한 형태로 나타난다. 때로는 너무 엄격하게 때로는 너무 기쁘게, 때로는 거룩하고 은혜롭게 나타난다. 이렇게 하나님은 그 자신의 길을 가시면서 인간의 이성이 이해할 수 없는 바보가 되어 나타난다. 바보란 더이상 능가할 수 없을 정도로 접근하는 하나님의 다가옴에 대한 무한한 열림의 몸짓이며, 구원의 신비를 이 세상에 던진 예수님의 삶에 대한 역설적 표현에 다름 아니다. 바보는 하나님과 이웃을 사랑하는 한 자기 자신도 사랑하는 사람이다. 바보는 하나님에 감응하는 인간의 존재로서 하나님의 인간적 비유이며 사랑이다.

고난의 거룩한 아름다움

9. 겟세마네

묵상본문: 마가 14:32-42

엘 그레코, 〈겟세마네 동산의 기도〉, c.1590.

그리스도의 수난 이야기는 〈해 저물고〉 어둠이 짙어가는 캄캄한 목요일 〈늦은 밤〉 겟세마네의 기도로부터 시작하여, 다음날 유다의 붉은 입맞춤을 신호로 유대 관원들이 보낸 횃불을 들고 온 무리들에게 〈미명〉에 잡히시고, 〈새벽〉 공의회에 끌려가 위증하고 모해하는 그들의 신문과 비겁한 빌라도의 재판을 5-6시간 받으셨으나, 판결문 없이 무책임하게 다시 유대 군중들에게 넘겨 채찍과 조롱과 모욕의 수치를 당하게 하고, 〈아침〉에 골고다(갈보리)의 십자가에 못 박히시고, 〈오후〉에 숨이 넘어가고 〈저녁〉에 무덤에 뉘이실 때까지, 시공간적으로 너무 멀리서 일어난 사건이지만 곁에 있는 것처럼 느끼고 싶은, 숨 멎을 것 같은 순간순간 시시각각 발현하는 은총, 마지막 예수님의 사랑이 한 발자국 한 발자국

걸음마다 배인 구원의 신비*꽃이 피어나는 그리스도의 고난과 사랑에 대한 이야기이다.

성금요일 전날 밤 예수님께서는 마지막 만찬을 마치시고 한밤중에 겟세마네 동산으로 기도하러 가신다. 그분은 사랑의 빛이 충만한 상태로 어둠을 밝히기 위해 그 어둠의 세력이 응집된 공간 안으로 들어가신다. 그는 단지 세 명의 제자들만 데리고 간다. 어둠과의 싸움은 지난(至難)한 것이다. 마가가 증거하는 대로 예수님은 매우 놀라며 괴로워하기 시작했고, "내 마음이 근심에 싸여 죽을 지경이다", 라고 말씀하시면서 땅에 엎드리어 기도하기 시작하신다.

예수님의 기도는 으레 하나님께 귀의하여 하나님과 하나임을 확신하는 기도였다. 그래서 예수님은 제자들 몰래 홀로 고요한 곳을 찾아 기도드리곤 하셨다. 그러나 그는 지금 생전 처음으로 겟세마네에서 하나님과만 홀로 있기를 원치 않으신다. 무슨 말인가? 그는 제자들에게 자기 〈곁〉에 앉아 기도해주기를 아주 느린 저음의 굵은 목소리로 묵직하게 부탁하신다. 제자들도 자신들에게 처음 하는 예수님의 기도부탁을 비상하게 여겼을 것이다.

예수님께서 제자들의 지원과 지지와 보호를 구하신 것이다. 두려움과 떨림, 몸서리치는 전율과 불안의 강도가 깊어지면 깊어질

수록 제자들에게 부탁하는 기도의 강도 또한 점점 높아진다. 독자가 겟세마네 기도의 현장을 상상으로 눅진하게 참여하면서 체험하고 싶은 마음으로 32절부터 38절까지를 주의 깊게 읽는다면, 제자들에 대한 예수님의 기도부탁의 강도는 점점 커지고 있음을 느낄 것이다.

① "내가 기도할 동안에 너희는 여기 앉아 있으라"(막 14:32) → ② "여기 머물러 깨어 있으라"(14:34) → ③"시험에 들지 않게 깨어 있어 기도하라"(14:38)

누가는 예수님의 기도의 간절함을 "땀이 땅에 떨어지는 핏방울 같이 되더라"(눅 22:44) 했고, 히브리서는 예수님께서 육체에 계실 때 "자기를 죽음에서 능히 구원하실 아버지에게 심한 통곡과 눈물로 간구와 소원"(히 5:7)을 올렸다고 추체험(追體驗)한다. 하나님은 우리의 과거로서 우리의 뒤에 서 계시지 않고, 우리의 희망으로서 우리 앞에 서 계신다. 그러나 마음이 심히 흔들려 피곤해진 제자들은 기도시간에 몹시 졸고 있다가, 예수님께서 잡히실 때 결국 그를 홀로 남겨두고 버리고 급하게 도망한다.

이 시간 예수님의 기도제목은 간단하고 명료한 단 한 가지다. "아빠(Αββα), 아버지! 아버지께는 모든 일이 가능하십니다. 내게서 이 잔을 거두어주옵소서." 그의 임박한 체포, 신문, 재판, 고문과 잔인하고 치욕스런 십자가의 죽음을 피하게 해달라는 청원이다. 그 시간이 자기를 비켜갈 수만 있다면……

도대체 이 세상에 어떤 관계가 '예'라는 말로만 이루어질 수 있을까? 때로는 '아니오'라고 감정과 의지를 솔직하게 표현하는 때도 있는 것이다. 그렇지만 이번에 아버지는 아들의 이 간절한 기도를 처음으로 들어주시지 않는다. 침묵만이 흐르는 침묵의 '어둠'이다. 〈침묵기도〉는 기도자가 침묵(관상) 속에 머물기를 권한다. 그러나 여기서는 기도자 예수님이 침묵하시는 것이 아니라 하나님이 침묵하신다. 야속하고 매정하다. 예수님은 한없이 고독하다. 고독하다는 것은 자기에게만으로 수렴된다는 것이 아니라 하나님을 향해 온전히 자신을 집중할 때 나타나는 실존의 현상이다. 그분은 홀로 기도하고, 혼자 깨어 있고, 홀로 예감한다. 그분 곁에는 아무도 없다. 어떤 인간적 이해와 감정도 그분을 따라갈 수 없다. "내 혼자 마음 날 같이 아실 이"(김영랑), 아무도 없다. 가느다란 공감의 선마저 바람에 흔들리고 대화의 채널마저 뚝 끊어진다.

그래서 예수님과 하나님 사이에 '아빠'라고 불렀던 친밀했던 사귐, 곧 하나됨의 일치가 아주 금이 간 것처럼 보인다. 일치에 대한 열망이 불일치의 격정적 리듬 속에서 더 커지는 것이기 때문일까? "진실한 관계는 결코 언제나 일치함을 의미하지도, 언제나 한마음인 것을 의미하지도 않는다. 그런 관계는 꼭두각시 관계밖에 없다. 진실한 관계는 내 느낌이나 생각 그리고 주장을 있는 그대로 표현해도 상대로부터 배척받거나 버림받지 않는다는 믿음을 가진 것을 의미한다"[공지영, 『수도원 기행 2』, 225f.]. 그럴까요? 그렇겠지요! 과연 그럴까요??

엘 그레코, <겟세마네 동산의 기도>, c.1590.

그림에서 엘 그레코는 이러한 내적 긴장을 외적으로 생생하게 잘 표현한다. 그리스도는 잠자는 제자들을 뒤로 하고 변함없는 바위 앞에 서서, 보이지 않는 하나님의 침묵은 뒤로하고 보이는 천사와 대화한다. 천사는 구름을 타고 아래로 내려왔으며, 손에는 고난의 잔이 아니라 의지를 강화시킬 수 있는 잔을 들고 있다. "그 때에 천사가 하늘로부터 그에게 나타나서, 힘을 북돋우어 드렸다" (눅 22:43).

천사 밑 바위굴 속에는 예수님과 동행했던 세 제자들이 그리스도의 간절한 부탁에도 불구하고 쿨쿨 잠자고 있다. 오른 쪽 구석에는 이미 유다의 인도를 받으며 병정들이 예수님을 잡으려고 몰려온다. 그들은 곧 예수님에게 당도할 것이고, 유다의 입맞춤을 신호로 예수님을 결박할 것이다.

화가는 바위가 구름이고 구름이 바위인 듯 보이게 그려 넣었다. 오른 쪽 바위 가까이에 엎혀있는 듯한 구름 한 가운데 하얀 보름달이, 예수님의 운명을 슬퍼하는 듯 작고 서늘하게 박혀 있다. 언젠가 퇴근하면서 차창 너머로 들어온 구름 한 송이 없이 고요하고 맑은 하늘에 휘영청 떠 있었던 보름달과 너무 대조적이다. 왼쪽에 떠 있는 구름은 빙산처럼 보이기도 하고, 달빛에 반사된 구름같이 보이기도 한다. 천사가 외계에서 나타나듯, 화가가 그린 감람산의 고통의 예수님이 신비한 구원의 세계로 들어가는 문처럼 보인다.

그리스도의 진정한 수난의 신비는 하나님에 의한 그의 고난으로부터 시작한다. 고난은 아버지 하나님이 아들 예수님의 기도를 받아들이지 않음으로써 시작된다. 하나님의 침묵에 의해 거부된 겟세마네 그리스도의 기도가 진정한 수난의 시작이다. 이런 의미에서 예수님의 수난의 시작은 인간학적이 아니라 매우 신론적이다. 그러므로 예수님의 수난의 비극에는 투쟁적 한 영웅의 인간학적 비극과 비교할 수 없는 지점이 있는 것이다.

그렇기 때문에 "가장 중요하고 진지한 일에서 인간은 이름 없이 혼자다"라고 말한 릴케의 인간학적 고뇌가 예수님에게는 해당되지 않는다. 마틴 부버는 아버지를 그 누구보다도 사랑한 아들이 아버지로부터 버림받을(遺棄) 수도 있다는 공포를 "하나님의 어둠"이라 표현했고, 루터는 이 장면에 "겟세마네의 투쟁"이라는 제목을 달았다. 그리스도가 하나님과 투쟁한 것이다. 바로 이 지점에 인간학적 고통과 다른 그리스도의 모진 신학적 고통(agony)이 있다. 이 순간 산불처럼 금세 퍼지고 번져 타들어가는 사람의 마음은 한없이 위태롭고, 하늘의 마음은 넓고 깊어 은미(隱微)할 뿐, 그 뜻을 도저히 알 수 없다.

길고 긴 침묵의 어둠의 흐름 속에 번갯불 같은 것이 번뜩인다. 외부에서 빛이 들어왔기 때문이 아니라 어둠 자체가 빛나기 시작한다. 어둠이 빛나 "빛나는 어둠"(닛사의 그레고리우스)을 경험한다. 하나님이 영원한 침묵 속에서 말씀하신다. 이 어두운 불안과 매운 고통의 죰에너지는 잠시 후 예수님의 〈그러나〉(ἀλλὰ, alla 14:36)하는 기도의 반전(反轉)과 함께 사라진다. 사라진다기보다는 아버지의 것으로 옮겨가 定에너지로 변형된다. 불안과 희망이 음양의 조화처럼 신비한 경험의 단계로 옮겨간다.

"〈그러나〉(ἀλλὰ, alla), 제 뜻대로 마시고 아버지의 뜻대로 하소서."

〈그러나〉에서 신학자들이 말해왔듯이, 아버지의 '침묵'이나 하나님의 '부재' 혹은 아들의 '버림받음' 아니라 아버지의 '숨겨진 응답'임이 밝혀진다. 또는 아버지의 위대한 침묵은 아들이 완전히 자신을 맡기는 자유롭고 광활한 사랑의 품이다. 아버지의 '버림'과 아들의 '버림받음'이 아니라 아버지가 아들을 "온 세상 죄를 위해"(요일 2:2) 죽음에 '내어줌'이고 아들이 아버지에게 삶을 '맡김'이다.

〈그러나〉는 아리스토텔레스가 『시학』에서 말하는 "급전(急轉) 및 발견"과 유사하다. 급전과 발견은 비극에서 가장 매혹적인 것이다. '급전'이란 사태가 반대 방향으로 변하는 것을 의미한다. 예수님의 기도에서 〈그러나〉는 사태가 반대 방향으로 변하는 것이 아니라 사태의 의미가 반대 방향으로 변한다. 이런 의미에서 〈그러나〉는 '발견'에 더 가깝다. '발견'이란 無知의 형국에서 知의 형국으로 이행하는 것을 의미한다.

〈그러나〉는 계시사건의 참 골자다. 시편 연구가 헤르만 궁켈은 '시편에서의 분위기 급전' 문제를 다루면서 "경건한 사람의 전 생애는 애가(哀歌)와 감사詩 사이의 전환으로 이루어진다"고 평가한 바 있다.

〈그러나〉는 "내게서 이 쓴 잔을 거두어 주십시오"하는 탄원에서 아버지의 뜻을 향해 자기의 생각과 의지와 감정의 존재를 던지는 것이고 맡기는 발화행위이다. 위협당했던 아버지와 아들 사이의 일치가 두 분의 내적 사귐(아버지의 받아줌과 아들의 맡김)속에서 온전히 회복된다.

〈그러나〉에서 예수님은 극한에 달한 적막과 공허를 뚫고 하나님의 충만을 맞이하기 위해 빈 형상이 된다. 우리는 예수님이 속으로 은연(隱然)하게 발설한 이 접속부사에 마음이 홀리고, 몸이 떨리고, 가슴이 울려 예수님을 부둥켜안고 운다.

〈그러나〉는 쓴 잔 까지도 아버지가 주시는 선물로, 존재의 초과와 사랑의 넘침으로 수용한다는 점에서 진정한 기도의 원형이다. 퍼내고 퍼내도 다시 고이는 어둠, 위선과 배신의 구린 냄새, 고독의 슬픈 아픔. 예수님은 〈그러나〉에서 절망을 정직하게 받아들이고, 어둠의 깊이를 몸이 뭉개지도록 끌어안고 입 맞춘다. 그의 고난과 죽음이 하나님의 생명을 위한 사랑의 자리가 된다.

5-6세기에 단성론자와 양성론자 사이에 두 개의 본성 및 두 개

의 의지에 관한 논쟁이 있었다. 한 위격 안에 있는 예수님의 두 본성, 신성(신적인 것)과 인성(인간적인 것)에 관한 교리이다. 양성론이 정통으로 인정되었는바, 신성과 인성은 실체적으로 구분되지만 불가분리의 형태로 하나의 위격 안에 더불어 존재한다는 교리이다.

보통 인간에게 아버지의 뜻과 인간의 뜻은 서로 충돌한다. 두 본성, 두 의지를 보통 인간은 감당할 수 없다. 그러나 그리스도는 두 가지 서로 다른 말을 한 호흡에 담아낼 수 있었다. "아빠, 아버지! ... 내게서 이 잔을 거두어주옵소서." 그리고 "〈그러나〉 제 뜻대로 마시고 아버지의 뜻대로 하소서." 이것이 한 위격 안에 신성과 인성이 연합되어 있다는 '양성론'(two natures in one Person)의 진실이다.

예수님의 완전한 〈인간성〉은 모든 갈등과 번민의 인간적 근본 조건으로부터 자유로운 하나님의 신적 선택에서 주어진 것이 아니라, 그의 진정한 투쟁 속에서 순간순간 성령에 충만한 인도하심을 통해 '자기를 내어줌'(순종)으로써 자신을 다시 세움에서 지어진다.

예수님의 완전한 〈신성〉은 십자가의 부활과 부활의 십자가에서 정점(頂點)에 이르는 지속적 희생의 찬양과 경배 속에서 하늘 아버지에게 자신의 인간성을 내어줌에 있다. 아버지의 뜻은 아들이 죽임을 당하는 것이 아니다. 예수님께서 죽는 것이 하나님의 뜻이 될 수 없다. 의인이 고난을 당하는 것이 결코 하나님의 뜻이 될 수 없듯이 말이다.

하나님의 뜻이란 가장 곤고한 상황에서도 한결같이 하나님을 신뢰하고 하나님을 끔찍이 사랑한다는 것이다. 십자가의 죽음에서 하나님의 사랑에 대한 예수의 무조건적인 신뢰와 전적인 의존이 드러난다. 그리고 십자가에서 인간들을 위해 당신 자신을 투신하신 예수, 병자들을 고쳐주시고, 악마의 세력에서 해방되기 위해 투쟁하셨던 그분의 사랑이 완성된다.

신실한 하나님, 하나님의 한결같은 신실함의 의미에서 하나님의 삶은 시간도 없고 변화도 없다. 하나님의 무시간성, 무변화성은 형이상학적인 것이 아니다. 영원히 살아 계신 하나님, 늘 현존하시는 하나님의 삶은 무한하고 단순한 늘 푸른 현재의 현존 속에 있다.

기도의 반전에서 은총의 날개 안에 품긴 존재의 맛, 슬픈 삶의 맛이 달빛 아래 골짜기를 따라 이루 헤아릴 수 없이 흐르고 스미어 들면서 깊어진다. 용쓰며 몸이 지칠 때 혼(魂)이 고요하고 맑아지는 것처럼, 진정한 기도에 이르기까지는 심한 고통을 수반하기 마련이다. "내가 고난의 길 한복판을 걷는다고 하여도, 주님께서 나에게 새 힘주시고, 손을 내미신다"(시 138:7).

① 사랑하는 자 《아버지》는 사랑받는 독생자 예수님을 우리의 죄를 위하여 세상에 보내고 십자가에 내어준다(παραδίδωμι, 롬 8:32, 요일 4:10).

② 사랑받는 자 《아들》 예수님은 《성령》 안에서 사랑하는 자 《아버지》의 사랑을 끝까지 믿고 이에 감응하고 상응하여 우리를 위하여(for us) 자신을 아버지에게 내어준다(παραδίδωμι). "아버지께서 나를 사랑하신다. 그것은 내가 목숨을 다시 얻으려고 내 목숨을 기꺼이 버리기 때문이다"(요 10:17). 이로써 아들과 아버지의 사랑의 관계 안에서 서로 감응(感應)하는 둥그런 하나됨의 관계가 흔들리지 않는다.

사랑받는 자 《아들》 예수님은 고난의 밤에 자기 자신과 동시에 그가 사랑하는 아버지, 아빠(Aββα)를 전적으로 신뢰함으로써 서로 구석구석 안에(ineinander) 계시고, 서로 도란도란 함께(miteinander) 계시며, 서로 두루두루 통하여(durcheinander) 머물고 계신 아버지의 숭고한 사랑의 빛으로 반짝인다. 아버지와 아들 사이에 사랑의 교제와 사귐이 그치지 않는다. 이것이 후에 신학에서 아버지와 아들 사이의 '본질의 일치'(homoousia)라고 말하는 의미이다.

“아들이 아버지를 보는 눈과 아버지가 아들을 보는 눈은 동일하다. 아들의 눈과 아버지의 눈은 하나의 눈이며, 하나의 봄이며, 하나의 인식이며, 하나의 사랑이다”(마이스터 에크하르트, 설교 25. 설교의 나와 하나님 사이의 관계를 아들과 아버지로 바꿔 씀)

전적으로 아버지로부터 존재하는 아들이 아버지로서의 하나님에 대한 믿음을 가능하게 했다면, 죽음 속에서 예수님의 죽음과 동일시한 아버지 하나님은 아들 하나님에 대한 믿음을 가능하게 한다. 그러므로 예수님 안에서 예수님과 함께 예수님을 통해 하나님을 믿는 믿음은 하나님의 아들로서의 예수님을 믿는 믿음이다. 그러나 이러한 믿음은 인간에게서 나온 것이 아니라 인간에게 오시는 성령의 능력과 현존 안에서만 가능한 일이다.

③ 《성령》의 위로와 능력은 아들의 이러한 헌신을 가능하게 함으로써 사랑받는 자 《아들》은 사랑하는 자 《아버지》에게 우리를 죽음으로부터 영생으로 이끌기 위하여 자신을 내어준다(παραδίδωμι). 그러므로 예수님과 함께 하나님을 믿고 예수님을 하나님으로 믿는다는 것은 성령을 믿는 것이다.

예수 그리스도로 말미암은 인간의 구원과 새 창조를 위한 삼위 하나님의 〈내어줌〉은 믿음 안에서 인간에게 선물로 주어진다. 예수 그리스도는 하늘의 하나님을 사랑하고 지상의 인간을 위하여 자신을 〈내어준〉 원형(Urbild)과 모범(Vorbild)이며 플라톤적으로 말하면 "아름다움(καλόν)의 형상"이다. 하나님의 구원의 역사로서의 이 덕과 겸손의 행실은 자유와 영광의 원천이다. 죽음에 이르기까지 자신을 내어준 하나님에 대한 순종은 인간의 해방과 아름다운 자유를 위한 동력이다.

그러므로 예수님께서는 자신의 고난의 잔을 지나가게 해 달라는 기도와 아버지의 뜻대로 해 달라는 기도 사이에 〈그러나〉를 툭 떨어뜨림으로써 종래에는 나타난 일이 없는 자별(自別)한 하나님의 사랑을 열어 보일 수 있는 것이다. 바로 이 지점에서 예수 그리스도의 수난사는 하나님의 자기 내어줌의 역사로서 탄식시가 아니라 하나님 사랑에 대한 찬양과 감사시이며, 체념이나 절망이 아니라 희망이 된다.

그러므로 하나님에게는 희망, 찬양, 감사의 말이 가장 적합하다. 하나님은 찬연히 빛나는 사랑자체의 사건이다. 이 사랑의 사건은 삶과 죽음의 대립을 새로운 존재의 가능성을 위하여 통합한 삼위 하나님의 능력이다.

내가 주님께 기도드립니다.
주님, 새벽에 드리는 나의 기도를 들어 주십시오.
새벽에 내가 주님께 나의 사정을 아뢰고
주님의 뜻을 기다리겠습니다. (시 5:3)

고난의 거룩한 아름다움

10. 깨어 있는 감각들의 영성

묵상본문: 막 14:32-42, 눅 9:28-36

안젤리코, 〈겟세마네의 고통〉, c.1450.

그림은 다시 프라 안젤리코(Fra Angelico)의 예수님의 겟세마네 기도 장면이다. 예수님께서 기도하는 동안 제자들은 깊고 깊은 잠에 흠씬 빠져 있다. 이건 성경에 있는 이야기이다. 그렇지만 그림에서는 성경에 없는 이야기가 있다. 놀랍게도 예수님 곁에 두 여인은 깨어 있다.

한 여인은 예수님께서 기도하는 쪽을 향해 눈을 크게 뜬 채 응시하고 있고, 다른 여인은 성서를 읽고 있는데, 이들은 마르다와 마리아다. 두 여인은 예수님께서 하나님으로부터 버림받고 고난당할지도 모를 상황 속에서도 그와 함께 깨어 있으며 지조(志操) 높게 그를 지키며 동행한다. 예수님의 제자들은 그를 버려두고 도

망가지만, 이 여인들은 예수님의 십자가 처형을 멀찍이 바라보며 그를 따른다.

안젤리코, <겟세마네의 고통>, c.1450.

제자들은 겟세마네의 기도 이전에도 종종 예수님께서 기도하는 동안 졸음을 참지 못하고 자고 있었다. 그런데 변화산(다볼산)에서 예수님의 영광스러운 모습으로 변모하는 순간에 그들은 자울자울 졸다가 온전히 깬 적이 있었다. 무엇이 고단하거나 무관심해져 깊게 잠든 그들의 감각을 확 깨운 것일까? 성경은 그게 예수님의 영광(榮光), 곧 예수님의 신비한 참 선한 아름다움이라 말한다. 거룩하고 신비한 아름다움(영광)이 그들의 감각을 두드리고 사로잡은 것이다. 잠자는 감각을 깨워 아름다움을 보게 한 것이다. 그들은 이제 그 아름다움에 참여함으로써 존재가 빛나고 황홀(rapture)하게 된다.

그러나 그들은 아쉽게도 겟세마네 지금 예수님의 고난의 시간에 다시 깊은 잠에 빠진다. 그들은 아직 그리스도의 고난과 사귀지(벧전 4:13) 못한다. 훗날 그들은 그리스도의 고난과의 사귐이 영광의 기쁨이라는 것을 알게 될 것이다. 그들의 처음 마음가짐은 이랬을 것이다. "눈을 붙이고 깊은 잠에 빠지지도 아니할 것이며, 눈꺼풀에 얕은 잠도 들지 못하게 하겠습니다"(시 132:4).

그러나 그들은 안타깝게도, 스승은 극도의 곤경에 처해 몸의 감각들이 활활 타고 있는데, 끝내 감각의 빗장을 잠그고 잠을 통해 그 고통을 보지 않으려고 멀리 도피한다. 마태는 "마음은 원하지만, 육신이 약하구나!"(마 26:41)라고 에둘러 점잖게 표현한다. 여호수아가 아말렉 사람들과 싸우는 동안 모세는 팔을 들고 기도하다가 피곤하게 되자, 아론과 훌이 그의 팔을 붙들어 주었기 때문에 모세는 팔을 들고 계속 기도할 수 있었고, 여호수아가 아말렉에게 승리를 거둔다(출 17:8-16). 모세의 옆에 있던 아론과 훌 같은 사람이 지금 위기의 순간에 예수님 곁에는 없다. 그들이 예수님 곁에서 함께 깨어 기도했었다면 오히려 그들의 약한 육신을 잠재워 버렸으리라.

그러나 그들은 애처롭게도 스승이 겪을 고난의 현실 속에서 함께 깨어 있지 못하고, 반대로 세상이 꿈꾸는 세계의 멋진 환상들 속으로 잠행한다. 몸은 여기에 있지만 마음이 딴 곳에 가 있다면 그 몸은 잠든 몸, 잠긴 몸이 된다. 그들의 눈이 무겁게 내리 감겨 있었던 것이다(막 14:40). 입, 눈, 귀, 코, 손, 발, 목구멍 등 그들의 모든 감관은 졸음 속에 마비되어 무감각해진 것이다.

시편에서 무감각은 우상이다(시 115:3-8, 135:16-18). 한 제자는 손을 이마에 댄 채, 다른 제자는 손으로 턱을 괴고, 또 다른 제자는 숫제 팔베개를 하고 단잠을 자고 있다. 하나님께서는 "그의 사랑하시는 자에게는 잠을 주시지만"(시 127:2) 지금은 노무시 시의적절한 때가 아니다. 누군가 모질게 고통당하고 있는 곳에서 그 사람의 아픔과 두려움에 눈감아서는 안 된다. 고통에 무감각한 인간은 태만하고, 고통에 무감각한 사회는 잔인하다.

사랑하게 하소서
이 땅의 아주 하찮은 것이라도
사랑하게 하소서

남을 위하여 베풀 줄 알고

아끼며
내 도움이 필요한 곳을 찾아
사랑하게 하소서

비록 내가 가진 것이
많지 않을지라도
내 모든 정성을 다해
사랑하게 하소서

나와 똑같은 권리를 가진
사람이란 것을 깨닫고
그들을 무시하지 않으며
미약한 힘이나마
보탬이 되게 하소서

사랑하게 하소서
-이선화, 「사랑하게 하소서」(전문)

고난의 거룩한 아름다움

11. 베드로와 수탉

묵상본문: 막 14:66-72

오토 딕스, 〈베드로와 수탉〉, 1958.

성금요일 새벽 무렵

인생살이에서 자신이 꼭 있어야 할 자리에 없었던 사실을 알아차리는 것만큼 난처해지고 염치없는 상황도 없다. 두려움, 나약함, 피곤함, 게으름, 할 일 등의 이유로 꼭 있어야 할 곳에 있지 못했거나 꼭 해야 했었던 것을 하지 못한 경우가 간간이 생긴다. 행여 돌이킬 수 없는 허물을 남기기도 한다.

베드로는 예수 수난의 시간에 이런 끔찍한 일을 저지른다. 그러나 인간의 나약한 심성을 돌라보면 베드로만 탓할 수 없다. 보통 인간은 크나큰 두려움 앞에서 순간적으로 그리스도를 부인하고 위기를 모면하려고 했을 것이기 때문이다. 하여간 베드로는 제사장의 하녀 앞에서 자기가 존경했고 삶의 모범으로 따랐던 스승을 세 번씩이나 부인한다. 그는 얼마 전 주님 앞에서 발언했던 부인하지 않겠다는 확고한 다짐을 순간 망실하고 그의 존재를 욕되게 하는 '쪽팔림'을 범하고 만다. 그는 갈릴리를 거쳐 예루살렘으로의 순례가 시작되는 지점인 가이사랴 빌립보에서 다른 제자들 누구보다도 먼저 유일하게 예수님이 메시아임을 고백했던 제자가 아닌가(막 8:29). 예수님께서는 베드로의 이 고백에 엄청난 축복을 하신다(마 16:17-19). 베드로는 최후의 만찬 자리에서도 유일하게 "주님, 나는 감옥에도, 죽는 자리에도, 주님과 함께 갈 각오가 되어 있습니다"(눅 22:33), 하고 고백한다. 그전에도 베드로는 예수님께서 "너희까지도 떠나가려 하느냐?"는 물음에 "주님, 우리가 누구에게로 가겠습니까? 선생님께는 영생의 말씀이 있습니다"(요 6:67f)라고 결의에 찬 대답을 한 적도 있다. 그러나 지금 그는 당시 가장 약한 신분의 사람인 하녀 앞에서 나사렛 예수를 부인함으로써 자신이 했던 말의 내면의 양심을 세 번씩이나 할퀸다.

† 하녀: 당신도 저 나사렛 사람 예수와 함께 다닌 사람이지요?

† 베드로: 네가 무슨 말을 하는지, 나는 알지도 못하고, 깨닫지도 못하겠다.

† 하녀: 이 사람은 그들과 한 패입니다.

† 베드로의 부인: 그러나 그는 다시 부인하였다.

† 다른 한 사람: 당신이 갈릴리 사람이니까 틀림없이 그들과 한 패일 거요.

† 베드로: 저주하고 맹세하여 말하길 "나는 당신들이 말하는 그 사람을 알지 못하오." (막 14:67-71)

베드로는 황급히 부인하고 그 자리를 피하여 떠난다. 정신분석은 인간 무의식의 욕동(id)이 자아(ego)와 도덕적으로 무장한 초자아(superego)에게도 스며있음을 말하고 있다. 겉으로 보이는 초자아의 모든 확신은 잠재된 불안의 표시이며, 자신의 진실한 내면적 본디 모습을 들여다보기를 거부하려고 일부러 확고한 척 한다는 것이다. 위기의 순간 베드로는 평소 그가 가장 하지 말아야겠다고 생각했던 바로 그 일을 겁에 질려 평상시 그의 의지를 거슬려 저지르면서 자신의 의지로는 그것을 막지 못했다는 자책감에 허공에 휑뎅그렁 던져져 망연자실한다.

오토 딕스(Otto Dix)가 1958년 그린 석판화 〈베드로와 수탉〉의 주인공은 베드로라기보다는 단연 수탉이다. 그 닭은 베드로가 마지막 부인하는 말을 마치기도 전에 벌써 두 번째 울고 있었다. 거대하고 힘찬 수탉은 두 발을 땅에 확고하게 딛고 두 날개를 활짝 편 채, 세상을 향해 아침의 동틈을 알리고 있다. 매일 새벽을 알리는 수탉의 자연스러운 울음과 베드로의 마지막 부인 사이에 무슨 연관이 있을까? 맨눈으로 보면 우연일 수밖에 없는 서로 무관한 두 사건이 말씀의 눈으로 보면 숨어 있던 연관성이 밖으로 드러나난다. 이것이 곧 계시사건이다. 스승을 부인한 그 날 이른 아침, 우주의 따스한 빛을 맞이하기에는 한없이 부끄러운 듯 베드로의 얼굴은 죽을 맛으로, 그로테스크하게 그려졌다.

오토 딕스, <베드로와 수탉>, 1958.

전설 속에 나오는 봉황의 후예처럼 홰를 치며 우는 수탉의 소리는 마치 초월적인 힘을 지닌 봉홧불같이 베드로의 곁에 서서 사람들의 골수에까지 삼투되는 느낌을 준다. 반면 흥건히 눈물을 흘리며 울고 있는 넓은 손으로 얼굴을 가린 베드로의 모습은 한없는 회한과 수치심으로 가득하다.

거칠고 강하게 보이면서도 일깨우는 듯, 고함치는 듯, 찢어질 듯하게 겟세마네에서부터 자고 있었던 양심을 깨우는 수탉의 울음소리는 베드로를 넘어 온 누리에 울려 퍼질 것이다. 수탉의 격한 울음소리와 베드로의 자책감과 후회의 울음이 불협화음이 되어 어두운 갈색빛으로 번져 땅을 짙게 물들인다.

두려움과 허물의 세계, 이미 때늦은 후회의 세계 위로 눈물에 젖은 축축한 몸의 태양이 무겁게 떠오른다. 밤새 두견새 피토하듯 울어 빨갛게 퉁퉁 부어오른 태양은 이제 더이상 빛을 발할 힘도 없는 듯 보인다.

가룟 유다가 의심과 실망 때문에 배반했다면, 베드로도 유다와 마찬가지로 자신의 주님을 부인함으로써 배반한다. 유다는 자신의 배반을 스스로 만회하고 싶었다. 그는 자신을 하나님의 손에 드리지 못하고 스스로 절망의 손을 쓴다. 자신을 하나님의 자비로운 심판에 맡겨드리는 대신 스스로 자기 자신을 죽임으로써 죽음으로 심판한다.

그러나 베드로는 배반 후에 후회와 회한의 눈물을 길고도 아주 길게 쏟고 또 쏟는다. 그는 무력감 속에서 자신을 하나님의 자비에 맡겨드린다. 바흐는 베드로의 이 비통한 마음을 하나님의 한량없으신 자비의 음성으로 감싼다. 세상에서 가장 아름답고 구슬픈 노래가 알토의 음성으로 바이올린의 슬픈 곡조와 함께 듣는 이의 마음에 흐르고 흘러 스미어들고 흠뻑 적신다.

나를 불쌍히 여기소서.
Erbarme dich,
나의 하나님이여
Mein Gott
나 이렇게 눈물 흘리오니
Um meiner Zähren willen
주여, 나를 보시옵소서!
Schaue hier,
나의 마음과 눈동자를
Herz und Auge
당신 앞에서 애달피 우는
Weint vor dir bitterlich
나를 불쌍히 여기소서
Erbarme dich!
—바흐, 〈마태수난곡〉(Nr.39 알토 아리아)

더이상 할 말이 없다. 언어는 사라지고 말은 침묵하여 오로지 알토 아리아의 음성만 귀에 사무쳐 가슴속에 슬픈 이슬로 맺힌다. 베드로는 육으로 알았던 나사렛 예수에 대한 부인을 통해 대제사장

앞에서 심문을 당할 때 예수님께서 내가 바로 그(그리스도)다(Εγώ εἰμι, 막 14:62) 라는 고백에 이를 것인가?

우리의 부끄러움을 영원히 감추어야 할 밤을 물리치고 새로 다가오는 아침맞이가 힘에 부치는 듯하다. 베드로는 예수님의 부인 예고를 떠올린다. "오늘 밤에 닭이 두 번 울기 전에 네가 세 번 나를 모른다고 할 것이다"(막 14:30). 이 예고는 예수님의 전지한 능력이거나 초자연적 독심술(讀心術)이 아니라, 부인할 베드로의 나약함까지도 싸 감으려는 예수님의 너그러운 품(선행은총)을 말하는 것이다. 그래서 베드로가 엎드려 울 수 있는 자애롭고 너그러운 품이 생기는 것이다. 그러므로 배반도 부인도 예수님께 대한 가장 큰 죄는 될 수 없다. 가장 큰 죄는 유다의 자기 자신에 대한 절망과 같은 것이다.

베드로의 울음은 예수님을 향한 귀의이며 그것은 용서를 의미하기도 한다. 예수님께서 이 모든 것을 아셨다는 것은 예수님의 자비의 품이 인간의 그 어떤 행실보다 크다는 것을 말한다. 예수님께서 용서하지 못할 인간의 과오와 허물은 없다. 예수님은 베드로를 정죄하지 않는다. 예수님의 용서는 우리가 지은 죄 속에서도 계속 살 수 있게 하는 에너지이며, 지속적인 죄의 굴레에 빠져 사는 삶을 정지시키고 의로운 삶으로 나올 수 있도록 견뎌주는 사랑으로 초과하는 은총이다.

베드로는 이 용서를 통해 죽기까지 예수를 따르겠다는 그의 약속, “내가 선생님과 함께 죽는 한이 있을지라도, 절대로 선생님을 모른다고 하지 않겠습니다”(막 14:31), 이 약속을 실제로 지킬 수 있는 자긍심을 얻어 다시 주님과 이심전심(以心傳心)하는 고백에 이르게 된다. “주님, 주님께서는 모든 것을 아십니다. 그러므로 내가 주님을 사랑하는 줄을 주님께서 아십니다”(요 21:17). 이제부터는 내 이름으로가 아니라 예수 그리스도의 이름으로 살게 하여 주십시오. “하나님, 나는 내 마음을 정했습니다. 진실로 나는 내 마음을 확실히 정했습니다”(시 108:1). “누가 뭐라고 해도 나는 주님만 의지하며, 주님이 나의 하나님이라고 말할 것입니다”(시 31:14). 예수님과 베드로의 그 대화는 “나를 따르라!”는 말씀이 두 번 반복되면서 끝난다(요 21:19.22). 참 삶의 길이신 예수님을 따르라는 것이 요한복음의 마지막 메시지이다.

고난의 거룩한 아름다움

12. 빌라도와 예수님

묵상본문: 요 18:28-19:16; 마 27:1-2.11-26; 막 15:1-15; 눅 23: 1-25

렘브란트, 〈바라바와 예수 그리고 군중 사이의 빌라도〉, 1655.

성금요일 이른 아침

우리가 예배 때마다 고백하는 사도신경(Credo)에는 세 인물이 등장한다. 〈예수님〉과 예수님을 낳은 〈마리아〉 그리고 예수님을 죽음에 내맡긴 〈빌라도〉이다. 신앙고백의 대상인 예수님 외에 마리아와 빌라도는 인류를 대변하는 상징인 셈이다. 예수님에 대한 고백은 역사적 인물 마리아에서 시작하여 빌라도에서 끝난다. 사도신경에는 그 둘 사이에 아무 내용도 없지만, 그 둘의 차이는 하늘과 땅 차이 이상으로 멀고 아득하다.

〈마리아〉는 하나님의 은총을 받아들이고 메시아 예수님을 통해 나타난 하나님의 성육신을 가능하게 한 세상을 의미한다. 〈빌라도〉는 하나님의 은총을 거절하고, 그 은총을 몸으로 간직한 하나님의 아들을 자신의 우유부단함, 변덕스러움, 무책임함으로 죽음에 넘겨주는 세상을 의미한다.

마리아와 빌라도는 하나님에 대한 인간의 지위와 응답의 두 극단인 이들 두 개의 극점을 대변한다.

〈마리아〉는 젊고, 여성이며, 가난하고, 유대인이며, 혼외의 임신을 한 상태에서 사회적으로나 종교적으로 의심을 받고 있다. 그러나 마리아는 그녀의 믿음을 통해 하나님께서 세상에 생명을 가져왔다. 그녀는 칼이 그녀의 마음을 찌르는 아픔의 대가를 감당해야 했다(눅 2:35).

〈빌라도〉는 성인이고, 남성이며, 부유하고, 로마인이며, 안전하게 결혼한 사람이다(마 27:19). 그러나 그의 법적 둔감함과 도덕적 무책임으로 인해 거룩하고 의로운 자에게는 십자가를 지웠고 살인자는 석방했다. 빌라도의 합법적 예수 처형의 승인은 "생명의 근원이 되시는 주님을 죽이게"(행 3:15) 했다. 신앙고백의 이 부분을 암송할 때마다 멈추어 구세주에 대하여 극명하게 대립되는 두 사람의 태도를 묵상해야 한다.

복음서의 빌라도에 대한 기록은 마가가 15절(15:1-15), 마태가 18절(27:1-2.11-26), 누가가 25절(23: 1-25)의 분량을 할애한데 비해 요한은 29절로(18:28-19:16) 상대적으로 길 뿐만 아니라 7개의 장면으로 나뉘어 그 흐름이 매우 역동적이다(아감벤, 『빌라도와 예수』 참조). 이 장면은 총독 관저 안에서 관저 앞마당으로 왕복하는 식으로 진행되지만, "한 사람이 백성을 위하여 죽어서 온 민족이 망하지 않게 되는 것이 너희에게 유익하지 않겠는가"(요 11:50)라는 발언, 즉 예수님을 '희생양'으로 삼자는 대제사장 가야바의 말이 결국 관철되는 요식적 수순을 밟는 것에 지나지 않는다.

렘브란트, <바라바와 예수 그리고 군중 사이의 빌라도>, 1655.

(1) 18:28-32(관저 밖)

"한 사람이 백성을 위하여 죽어서 민족 전체가 망하지 않는 것이, 당신들에게 유익하다는 것을 생각하지 못하고 있소"(요 11:50)라고 말했던 대제사장 가야바의 집에서 예수님을 신문한 후 이른 아침 사람들이 총독 관저로 그를 끌고 간다. 그들은 몸을 더럽히지 않고 유월절 음식을 먹기 위하여 관저 안에는 들어가지 않았기 때문에 빌라도가 그들에게 나와서 묻는다.

*빌라도: 당신들은 이 사람을 무슨 일로 고발(κατηγορίαν)하는 거요?

빌라도는 로마의 재판 절차를 따른다. 재판은 고소-고발과 함께 시작된다. 유대 당국자들이 예수님을 빌라도에게 넘겼다는 사실은, 예수님의 중대 범죄가 입증되었다고 그들이 판단했음을 분명히 보여준다. 그러나 고발자들은 고발의 구체적인 이유를 대지 못하고 "악한 일"이라고 두루뭉수리하게 둘러댄다.

*무리의 답변: 이 사람이 악한 일을 하는 사람이 아니라면, 우리가 총독님께 넘기지(παρεδώκαμεν) 않았을 것입니다.

그래서 빌라도는 그들에게 "그를 데리고 가서, 당신들의 법대로 재판하시오." 하고 말한다. 로마법에 따르면 고소가 정당한 형식을 갖추지 못한 경우 재판을 열 수 없기 때문이다. 그래서 유대 사람들이 "우리는 사람을 죽일 권한이 없습니다" 하고 대답하고 처음부터 사형을 전제함으로써 빌라도의 마음을 돌려놓는데 성공한다. 그러나 요한의 해석은 유대인과 빌라도를 겨냥하지 않고 말씀의 섭리를 따르는 것이라고 말한다. "이렇게 하여, 예수님께서 자기가 어떠한 죽음으로 죽을 것인가를 암시하여 주신 말씀이 이루어졌다"(32절). 여기서 "어떠한 죽음"이 십자가형을 암시하는 것이라면, 예수는 내란죄 이상에 해당하는 것이어야 한다.

(2) 18:33-38a(관저 안)

유대 공의회가 예수에 대한 사형을 선언할 수 있었으나, 사형의 승인과 집행은 로마 정부의 권한이었다. 예수님은 빌라도에게 넘겨졌다. 예수님이 하나님을 모독했다는 고발은 로마 정부에 거의 영향을 주지 못하기 때문에 대제사장과 장로들은 지금 예수님의 죄가 정치적인 것임을 강조한다. 마태와 마가복음서에는 예수님의 죄목이 빌라도의 물음에 답변하는 것으로 되어 있다. 빌라도가 관저 안에서 예수를 불러내어 처음 대면하고 묻는다. 대화가 자못 길고 진지하다.

*빌라도: "당신이 유대 사람들의 왕(βασιλεὺς τῶν Ἰουδαίων) 이오?"

*예수: "당신이 하는 그 말은 당신의 생각에서 나온 말이오? 그렇지 않으면, 나에 관하여 다른 사람들이 말하여 준 것이오?"

빌라도 당신 판단인가? 다른 사람의 판단인가? 증명된 판단인가?

*빌라도: "내가 유대 사람이란 말이오? 당신의 동족과 대제사장들이 당신을 나에게 넘겨주었소. 당신은 무슨 일을 하였소?"

빌라도는 한 발 물러선다. 그리고 그 책임을 유대인에게 돌린다. 누가는 고발의 내용을 좀 더 상세하게 적시한다. "우리가 보니, 이 사람은 우리 민족을 오도하고, 황제에게 세금 바치는 것을 반대하고, 자칭 그리스도 곧 왕이라고 하였습니다"(눅 23:2). 로마의 통치자는 예수의 고발 내용 중 오직 마지막 말에 신경 쓰여 다시 묻고, 이에 대해 예수님은 유대인의 왕임을 긍정한다. 마태복음은 빌라도의 아내가 지난밤의 불길한 꿈 얘기를 듣고 더욱 주저하게 된다(마 27:19). 게다가 예수님께서는 내 나라는 이 세상에 속한 나라가 아니라고 말한다.

*예수: "내 나라는 이 세상에 속한 것이 아니오. 나의 나라가 세상에 속한 것이라면, 나의 부하들이 싸워서, 나를 유대 사람들의 손에 넘어가지 않게 하였을 것이오. 그러나 사실로 내 나라는 이 세상에 속한 것이 아니오."

요한복음은 "나의 나라는 이 세상에 속한 것이 아니다"(요 18:36)라는 예수님의 말씀으로부터, 빌라도가 이 사건이 정치적인 사건이 아니라, 순수하게 종교적인 사건으로 판단하여 로마제국의 권위에 위협이 되지 않는 것으로 본다. 예수님의 답변은 왕권을 주장하되 이 세상의 왕권은 부정한다. 빌라도가 이해하지 못했을 것이다. 이 세상의 나라가 군인들이 폭력으로 빼앗아 그들이 만든 법과 질서로 다스리는 나라라면, 하나님 나라는 전혀 새로운 종류의 것, 즉 하나님의 사랑과 자비로 다스리는 나라이기 때문이다. 교회 안에서 우리는 이 구절의 진짜 의미를 깊이 인식하지 못하고 있다. 빌라도가 조롱하는 투로 재차 묻는다.

*빌라도: "그러면 당신은 왕이오?"

*예수: "당신이 말한 대로 나는 왕이오. 나는 진리를 증언하기 위하여 태어났으며, 진리를 증언하기 위하여 세상에 왔소. 진리에 속한 사람은, 누구나 내가 하는 말을 듣소."

예수님께서는 빌라도의 물음에 차원을 달리하여 답변한다. 왕이긴 왕이되 진리를 증언하는 왕이란 뜻이다. 빌라도가 진리에 대한 물음을 제기한다. 심오한 철학적 물음으로 들린다.

*빌라도: "진리가 무엇이오?"(Τί ἐστιν ἀλήθεια;)

이 질문은 니체가 모든 역사를 통틀어 가장 세련된 말이라고 부른 질문이다. 예수님께서는 진리를 증언하기 위해 태어났으며, 이 세상에 왔을 뿐 아니라 진리에 속한 사람은 누구나 다 내말을 듣는다고 했으니, 나는 진리를 말하고 있다는 의미 외에 다른 뜻을 생각할 수 없다. 그러나 빌라도의 입장에서 재판은 판결을 통해 정의와 진실을 밝히는 과정이다. 따라서 진리의 가부는 자신의 재판에 달려 있다고 주장하는 것처럼 보인다. 그렇지만 중요한 물음만 던져지고 물음을 찾는 추구의 길은 더이상 전개되지 않는다. 빌라도는 그리스-로마적 의미에서의 진정한 진리의 구도자(truth-seeker)가 아니다. 그는 또한 진리가 눈앞에 있는데 눈을 뜨고도 진리를 못 보는 아이러니를 요한복음의 독자들은 즐기고 있을 것이다.

요한복음의 독자는 예수님께서 빌라도에게 나오기 전 제자들에게 이렇게 말했음을 기억하고 있다. "나는 길이요, 진리요, 생명이다'Εγώ εἰμι ἡ ὁδὸς καὶ ἡ ἀλήθεια καὶ ἡ ζωή"(요 14:6). 길은 걷는 곳이고, 진리는 걸어서 도달해야 할 목표라면, 즉 길은 진리를 찾는 방법이라면 길과 진리는 동일한 계열에 속할 수 없을 것이다. 이렇게 생각하면 길-진리-생명의 관계가 풀리지 않는다. 이성으로 풀리지 않는 것을 푸는 힘이 예술에 있다. 하늘에서 천사의 합창이 울린다.

당신이 나아갈 길과

Befiehl du deine Wege

당신의 마음을 아프게 하는 것을

Und was dein Herze kränkt

가장 신실한 보호자께 맡기라

Der alllertreusten Pflege

그분은 하늘을 주관하시고

Des, der Himmel lenkt

구름과 공기와 바람까지도 움직이는 분이시니

Der Wolken, Luft und Winden

당신이 나아갈 길을 찾게 하시고

Gibt Wege, Lauf und Bahn

그 길을 걸어갈 힘을 주시라.

Der wird auch Wege finden, Da dein Fuß gehen kann.

–바흐, 〈마태수난곡〉(Nr 44 합창)

(3) 38b–40(관저 밖)

독일어는 빌라도 총독을 '지역의 보호자'(Landpfleger)로 예수님을 진정한 '보호자'(Pfleger)로 표현한다. 빌라도는 다시 관저 밖으로 나와 유대 사람들에게 말한다. 렘브란트의 그림에서 장면은 기념비적인 법정의 뜰 안에 무리로 가득하다. 그리고 건물의 정면에는 정의(Justitia)와 용기(Fortitudo)를 상징하는 두 여신상이 높이 세워져 있다. 연단의 중앙 출입구는 검은 색을 배경으로 본 사건의 주요 인물인 빌라도와 방금 전 유대의 관원들이 빌라도에게 넘긴 예수가 서 있다. 지쳐 보이는 빌라도는 법적 권위를 상징하는 긴 막대기를 손에 들고 있다. 빌라도와 예수 사이에 잔혹한 얼굴의 바라바가 보인다. 빌라도가 무리를 향하여 묻는다. 유대의 관원들과 군중들의 강력한 형 집행 요구로 해결책을 강구하던 중 유월절에 죄수 하나를 놓아주는 관례가 있어 예수와 소문난 죄수 바라바 중 하나를 선택하게 한다.

*빌라도: “나는 그에게서 아무 죄도 찾지 못하였소. 유월절에는 내가 여러분에게 죄수 한 사람을 놓아주는 관례가 있소. 그러니 유대 사람들의 왕을 놓아주는 것이 어떻겠소?”

빌라도는 순전히 유대 내부의 종교적 법률을 위반했다는 이유만으로 사형선고를 내릴 수 없었다. 그래서 빌라도는 그들이 예수를 선택할 줄로 생각했으나 바라바를 선택했다. 유대사람들은 광기어린 큰 소리로 함성을 지른다.

*유대인: “그 사람이 아니오. 바라바를 놓아주시오”

무리들은 예수님보다 바라바를 선호한다. 비폭력 평화의 방식이 아니라 폭력의 방식을 선택한 것이다.

(4) 28:1-3(관저 안)

빌라도는 예수를 다시 관저 안으로 데려다가 채찍으로 친다. 병정들도 가세하여 가시나무로 왕관을 엮어서 예수의 머리에 씌우고, 자색 옷을 입힌 뒤에, 예수 앞으로 나와서 "유대인의 왕 만세!" 하고 소리치고, 손바닥으로 얼굴을 때린다.

(5) 4-7(관저 밖)

빌라도가 다시 관저 바깥으로 나와서 유대 사람들에게 이렇게 말한다.

*빌라도: "보시오, 내가 그 사람을 당신들 앞에 데려 오겠소. 나는 그에게서 아무 죄도 찾지 못했소. 나는 당신들이 그것을 알아주기를 바라오."

예수가 가시관을 쓰고, 자색 옷을 입은 채로 나온다. 빌라도가 그들에게 말한다.

*빌라도 "보시오, 이 사람이오"(ecce homo)

이 사람이 대체 어떤 사람인가? 바흐는 이 사람이 어떤 사람인지를 너무나 아름다운 가사로 지어(피칸더 작시) 소프라노의 높고 맑은 음성으로 부른다, 아니 빌라도와 유대 군중들 앞에서 증언하다고 말해야 옳다.

저 분은 우리 모두에게 선한 일을 하셨습니다.

Er hat uns alllen wohlgetan

눈 먼 자에게 눈을 뜨게 하시고

Den Blinden gab er das Gesicht

걷지 못하는 자에게 걷게 하시며

Die Lahmen macht' er gehend

하나님의 말씀을 우리들에게 들려주셨으며

Er sagt' uns seines Vaters Wort

악한 것들을 내쫓으셨으며

Er trieb die Teufel fort:

슬픔에 싸여 있는 자들에게 용기를 주시고

Betrübte hat er aufgericht;

죄인들을 맞이하고 영접해주셨습니다.

Er nahm die Sünder auf und an

그 외에는,

Sonst

나의 예수는 아무것도 하지 않으셨습니다.

hat mein Jesus nichts getan.

–바흐, 〈마태수난곡〉(Nr, 48 레치타티보)

그러나 대제사장들과 경비병들이 예수를 보고 미친 듯이 빌라도를 향해 외친다. 상황이 결정적적으로 돌변한다.

*유대인들: "십자가에 못 박으시오. 십자가에 못 박으시오." 그 소리 우레와 같다.

*빌라도: 만장일치로 예수님을 처형하자는 군중의 외침에 빌라도는 그 책임을 군중에게 떠넘긴다. "당신들이 이 사람을 데려다가 십자가에 못 박으시오. 나는 이 사람에게서 아무 죄도 찾지 못했소."

*유대 사람들: "우리에게는 율법이 있는데 그 율법을 따르면 그는 마땅히 죽어야 합니다. 그가 자기를 가리켜서 하나님의 아들이라고 하였기 때문입니다."

사형에 처해져야 하는 이유는 예수가 안식일을 범하였기 때문이거나 유대인의 왕이기 때문이 아니라, 하나님을 제 아버지라고 칭하였고 하나님과 같다, 라고 주장했기 때문이다. 예수는 이미 "나와 아버지는 하나이다"(요 10:30), 라고 말했다.

(6) 8-12(관저 안)

빌라도는 이 말을 듣고, 더욱 두려워서 분열적으로 되어간다.

그는 다시 관저 안으로 들어가서 예수께 물었다.

*빌라도: "당신은 어디서 왔소?"

예수님께서는 그에게 아무 대답도 하지 않으신다. 그래서 빌라도가 재차 예수께 재촉한다.

*빌라도: "나에게 말을 하지 않을 작정이오? 나에게는 당신을 놓아줄 권한도 있고, 십자가에 처형할 권한도 있다는 것을 모르시오?"

*예수: "위에서 주지 않으셨더라면, 당신에게는 나를 어찌할 아무런 권한도 없을 것이오. 그러므로 나를 당신에게 넘겨준 사람의 죄는 더 크다 할 것이오."

이 말을 듣고서, 빌라도는 예수를 놓아주려고 힘쓴다. 그러나 유대 사람들은 소리를 지르며 빌라도를 압박한다.

유대사람들: "이 사람을 놓아주면, 총독님은 황제 폐하의 충신이 아닙니다. 자기를 가리켜서 왕이라고 하는 사람은, 누구나 황제 폐하를 반역하는 자입니다."

(7) 13-16(관저 밖)

빌라도는 이 말을 듣고, 예수를 데리고 나와서, 리토스트론이라고 부르는 재판석에 앉는다. 그 날은 유월절 준비일이고, 때는 낮 열두 시쯤이었다. 빌라도가 유대 사람들에게 말한다.

*빌라도: "보시오, 당신들의 왕이오."

유대인들은 외치면서 요구한다.

*유대사람들: "없애 버리시오! 없애 버리시오! 그를 십자가에 못박으시오!"

*빌라도: "당신들의 왕을 십자가에 못박으란 말이오?"

*대제사장들: "우리에게는 황제 폐하 밖에는 왕이 없습니다."

단상 아래 운집한 무리들 사이에서 '바라바'를 놓아 달라는 목소리가 크게 울린다. 예수님은 유다에게 배신당하고, 베드로에게는 부인되며, 나머지 제자들에게 버림당하고, 유대의 관원과 무리들에 의해 죽음에 넘겨진다.

빌라도 왼쪽에 세워진 돌 받침대 뒤에 앉아 있는 서기관은 밑에서 일어나는 모든 것들을 주시하고 기록한다. 잠시 후 그는 마태복음에만 기록된 빌라도의 부인의 불길한 말을 전달한다. 그녀는 왼편 사이드의 창문을 통해 바라보고 있다. 렘브란트는 단상의 왼쪽 끝에 빌라도가 손을 씻을 수 있는 물그릇과 주전자를 들고 있는 소년을 그려 넣었다. 빌라도가 모든 재판의 결과로부터 책임을 벗어나려는 상징적 행위인 것이다.

〈결론〉: 이리하여 이제 빌라도는 예수를 십자가에 처형하라고 그들에게 넘겨주었다(παρέδωκεν). 그들은 예수를 넘겨받았다(Παρέλαβον).

'길-진리-생명'의 관계가 풀리지 않기 때문에 예수님이 걸어가신 십자가의 길을 따라 생각해야 한다. 십자가를 지고 골고다 언덕을 올라가신 예수님, 십자가에 못 박혀 생명을 넘겨 준 예수님, 생명을 넘겨주어야 하는 길을 몸소 걸음으로써 예수님은 진리를 생명(영생)에 관한 진리, 곧 사랑을 증언한다.

나의 구주는 사랑 때문에 죽으려 한다. 세상에서 가장 아름다운 사랑의 노래를 바흐는 소프라노 아리아를 통해 노래한다. 3시간이 넘는 바흐의 마태수난곡은 이 한편의 아리아만 들어도 한없이 가슴이 벅차올라 고양되어진다는 감정이다.

사랑 때문에

Aus Liebe

나의 구주는 죽으려 하시네

will mein Heiland sterben

단 하나의 죄도 알지 못하시는 그가

Von einer Sünde weiß er nichts

영원한 파멸과

Daß das ewige Verderben

심판의 형벌을

Und die Strafe der Gerichts

내 영혼에서 떨쳐버리시기 위해

Nicht auf meiner Seele bliebe

다만 사랑 때문에

Nur aus Liebe

나의 구주는 죽으려 하시네

will mein Heiland sterben.

—바흐, 〈마태수난곡〉(Nr.49 소프라노 아리아)

"동이에 가득 담긴 물/이고 가는 그대의,/출렁출렁 넘칠 듯 아슬아슬한/사랑의 수평도/마음속 벼랑이 이룬 것이다//수직의 고독이 없다면/수평의 고요도 없을 것이다"(이재무 〈수직과 수평〉 부분).

제사장 가야바는 총독 빌라도에게 예수님을 '넘겨주고'(παρέδωκεν), 빌라도는 다시 유대인들에게 '넘겨주고', 십자가 위에서 예수님은 자신의 생명을 하나님 손에 '넘겨준다'. 요한은 "머리를 떨어뜨리시고 숨을 거두셨다(영혼을 넘기셨다. παρέδωκεν τὸ πνεῦμα)"(요 19:30)라고 기록하고, 누가는 "아버지, 내 영혼을 아버지 손에 맡깁니다(παρατίθεμαι)"(눅 23:46)라고 기록했다.

빌라도는 재판을 통해 진리를 규명할 수 없었다. 재판은 판결로 말하는 것이다. 그러나 빌라도는 재판의 결과인 판결문 없이 유대인의 위압에 못 이겨 그들에게 예수님을 '넘겨준다(παρέδωκεν)'. "법적 질서란 결국 재판이며 본질상 재판은 곧 판결이라면, 재판은 있었지만 판결은 없었다는 사실, 이것은 실로 법적 질서에 대한 가장 강력한 이의제기라 할 수 있다"(아감벤, 92). 판결이 없으니 유죄인지 무죄인지 도무지 알 수 없다. 그럼에도 판결 없는 재판이 끝난 후에는 선고 없는 사형이 집행되었다.

요한복음은 무엇을 노리고 있는 것일까? 지상의 심판관은 얼떨결에 진리에 대하여 물었지만 진리를 계속 추구하려고 하지 않는다. 결국 지상의 심판관은 궁극적 심판관인 하나님에게 예수를 넘겨줌으로써 빌라도의 우유부단하고 무책임한 행위와는 무관하게 최후의 심판관은 오로지 한분 하나님임을 인정하는 것이다. 이것이 사도신경에 포함된 '본디오 빌라도'의 의미라고 생각한다.

그러나 최후의 심판관인 하나님은 심판하지 않고 도리어 생명(영생)을 선사한다. 판결/심판 일체를 철저하게 비판하는 것이 예수님 가르침의 본질적인 것이다. "너희가 심판을 받지 않으려거든, 남을 심판하지 말아라(Μὴ κρίνετε)"(마 7:1). 바울도 이 정신을 이어받아, "사람을 비판하지 마십시오(μὴ κρινέτω)"(롬 14:3) 하고 말한다. 요한복음은 심판금지 사상을 더 정식화하여 언급한다. "하나님께서 아들을 세상에 보내신 것은, 세상을 심판(κρίνῃ τὸν κόσμον) 하시려는 것이 아니라, 아들을 통하여 세상을 구원(σωθῇ ὁ κόσμος) 하시려는 것이다"(요 3:17).

(율)법을 완성하러 온 사람, 판결하기 위해서가 아니라 구원하기 위해서 세상으로 보내진 사람은 판결 없는 재판에 스스로를 내맡긴다(넘겨진다). "내맡김", 주체적 자기주장이 강요하는 의지를 떠났음을 의미한다. 법은 누구도 의롭게 만들 수 없으며, 그래서 누구도 판단할 수 없다. 그래서 예수님은 심판(판단)을 받을 수 없다. "아들을 믿는 사람은 심판을 받지 않는다. 그러나 믿지 않는 사람은 이미 심판을 받았다. ... 심판을 받았다고 하는 것은(αὕτη δέ ἐστιν ἡ κρίσις), 빛이 세상에 들어왔지만, 사람들이 자기들의 행위가 악하므로, 빛보다 어둠을 더 좋아하였다는 것을 뜻한다"(요 3:18-19).

율법에 의해서가 아니라 믿음으로 의롭게 될 수 있다는 바울은 예수님의 이 재판을 계승하는 것이 아닐까 생각된다. 판결의 기준은 법이 아니라 믿음이다. 이것(믿음)이 판결이다(αὕτη δέ ἐστιν ἡ κρίσις). 이것이 주님께서 "나는 길이요, 진리요, 생명이다"라는 선언의 의미이고 복음적 진리이며 구원의 역사다.

고난의 거룩한 아름다움

13. 조롱과 채찍

묵상본문: 눅 22:63-65; 막 15:16-20

마티아스 그뤼네발트, 〈조롱받는 그리스도〉, c.1503.

성금요일 아침 총독 공관에서 골고다까지

"예수를 지키는 사람들이 예수를 때리면서 모욕하였다. 또 그들은 예수의 눈을 가리고 말하였다. '너를 때린 사람이 누구인지 알아맞추어 보아라.' 그들은 그밖에도 온갖 말로 모욕하면서 예수에게 욕설을 퍼부었다"(눅 22:63-65).

독일 르네상스 후기의 화가 마티아스 그뤼네발트(Matthias Grünewald, 1480-1528) 회화의 대 주제는 그리스도의 수난이다. 이 그림은 일련의 수난 그림, 그리스도의 순교, 십자가를 지심, 못 박히심, 부활로 이어지는 수난 그림의 첫 번째인 조롱받으시는 그리스도이다. 그들은 예수님을 놀이감 삼아 왁자지껄 희희낙락하며 한바탕 놀이를 벌인다.

마티아스 그뤼네발트, <조롱받는 그리스도>, c.1503.

예수님의 눈이 가려지고 포승줄에 묶인 채 돌계단(묘비?) 위에 힘겹게 앉아 계신다. 오른쪽에 병정이 왼손으로는 포승줄을 잡아당기고 오른손으론 채찍을 사정없이 내리칠 자세다. 뒤에는 건장한 남자가 오른손을 번쩍 들어 불끈 쥔 주먹이 예수님의 머리를 향해 천둥처럼 우르르 쾅쾅 큰 소리를 내며 거세게 가격할 기세다. 그들은 왜, 어떤 심리적 분노를 집단화하여 무고한, 비무장한 평화의 어린양에게 배설해야만 했을까? 얼마 전까지 그 앞에서 무릎을 꿇던 성상을 무참히 파괴하고 짓밟듯이 백성들의 어떤 원초적 분노와 격분한 민심이 예수님을 희생양으로 만들어가고 있을까?

당신을 그토록 매질한 자는 누구입니까?
Wer hat dich so geschlagen,
나의 구세주여,
Mein Heil,
당신을 이토록 괴롭힌 자는 누구란 말입니까?
und dich mit Plagen so übel zugerichtet?
당신을 결코 죄인이 아니십니다.
Du bist ja nicht ein Sünder,
죄인들은 우리와 우리의 자손들 뿐
Wie wir und unsre Kinder,
당신은 불의라곤 모르시는 분이거늘
Von Missetaten weißt du nicht.
–바흐, 〈마태수난곡〉(Nr.37 합창)

이렇게 예수님은 십자가에 달리기까지 조롱과 채찍을 묵묵히 당하시고 겪으신다. 그분은 속수무책으로 십자가에 매달려 인간의 잔혹한 언어적 폭력과 물리적인 폭력의 극한을 체험하신다.

그는 굴욕을 당하고
고문을 당하였으나,
아무 말도 하지 않았다.
마치 도살장으로 끌려가는
어린 양처럼,
마치 털 깎는 사람 앞에서
잠잠한 암양처럼,
끌려가기만 할 뿐,
아무 말도 하지 않았다.
그가 체포되어 유죄판결을 받았지만
그 세대 사람들 가운데서 어느 누가,
그가 사람 사는 땅에서
격리된 것을 보고서,
그것이 바로 형벌을 받아야 할
내 백성의 허물 때문이라고 생각하였느냐? (사 53:7–8)

오른쪽에 귀족 옷을 입고 매부리코에 콧수염이 달린 중년 남자는 화가 자신을 그려 넣은 것 같으다. 엄청난 폭력의 희생양을 찾는 군중을 향해 부릅뜬 눈으로, 그러나 비폭력의 연듯빛 하나님의 힘으로 '이제 그만!' '이제 멈추시오!' 하고 외치고 있다. 조롱과 채찍, 죽음에 이르는 고난과 폭력 자체는 예수님에게 행해진 것이 아니더라도 결코 선한 것이라고 여겨질 수 없다. 이 악한 행위들 자체에 그 어떤 가치를 만들어서도 안 되며, 그 어떤 긍정적인 것을 찾아서도 안 된다. 예수님께서는 오직 철저히 인내하시며 우리 인간의 운명, 무의미, 배제, 고난과 죽음에까지 참여하심으로써 우리의 구원자가 되신다.

고난의 거룩한 아름다움

14. 십자가에 올려지시는 그리스도

묵상본문: 막 15:22-26

렘브란트, 〈십자가를 들어 올림〉, 1633.

성금요일 오전 09시

마가복음은 공생애 첫날 예수님의 꽉 찬 하루의 활동을 기록한다(막 1:21~39). 전체적인 구성은 안식일 아침부터 이튿날 아침까지이다. 각각의 사건들은 마가복음서의 특징적 표현인 '곧' '곧 바로'라는 단어를 통해 서로 오밀조밀 면밀하게 연결된다. 예수님의 공생에 첫날은 예수님의 능동적인 권능에 가득 찬 하루였다. 그리고 마가복음은 공생애 마지막 성금요일의 사건도 시간별로 기록한다. [새벽(막 15:1), 오전 9시(15:25), 정오(15:33), 오후 3시(15:34), 날이 저문 시각(15:42)] 그러나 여기서 예수님의 능동적 권능은 사라지고 수동적으로 고통을 당하시며 고난을 겪으신다.

예수님께서 골고다의 십자가에 못 박힌 시각은 오전 9시이다. 렘브란트의 〈십자가를 들어 올림〉의 그림에는 예수님께서 십자가에 못 박힌 시간을 알리는 복음서의 오전 9시(제삼시)에 시작되어 12시가 되니 온 땅에 칠흑 같은 어둠만이 지배(막 15:33)하는 분위기가 그려졌다. 렘브란트가 그림을 통해 표현하려고 했던 것은 아마도 하나님의 아들인 예수님을 십자가에 못 박은 시간이 인류 역사상 가장 어두운 시간이었음을 알리고 싶었으리라 짐작한다.

구약에서 어둠은 고난, 애통, 그리고 심판과 관련된 전형적인 이미지다. 출애굽에서 "땅위의 어둠"(출 10:21-23)은 재앙들 중 하나이며, 예레미야는 슬픔과 하나님의 심판과 관련하여 대낮에 해가 지는 것을 언급한다(렘 15:9). 스바냐와 요엘은 심판으로 "어두움과 암흑의 날"(습 1:15; 욜 2:2.31)을 언급하고, 아모스는 하나님의 이름으로 "그 날에 내가 해를 대낮에 지게하여 백주에 땅을 캄캄하게 한다"(암 8:9)고 말한다.

이 시간은 빛나던 빛이 차갑게 소멸된 가장 어두운 밤이다. 밤의 의식, 공초 오상순은 '밤은 아시아의 미학'이라고 말했는데, 고난과 어둠의 역사가 집단정서에 나이테처럼 아로새겨진 한국인에게 공감되는 말이다. 예수님께서는 뒤숭숭해진 인간의 혼돈 속에, 가장 짙은 어둠이 기승을 부리는 그곳에, 인간이 가장 버림받았다고 느끼는 그곳으로 기꺼이 몸을 던지신다. 헤어 나올 수 없는 큰 곤경(罪)에 푹 빠진 인간을 건져내고, 서늘한 어둠의 세력에서 해방하시기 위해서다.

마가는 십자가에 못 박히는 순간을 지극히 짧게 단 한 문장으로 말한다. "그들은 예수를 십자가에 못 박았다"(막 15:24). 흰 종이에 검은 점 하나 찍힌 것처럼 강렬하고 또렷하다. 더이상 무엇을 말할 수 있을까. 그들은 평평한 나무 십자가의 가로목에 예수님의 두 팔을 묶고 세로목 양쪽에 쇠못을 박는다. 이 십자가가 높이 들어 올려진다. 이 일에 한 명의 군인과 두 명의 군졸이 참여하고 있다. 들어 올려지는 예수님의 몸과 십자가에 마치 탐조등에서 빛을 쏘는 것처럼 모든 빛이 집중된다. 화가는 예수님의 십자가를 오른쪽 위로 향하게 비스듬히 올려세움으로써 높이 세워지는 십자가의 긴장감을 한층 높인다.

십자가 주변에 모여 있는 인물은 너무 어두워 잘 보이지 않는다. 왼쪽에 터번을 쓰고 얼굴을 찌푸리고 꾸짖는 듯한 대제사장과 서기관들이 아주 희미하게 보인다. 그들은 예수님에게 수모와 수치를 주고 조롱하고 빈정댄다, "아하! 성전을 허물고 사흘만에 짓겠다던 사람아, 자기나 구원하여 십자가에서 내려오려무나!" "그가, 남은 구원하였으나, 자기는 구원하지 못하는구나! 이스라엘의 왕 그리스도는 지금 십자가에서 내려와 봐라. 그래서 우리로 하여금 보고 믿게 하여라!"(막 15:29.31-32)

이들 앞에 손을 앞으로 뻗친 하얗게 질린 본디오 빌라도의 얼굴이 보인다. 그는 "내가 그에게 행한 모든 것은 무죄다!", 하고 선언한다. 오른쪽에 두 강도가 십자가에 못 박힐 것이다. 군인들이 그들을 끌고 온다. 십자가 밑에 삽이 땅에 꽂혀 있다. 바로 이 지점에 구렁이 파지고 예수님의 십자가가 깊숙이 묻혀 세워질 것이다.

렘브란트, <십자가를 들어 올림>, 1633.

십자가의 좌우상하 네 개의 가지들은 그리스도의 말씀에 매료되어 사방에서 몰려온 사람들을 의미한다. 십자가의 발 부분은 땅에 깊이 심어진 신앙을 의미한다. 머리 부분은 하늘에 맞닿아 있는 희망을 말한다. 그리스도교적 희망은 공허한 미망이 아니라 사랑의 결과이다. 사랑하는 자는 사랑의 미래를 희망한다. 활짝 펼쳐진 팔 부분은 원수까지 포용하는 그리스도의 사랑을 역설한다. 긴 못에 박힌 그의 손은 비었고, 발은 가벼우며, 창에 찔린 그의 심장은 가난하다. 십자가는 그리스도 존재를 이해하는데 가장 어려운 신비이다. 예수님의 도는 십자가의 사랑과 용서로 만 가지 일을 꿰뚫는 것이다(吾道一以貫之, 論語, 里仁, 15장).

주님의 한결같은 그 사랑,
너무 높아서 하늘에 이르고,
주님의 진실하심,
구름에까지 닿습니다. (시 57:10)

그림의 중앙, 십자가의 왼쪽에 유난이 한 사람만이 어둠에서 솟아나오듯 유별나게 강한 조명을 받고 있다. 그는 화려한 옷을 입고 있고 빛나는 모자를 쓰고 있다. 그는 도도하게 이 장면을 지배하면서 관중의 시선을 끌어당긴다. 이 사람은 로마의 백부장이 있어야 할 자리를 대신하여 십자가를 세우는 데 참여하고 있다. 예술가를 상징하는 푸른 옷을 입고 푸른 모자를 쓴 그는 다름 아닌 화가 자신이다. 그는 다음 이사야의 말씀을 속으로, 안으로 되뇌면서 참여할 것이다.

그는 죽는 데까지
자기의 영혼을 서슴없이 내맡기고,
남들이 죄인처럼 여기는 것도
마다하지 않았다.
그는 많은 사람의 죄를
대신 짊어졌고,
죄 지은 사람들을 살리려고
중재에 나선 것이다. (사 53:12)

남들이 나를 죄인처럼 여길 때 감수하고 견딜 수 있는 사람이 과연 얼마나 있을까? 그러나 예수님께서는 남들이 자신을 죄인처럼 여기는 것을 마다하지 않으셨다. 의인은 향나무처럼 후려치는 도끼까지도 향기롭게 한다는 말이 있다. 그 힘이 어디서 나오는 것인가? 그가 많은 사람의 죄를 대신 짊어지는 존재의 힘, 무한한 사랑임에 틀림없다.

다시 그림에서 예술가를 상징하는 푸른 옷을 입고 푸른 모자를 쓴 사람은 다름 아닌 화가 자신이다. 렘브란트의 이마에는 주름이 잡혀 있으며 그의 입술은 굳게 다물고 있다. 그의 눈빛은 후회와 회한으로 멍해 보인다. 예수님의 발에 흐르는 상흔을 보듬어 안고 싶은 듯, 그의 얼굴은 상흔에 매우 가까이 다가가 있다.

그가 여기 자신의 자화상을 통해 말하고자 하는 의미는 무엇일까? 우리 모두 그리스도의 죽음에 책임이 있다는 말인가! 하여, 그는 책임의식을 감득하여 최소한이라도 십자가의 현장을 지키는 것일까. 바흐는 렘브란트의 이 마음을 느리면서도 서늘한 알토의 음성에 담아 사무치도록 오래오래 노래한다.

내 뺨에 흐르는 눈물이
Können Tränen meiner Wangen
아무 것도 할 수 없다면
Nichts erlangen
오, 내 마음이라도 그 자리에 있게 하소서
O, so nehmt mein Herz hinein
그 마음이라도 흐르는 그의 피 곁에 있게 하소서
Aber läßt es bei den Fluten
저 상처의 피가 고요히 아물거든
Wenn die Wunden milde bluten
그 피를 위한 보혈의 잔이 되게 하소서
Auch die Opferschale sein.
–바흐, 〈마태수난곡〉(Nr.52 알토 아리아)

아마도 화가는 예수님께서 우리의 죄 때문에 죽었으니 그의 전 생애를 통해 바라보고 또 바라본 이 십자가 사건에 대한 실존적 참여가 더 요긴했으리라 보인다. 렘브란트는 예수님의 수난 이야기의 서로 다른 109가지 장면을 132회나 그렸다고 한다(Durham, 113).

대속을 의미하는 영어 'atonement'는 일치의 상태(at-one-ment)임을 말한다. 구원의 대속은 예수님의 삶과 십자가와 부활에 참여함으로써 가능하다. "거기 너 있었는가, 그때에 주님 그 십자가에 달릴 때……" 예수님이 십자가 위에서 모든 것(그분의 성취와 명예)을 빼앗겼듯이 나도 내 전부를 빼앗길 준비가 되어 있는가? 소중하고 거룩하다고 여겨 온 모든 것들, 업적, 명예, 직업, 재산, 존경, 심지어 몸뚱이… 이것들을 빼앗기고… 그래서 마지못해서라도 버리고 예수님의 십자가 옆에서, 십자가를 붙들고, 십자가를 안고, 지고 겸손의 길을 걸을 수 있는가.

그는 거기에 있었다. 그는 거기에 있고 싶지 않았지만, 그가 거기에 있을 자격이 없지만, 구레네 시몬처럼 얼떨결에 그는 거기에 던져져 있음을 발견했다. 한동안 그는 자신이 거기에 있음을 좌우로 두리번거리며 수치스럽다고 생각했다. 이제 그는 정신 차려 예수님의 고통과 아픔을 바람에 흩날리지 않아야겠다고 생각했다. 그는 십자가의 길을 맨발로 찔리며 가야 했다. 고통스럽다고 술에 마약을 풀어 육신을 마비시켜 아픔을 어둠으로 흘리지 말아야 했다. 들쑤시는 아픔에 눈감지 않았다. 소용돌이치는 피를 잠재우지 않았다. 살을 갈가리 찢고 뼈를 산산이 부수어 너희가 낸 길을 너희가 갔다. 맨발로 갔다. 찔리며 갔다.

술에 마약을 풀어
어둠으로 흘리지 마라.
아픔을 눈감기지 말고
피를 잠재우지 마라
살을 찢고 뼈를 부수어
너희가 낸 길을 너희가 가라.
맨발로 가라
숨 끊이는 내 숨소리
너희가 들었으니
엘리엘리나마사박다니
나마사박다니
시편의 남은 구절은 너희가 잇고,
술에 마약을 풀어
아픔을 어둠으로 흘리지 마라.
살을 찢고 뼈를 부수어
너희가 낸 길을 너희가 가라.
맨발로 가라, 찔리며 가라
-김춘수, 「못」 전문

그분은 그 잔을 마지막 한 방울까지 마시고 비웠다. 그 쓴맛을 다 맛보았고, 죄에서 비롯된 그 고통의 현실을 남김없이 다 들이마셨다. 끝까지 가는 자만이 시편의 남은 구절(시편 22편의 뒷부분, 16절 이하)을 주님과 함께 찬양할 수 있을 것이다.

고난의 거룩한 아름다움

15. 십자가 위의 그리스도

묵상본문: 마 27:45–46

렘브란트, 〈십자가 위의 예수〉, 1631.

성금요일 오전 09시 ~ 오후 3시

마가복음은 공생애 첫날, 예수님의 꽉 찬 하루의 활동을 기록한다(막 1:21~39). 전체적인 구성은 안식일 아침부터 이튿날 아침까지이다. 각각의 사건들은 마가복음서의 특징적 표현인 '곧' '곧바로'라는 단어를 통해 서로 오밀조밀 면밀하게 연결된다. 예수님의 공생에 첫날은 예수님의 능동적인 권능에 가득 찬 하루였다. 예수님의 첫날은 사람들과 삶의 관계들이 치유되는 날, 그들이 휴식을 누리고 균형을 되찾는 날이다.

그리고 마가복음은 공생애 마지막 날, 성금요일의 사건도 시간별로 기록한다. [새벽(막 15:1), 오전9시(15:25), 정오(15:33), 오후3시(15:34), 날이 저문 시각(15:42)] 그러나 여기서 예수님의 능동적 권능은 사라지고 수동적으로 고통을 당하시며 고난을 겪으신다. "그는 굴욕을 당하고 고문을 당하였으나, 아무 말도 하지 않았다. 마치 도살장으로 끌려가는 어린 양처럼, 마치 털 깎는 사람 앞에서 잠잠한 암양처럼, 끌려가기만 할 뿐, 아무 말도 하지 않았다."(사 53:7) 예수님의 마지막 날은 "많은 사람의 죄를 대신 짊어졌고, 죄 지은 사람들을 살리려고 중재에 나선"(사 53:12) 날이다.

렘브란트, <십자가 위의 예수>, 1631.

렘브란트의 그림을 보면 예수 그리스도께서 십자가 위, 텅 빈 어두운 공간 속에 고통스러운 표정으로 웅글게 홀로 계시다. 예수님께서는 여섯 시간 동안 십자가 위에 계신다. 주변에 아무도 없다. 양쪽 강도들의 십자가는 물론이고 막달라 마리아, 사랑받는 제자 요한 그리고 예수님의 어머니 마리아도 보이지 않는다. 루벤스, 벨라스케스, 고야의 십자가에서도 예수님은 홀로다.

본 그림의 대부분은 어둡고 심지어 검다. 인간의 신비적 체험은 밤에 더 잘 일어난다. 모든 빛은 십자가에 못 박힌 예수의 몸에서 나오며, 구도의 맨 꼭대기 하늘에서 점점 희미해져 흐릿하게 빛난다. 고통에 질린 하나님의 아들의 황량한 죽음의 표현이다. 오직 십자가 위에 죽음의 원인을 말하는 "나사렛 예수, 유대인의 왕"이라는 글이 히브리어와 그리스어와 라틴어로 양피지 위에 기록되어 있을 뿐인데, 판판하지 않고 굴곡을 이루면서 아래쪽 끝이 접혀 있는 것이 또한 십자가의 현실을 말해주는 듯하다. 나무 십자가의 가로목(木)은 벗겨져 있고 세로목의 아래쪽은 나무껍질이 아직 붙어 있다.

이 그림에 렘브란트의 빛과 어둠을 대조시키는 키아로스쿠로(chiaroscuro) 기법이 빼어나게 적용되고 있다. 예술가들에게 "세습된 건 재산이 아니라/오로지 빛과 어둠뿐이에요./둘의 비례가 (그들의) 재능이자 개성이고요"(심보선).

렘브란트를 영성적으로 해석한 발터 니그는 “빛의 형이상학”을 주제로 한 장을 할애하여 렘브란트의 미술 정신을 설명한다. 니그는 렘브란트의 작품들에서 이루 표현하기 힘든 광채가 퍼져 나오는 것은 그가 무궁한 빛을 이해했기 때문이라고 설명한다. 렘브란트의 성화가 기적이 되는 이유는 그가 하나님의 빛을 보았기 때문이지, 성경에서 초자연적인 장면을 선택해 그렸기 때문이 아니란다. 렘브란트는 구원의 역사를 무궁한 우주의 대기를 채우는 강력한 빛의 힘이라고 해석한다. 그 빛은 십자가에서 나오는 것이 아니라 십자가에 달린 그리스도에게서 쏟아지고 있다(니그, 『렘브란트』, 60).

나는 종교개혁 이후의 기독교 사상사를 강의하면서, 정통주의 시대(17-18세기)를 그냥 지나가기가 아쉬워 화가 렘브란트(1606~1669)와 음악가 바흐(1685~1750), 두 명을 선택해 이들의 예술을 통해 그 시대의 기독교 사상을 가늠했다. 바흐의 마태수난곡은 시작부터 십자가의 예수를 다각적으로 다채롭게 보라고 우리의 시점을 훈련시킨다. 릴케의 『말테의 수기』에 이런 말이 나온다. “나는 보는 것을 배운다.” 바흐는 우리에게 십자가상의 예수님을 바라보는 여러 차원을 합창을 통해 가르친다.

누구를(Wen) 볼 것인지? – 신랑(Bräutigam)
어떻게(Wie) 볼 것인지? – 어린 양(Lamm)

무엇을(Was) 볼 것인지? – 인내(Geduld)
어디를 향해(Wohin) 볼 것인지? – 우리의 죄(Schuld)

그리고 몸소 십자가를 지신 그분을 보되 십자가를 지신 원인은 사랑과 은총(Lieb und Huld)임을 놓치지 않는다. 바흐는 뒤에서도(No.49) 서양 음악 중에 가장 아름답고 슬픈 아리아를 청아한 소프라노의 음성으로 '사랑 때문에'라고 노래한다. 그분이 잔인한 형벌을 받으시는 이유는 죄 때문이 아니라 오로지 사랑 때문이다. '사랑 때문에 나의 구주는 죽으려 하시네'(Aus Liebe will mein Heiland sterben).

인간학적으로 예수님의 죽음체험은 극도의 고통과 회색빛 절망, 십자가형의 공포와 버림받음의 비애, 어떤 것도 할 수 없음의 무력(無力)감의 체험이다. 무력감의 체험은 하나님 자신의 대변자를 통해서도 강렬하게 표명된다. 예수님의 공생애의 권능에 대한 십자가에서의 극단적 무능이 빛과 어둠처럼 날카롭게 대조를 이루면서 깊고 깊은 곳으로부터 그의 얼굴, 입모양 그리고 괴로움과 비통에 젖은 그의 눈빛을 통해 애절하고 곡진하게 터져 나온다.

오 피와 상처로 얼룩진 얼굴
O Haupt voll Blut und Wunden
온갖 고통과 모멸을 겪고 계시네

Voll Schmerz und voller Hohn

조롱으로 엮어진 가시관을 쓰신 머리

O Haupt, zu Spott gebunden Mit einer Dornenkron

고귀하고 존귀하신 그 얼굴

O Haupt, sonst schön gezieret

아름답게 빛났던 그 얼굴

Mit höchster Ehr und Zier

지금 갖은 멸시 다 받으시며

Jetzt aber hoch schimpfieret

나를 바라보시네.

Gegrüßt seist du mir!

오 귀하신 당신의 얼굴

Du edles Angesichte

놀란 가슴과 두려운 마음으로 바라보네

Vor dem sonst schrickt und scheut

세상의 위대한 최후 심판

Das große Weltgerichte

어찌하여 당신은 그렇게도 침 뱉음을 당하시는가!

Wie bist du so bespeit!

어찌하여 당신은 그렇게도 창백해지시는가!

Wie bist du so erbleichet

누가 당신의 눈동자를

Wer hat dein Augenlicht

비교할 수 없는 가장 맑고 밝은 눈동자를

Dem sonst kein Licht nicht gleichet

이리도 수치스럽게 망가뜨렸단 말인가?

So schändlich zugericht?

–바흐, 〈마태수난곡〉(Nr.54 합창; 찬송가 145장!)

렘브란트는 이 순간을 세밀하게 포착하여 강력하게 전달한다. 화가는 자신의 종교적 체험을 거기에 상응하는 형태로 표현한다. 대낮이지만 어두우니 한밤의 절규요 숨죽인 흐느낌과 같다. "엘리 엘리 라마 사박다니? 나의 하나님, 나의 하나님, 어찌하여 나를 버리셨습니까?"(막 15:34; 시 22:1).

구약 가령, 레위기의 성결법전(17:1–26:46)에 "나는 주다" 혹은 "내가 주 너희 하나님이다"라는 하나님 자신의 이름 표명이 50차례나 매우 자주 반복되고, 19장에는 15번이나 반복해서 강조된다. 그만큼 하나님은 이스라엘 백성에게 어린아이처럼 자신을 나타내길 좋아하고 원했던 분이다. 그러나 십자가의 아들의 죽음에서 하나님은 나타나지 않고 숨어계심으로 일관한다. 하나님은 보이지 않는다, 볼 수 없다.

예수님 죽음의 맥락에서 시편의 인용(시편 22:1–2)은 단순히 이별의 기도나 저녁기도문으로 이해될 수 없다. 부서지는 이 절해고독(絕海孤獨)의 "큰 소리"(φωνῇ μεγάλῃ, 막 15:34.37) 속에는 하나님에게서조차 버림받고(遺棄) 배반당한 자의 괴로움과 고난과 무력감이 가득 차 있다. 이 부르짖음은 절규의 시어(詩語)다. 절규성이란 문자 그대로 외침을 말하는 것으로, 삶의 상황이나 조건이 정상을 잃을 때 그것을 외쳐서 증거하는 것이다. 그러므로 비명이나 신음 등의 절규는 몸의 고함이며, 마음의 공포를 담은 살의 떨림으로 드리는 기도다.

으스러진 삶, 어두운 인간과 잔혹한 세계의 색채로 빚은 하나님의 침묵, 하나님의 버림받음의 경험, 고난과 버림받음(그는 끝까지 자기를 하나님의 아들로 알았기 때문이다), 하나님의 침묵, 그의 얼굴을 숨기심, 하나님의 어두움, 하나님의 일식, 영혼의 어두운 밤, 하나님의 죽음, 거미처럼 까맣게 타버린 몸 등의 어휘들이 십자가상의 예수님을 보는 동안 떠오르고 사라지기를 반복한다.

> 내가 으스러지게 설움에 몸을 태우는 것은 내가 바라는 것이
> 있기 때문이다.
> 그러나 나는 그 으스러진 설움의 풍경마저 싫어진다.
> 나는 너무나 자주 설움과 입을 맞추었기 때문에 가을바람에
> 늙어가는 거미처럼 몸이 까맣게 타버렸다.
> –김수영, 「거미」(전문)

그러나 예수님의 죽음은 예수님과 가장 가까이 있는 자들의 체험의 지평 속에서 그의 죽음은 '우리를 위한 죽음'이라는 구원론적 의미만을 지닌 것은 아니다. 예수님의 죽음은 예수님과 하나님 사이의 중심적 사건이다. 십자가는 신학적으로 하나님의 알 수 없음과 숨김이 아니라 결정적이며 표준적인 자기표현이다. 하나님의 알 수 없음에 대한 인간의 시련의 경험이 하나님에 대한 확실성을 소거하지 않는다. 하나님의 불가시성은 오히려 하나님의 자기 전달의 경험 가능성으로 나타난다. 하나님은 "세계의 신비"(에버하르트 융엘)로서 죄 많은 세계 안에 역사한다.

그러므로 십자가상의 '큰 소리'는 '하나님의 고유한 소리'이며 '하나님의 말씀'이다. 예수님의 아름다운 삶이 하나님의 현존이듯이 예수님의 참혹한 죽음 또한 하나님의 현존이다(롬 6:3). 그래서 우리는 노리치의 줄리안Julian of Norwich과 함께 이렇게 말할 수 있다. "어떤 사람이 상처의 흉터를 지니고 있어도 그가 하나님 앞에 선다면, 그 흉터는 수치가 아니라 영예가 될 것이다."

고난주간 특별 새벽기도회의 기도에서 한 집사님이 "새벽기도하는 것 때문에 하루가 무너졌습니다"라고 기도를 시작했다. 그렇다. 우리의 일상적인 삶의 흐름이 새벽기도 때문에 무너지면서 주님의 길에 따라 새롭게 지어진다. 이것이 부활절 신앙이다. 부활절 신앙은 십자가에 달린 자를 하나님의 아들로서 보며, 하나님의 아들을 십자가에 달린 나사렛 예수로 본다. 하나님과 십자가에 달린 자, 곧 죽은 자와의 일치의 고백은 기독교 신앙이 발생하는 지점이다. 그러므로 '큰 소리'의 절규는 삶의 고함이고 마음의 공포이면서 동시에 이것들을 넘는 부재하시는 하나님의 현존에 대한 강력한 체험이다.

하나님의 현존, 하나님의 여기 계심, 하나님이 죽음 속에도 계시다는 놀람과 유장(悠長)한 신뢰는 죽음의 위협 아래 있는 삶을 구하기 위한 기계적인 전능(Deus ex machina)이나 마술로 나타나지 않는다. 그리함으로써 그 자신 죽음의 권세를 피하게 하지 않고, 죽음과 맞닥뜨려, 죽음은 끝이 될 수 없음을 죽음을 통해 알리고, 그 죽음에서 새로운 생명의 싹이 돋아나는 텃밭을 일군다. 예수님의 십자가 나무는 우리에게 새로운 생명 나무가 된다. 십자가의 무능에서 바로 죽음을 극복하는 하나님의 권능이 드러난다.

십자가의 하나님은 삶의 의지 속에서 굽이굽이 함께 자란 죽음의 모순의 힘을 받아들여, 구원으로 가득한 삶(生)의 용기를 북돋기 위한 하나님의 비상한 행위이다. 고난과 죽임과 죽음의 어둠이 짙게 드리운 거짓되고 모순된 삶의 세계 한복판에서, 하나님은 과연 누구인가, 하는 물음은 예수님의 십자가의 그늘 밑에서 드러나며 체험되고 밝혀진다. 그 핵심은 두 가지다. 하나는 〈용서하는 사랑〉이며, 또 하나는 〈아버지에 대한 그지없는 신뢰〉다.

용서하는 사랑. 그들은 나의 사랑에도 원수가 되었다. 저들은 "내가 믿는 나의 소꿉동무, 나와 한 상에서 밥을 먹던 친구인데, 내게 발길질을 하려고 뒤꿈치를 들었습니다"(시 41:9). 이러한 기도는 "나는 그들을 사랑하여 그들을 위하여 기도를 올리건만, 그들은 나를 고발합니다. 그들은 선을 오히려 악으로 갚고, 사랑을 미움으로 갚습니다"(시 109:4-5), 라고 기도하는 시편기도의 본질이며 예수님 기도의 심장이다. 예수님은 저들을 위해 〈용서〉의 기도를 드린다. "아버지, 저 사람들을 용서하여 주십시오. 저 사람들은 자기네가 무슨 일을 하는지를 알지 못합니다"(눅 23:34). "얼마나 수많은 어리석음을 지나야/얼마나 뼈저린 비참을 지나야/우리는 (서로가 깨문 혀)에 대해 이해하게 될까"(나희덕)

다함 없는 신뢰. 예수님에게 용서는 하늘로부터 받은 항구적인 심성이다. 형제가 제게 죄를 지으면 몇 번이나 용서할까요, 라는 물음에 예수님께서는 일흔 번을 일곱 번 까지 하라고 말씀하신다(마 18:21-22). 하나님의 용서하심은 인간의 용서를 가능하게 한다. "너희가 각각 진심으로 자기 형제자매를 용서해 주지 않으면, 나의 하늘 아버지께서도 너희에게 그와 같이 하실 것이다"(마 18:35). 나의 본래적인 선한 본성이 적의 탁해진 본성에 의해 손상되거나 침해될 수 없을뿐더러 그 탁한 본성을 맑게 해야 한다.

십자가 위에서의 심한 고통과 꺼져가는 의식 속에서도 자신을 배신한 자들을 여전히 넉넉한 날개 아래 포용하는 예수님의 가없는 사랑은 하나님께 대한 〈무한신뢰〉에서 나온 것이다. 십자가는 숭고하고 비장(悲壯)한 사랑이다. "그리스도께서 여러분을 사랑하셔서, 우리를 위하여 하나님 앞에 향기로운 예물과 제물로 자기 몸을 내어주신 것과 같이, 여러분도 사랑으로 살아가십시오"(엡 5:20) 사도 바울은 십자가의 이 사실을 명쾌하게 정리한다. "우리가 아직 죄인이었을 때에, 그리스도께서 우리를 위하여 죽으셨습니다. 이리하여 하나님께서는 우리들에 대한 자기의 사랑을 실증하셨습니다"(롬 5:8).

예수님께서는 당신 현존재의 근본 유혹을 극복하시던지, 자신의 아들 자격을 최대한 이용하시던지 하지 않고 아들로서의 〈두터운 신뢰심〉을 가지고 자신을 하나님 아버지께 맡겨드린다. 그분은 극단적인 무력감 속에서도, 버림받은 상황에서도, 메시아로서 실패한 상태에서도, 심판자들이 벼랑 끝으로 밀어내 그 끝에 위험하게 매달린 절대 고독 속에서도, 넓어진 사랑의 광활한 무한 공간, 불변의 신뢰심으로 아버지를 향한다. 예수님께서는 시편 22:1에서 시작하여 마침내 22:24에 당도한다.

그는 고통받는 사람의 아픔을
가볍게 여기지 않으신다.
그들을 외면하지도 않으신다.

부르짖는 사람에게는
언제나 응답하여 주신다. (시 22:24)

그리고 예수님의 기도는 십자가에 달린 그 시간에, 시편 31편 5절에까지 연면(連綿)히 이어진다. “주님의 손에 나의 생명을 맡깁니다”(시 31:5). 예수님께서 십자가상에서 보여주신 지극한 하나님 믿음(信)과 극진한 하나님 모심(侍)은 신독(愼獨)과 비움(空)의 경험에서, 어둠과 죽음의 경험에서 순수하게 확증된다. 그는 자신의 전 존재를 아버지께 맡긴다(Gelassenheit)는 말씀을 하시고 숨을 거두신다. “아버지, 내 영혼을 아버지 손에 맡깁니다”(눅 23:46). 십자가에서의 죽음에서조차 마르지 않고 고요하고 영명(靈明)하게 흐르는 예수님의 청명(淸明)한 하나님 의식과 전적인 하나님 의존과 신뢰는 바로 예수님의 생을 수놓은 무늬 전체가 하나님의 솜씨였음을 말해준다.

시편 39편 7절부터 9절까지는 그리스도의 삶 전체, 공생애 기간 매우 활동적이었다가 수난에 이르러 지극히 수동적으로 보이는 능동적 내맡김(Gelassenheit)으로 바뀐 수난 부분을 요약한 시편으로 읽힌다.

그러므로 주님,
이제, 내가 무엇을 바라겠습니까?

내 희망은 오직 주님뿐입니다.

…

나로 어리석은 자들의 조롱거리가

되지 않게 해주십시오.

내가 잠자코 있으면서 입을 열지 않음은,

이 모두가 주님께서 하신 일이기 때문입니다. (시 39:7-9)

그리고 그는 "아무 말도 하지 않았다"(사 53:7). 예수님의 아버지께서는 우리가 죽거나 버림받는 것을 막아주시지 않는 것처럼 보이지만 죽거나 혼자이거나 불안할 때 우리를 당신 손으로 잡아 주신다. "내 눈을 밝히 떠서 저 십자가 볼 때 날 위해 고난당하신 주 예수 보인다…" (찬송가 415장 2절). 이제 보인다. 고난당하신 그분이 확연히 보인다.

예수님의 죽음은 불의와 고난으로 엮인 삶의 현실성 전체를 풀고 위로하며 살리는 생명 살림의 원천이다. 예수님의 죽음에서 역설적으로 옛 현실(고난당하는 인간)의 새로운 차원으로서 하나님의 현존, 고난당할 때 함께 있어주고 위로해 주시는 하나님을 가장 가뭇한 데서 찰방거리는 물결로 만난다.

예수님의 죽음은 불의한 세상을 심판하고 뒤집는 사건이다. 지진의 언어가 계시로 사용된다. 예수님께서 숨을 거두시자 지진이 일어난다. 지진은 뒤엎음이고 뒤집기이다. 인간의 이성이나 논리 혹은 설득은 무효하다. 지진은 인간의 알량한 모든 지혜와 권력을 순식간에 때려눕힌다. 거기 있었던 로마의 백부장은 두려움에 떤다. 떨림은 공포가 아니라 새로운 진리에 사로잡힘의 시작이다.

하나님은 예수님의 죽음과 동시에 이어지는 우주적인 진동에서 예수님을 따르는 사람들의 뼛속까지 울리는 파동이 되어 실핏줄의 핏방울까지 떨리게 한다. 백부장과 함께 우리들은 "뼈 속에서 나오는 고백"(시 35:10)을 드린다. "참으로, 이분은 하나님의 아들이셨다"(마 27:54). 그러므로 예수님의 십자가는 하나님을 신앙과 사랑으로 알게 되는 진정한 하나님 인식과 경험의 바른 지점(the just point for the knowledge and experience of God)이다.

 고난의 거룩한 아름다움

16. 십자가에서 내려지시는 그리스도

묵상본문: 요 19:38

렘브란트, 〈십자가에서 내려오심〉, 1633.

성금요일 저녁

성금요일 사복음서는 모두 예수님의 제자 중 한 사람인 아리마대 요셉이 예수님께서 숨을 거두신 후 바로 빌라도에게 가서 예수님의 시신을 가져가(빌라도의 허락을 받고 시신을 내려, 요 19:38) 장사할 것을 요청했다고 기록하고 있다. 요셉은 유대인들이 무서워 자신이 제자인 것을 숨겨온 사람이다. 요한복음은 일찍이 어둑발 내리는 밤에 예수님을 문득 찾아왔던 바리새인 니고데모가 몰약과 침향 섞은 것을 백 근쯤 가져왔음을 추가로 보도한다(19:39).

그림을 보면 위에 한 사람, 좌우에 각 한사람 그리고 밑에 한 사람, 모두 네 사람이 숨을 거둔 예수님의 시신을 어둠이 짙어가는 저녁에 높은 십자가에서 찬찬히 내리고 있다. 예수님은 분명히 숨을 거두셨다. 예수님의 비뚤어진 얼굴은 그가 감당했을 모진 고통이 얼마나 심했는가를 말해준다. 십자가에는 여기저기 혈흔이 묻어 있고, 예수님의 몸과 얼굴은 잿빛으로 창백하다. 십자가에 올려지신 주님은 다시 십자가에서 땅으로 내려지고 땅 속으로까지 들어가 장사되어야 한다. 앞서 십자가를 세우는 그림이나 이 그림에서 경외와 존경을 불러일으키는 전통적인 아름다움은 찾아볼 수 없고 불의한 고통과 죽음을 드러내는 추함이 표현되어 있다. 그러나 예수님의 시신을 내리는 사람들의 얼굴과 몸짓은 조심스럽고 매우 경건한 모습이다.

〈십자가에 올리신 그리스도〉에서와 마찬가지로 화가 자신은 값진 옷을 입고 밑에서 자신의 팔과 가슴을 요람으로 삼아 조심스럽게 예수님의 시신을 받고 있다. 그의 눈은 위를 보고 있고, 그의 왼뺨은 예수님의 복부와 맞다 있으며, 변함없는 존경과 경배를 바치고 있다. 히브리서의 십자가 해석과 고난의 따름을 배우는 것 같다. 히브리서에서 예수님은 도성 밖에서 십자가에 못 박혀 죽으시고(히 6:6) “자기 피로써 백성을 거룩하게 하려고 성문 밖에서 고난을 받으신다”(13:12). 그러므로 예수님과 연합하려는 자는 동일한 믿음의 길에서 이에 수반되는 고난과 함께 그를 따르는 것이 필수적이다. “그런즉 우리도 그의 치욕을 짊어지고 영문 밖으로 그에게 나아가자”(13:13). 동석한 니고데모는 십자가 오른 쪽에 근엄

하고 조용한 자태로 서서 이를 지켜보고 있다. 예수님의 어머니 마리아도 다른 두 여인의 위로를 받으면서 십자가 둥치에 그지없는 슬픔을 감추지 못한 채 몸을 가누지 못하고 있다.

렘브란트, <십자가에서 내려오심>, 1633.

렘브란트의 이 그림은 동일한 주제로 그린 루벤스의 그림과 흡사한 점이 있지만, 빛과 어둠의 강한 대조를 통해 예수 죽음의 신비를 강조하고 있다. 또한 렘브란트는 루벤스처럼 예수님의 몸을 이상화하지 않는다. 루벤스는 예수님의 몸을 받치는 사람들을 열렬한 추종자로 묘사한 반면, 렘브란트는 그들의 슬픔을 강조했다. 이 그림에서도 렘브란트는 자신을 그림 속의 한 사람, 즉 십자가의 예수님을 내리는 사람 중 한 명으로 묘사했다. 이는 이 주제에 대한 실존적 관련성이며, 신앙적 참여라고 보아야 할 것이다. 우리는 이 작품에서 실제 예수님의 죽은 몸, 약하고 무겁게 쳐진 몸이 십자가에서 내려짐을 끝없이 흐르는 슬픔의 정조(情操)를 띠고 망연히 바라보면서도 시편의 다음 기도를 드리게 된다. 이것이 명상이다. 명상은 논리적 사고가 아니다. 비판적 판단과는 더욱 무관하다. 반복하여 그때마다 사랑하는 마음으로 보고 읽어야 한다.

근대의 과학적 인간은 그 자신의 기획에 따라 생산하는 것만을 인식한다. 그 외에 이성은 아무 것도 인식하지 않는다. 이성은 생산적 기관이 되어 버렸고, 이 기관은 사물들을 인지할 수 있는 능력을 상실해 버렸다. 그러나 명상은 감각적 인지와 받아들임과 수용과 참여의 길이다. 명상은 대상을 감각적 인지하여 수용하고 대상에 참여한다. 명상하는 자는 자신의 인식을 통하여 자기의 대상에 참여하고 그 속으로 옮겨지게 된다. 명상의 인식은 인식되는 대상을 변화시키지 않고, 인식하는 주체를 변화시킨다. 명상의 인식은 사귐을 세운다. 여기서 사람은 지배하기 위해서가 아니라 참여하기 위해 인식한다. 명상의 인식은 깊은 앎(yada)이다. 이때 인식의 결과는 스스로 탈은폐하는 사물의 깨어남을 알아보게 되며 순수한 기쁨이 된다.

주님, 깨어나십시오.
어찌하여 주무시고 계십니까?
깨어나셔서, 영원히 나를 버리지 말아 주십시오.
어찌하여 얼굴을 돌리십니까?
우리가 고난과 억압을 당하고 있음을,
어찌하여 잊으십니까?

아, 우리는 흙 속에 파묻혀 있고,
우리의 몸은 내동댕이쳐졌습니다.
일어나십시오.
우리를 어서 도와주십시오.
주님의 한결같은 사랑으로,
우리를 구하여 주십시오. (시 44:23-26)

고난의 거룩한 아름다움

17. 피에타(Pietà)

묵상본문: 요 19:25-27

(1) 미켈란젤로. 〈피에타〉(Pietà), c.1499.

(2) 뢰트겐, 〈피에타〉, 1370년경. 독일 라인강 중류 지역 출토.

(3) 김병종, 〈애통도〉, 2004.

성금요일 하루해가 저물었을 때

2015년 12월 학기말, 세월호 사망자 및 실종자를 위한 공동분향소(안산) 옆에 설치된 컨테이너 막사 예배처소를 방문하여 실종자 유가족들과 예배를 드린 적이 있다. 그 예배를 책임 맡아 주선하는 전도사(여)는 감신 대학원 MDiv 졸업생이었고 딸이 실종된 상태였다. 마침 설교자는 Pietà를 예로 들어 말씀을 전했는데, 예배 후에 그 전도사는 개인적으로 자신의 아픈 심정을 이렇게 토로했다.

성모 마리아님, 당신은 아들의 주검을 안고 슬퍼할 수 있어 그래도 행복하십니다. 성모님, 지금 여기는 침몰한 여객선 안에서 실종된 어린 생명들 때문에 온 나라가 초상집이랍니다. 배가 인양되고 나서야 주검이라도 안아볼 수 있게 될 어머니들을 떠올리기만 해도 가슴이 먹먹하게 메어지고 마음은 갈가리 찢어집니다. 그러나 그 일도 언제일지 기약할 수도 없는 나라꼴이랍니다.

물이 우리를 덮어,
홍수가 우리를 휩쓸어 갔으며,
넘치는 물결이
우리의 영혼을 삼키고 말았습니다. (시 124:4-5 약간 변형)

순하디 순한 생명들이 바닷물에 헤어져 얼굴 형체를 알아볼 수 있을지, 연하디 연한 생명들이 소금물에 풀어져 몸을 안아볼 수나 있을지, 사고의 순간 몰려오는 거친 물살을 여리디 여린 가슴으로 막고 막다가 그만 바닷물에 삼켜진바 되었을 어린 생명들...... 바닷물을 눈물삼아 통곡하고 또 통곡합니다. "어찌하면 내 머리는 물이 되고 내 눈은 눈물 근원이 될꼬. 죽임을 당한 딸 내 백성을 위하여 주야로 울리로다"(렘 9:1). 이 어머니들에 비하면 성모님, 당신은 행복하십니다. 이 땅의 어머니와 아버지들에게 자비를 베풀어 주소서! 내 백성을 위로하고 또 위로해 주소서.

'피에타'(Pietà)란 예수님이 십자가에 못 박혀 죽은 후 마리아가 아들의 주검을 안고 슬퍼하는 애상(哀傷)적 상에 대한 경건한 표현이다. 미술가들은 이 주제를 다룰 때 전통적으로 어머니로서 마리아의 인간적으로 사무친 슬픔의 한(恨)과 비통함에 초점을 맞춘다. 마리아에게 예수님은 구세주이기 이전에 아들이다. 채찍질 당하고 십자가에 못 박혀 죽어간 아들 앞에 어머니를 모셔와 그 아들을 안는 형상을 만드는 참혹한 현실, 여기서 예술은 무엇인가? 그 현실에 대한 미화인가, 위로인가, 극복의 시도인가, 승화인가, 혁명인가? 예수님을 따르던 누구보다도 어머니의 아픈 슬픔이 더 애절할 것은 두말할 필요도 없다. 피에타는 인간의 고통으로 인해 하나님의 부재를 탄식하는 곳에서도 고통의 몸을 자기 안에 끌어 담아, 안고, 보고, 어루만지고, 보듬고, 감싸는 마리아의 슬픈 행위 안에 임재하는 하나님의 현존을 역설한다. 슬픔의 표현이 개개인마다 서로 다르듯 미술가들도 그 슬픔 속에 현존하는 영의 표현 방법은 사뭇 다르다.

(1) 미켈란젤로의 피에타

르네상스의 미술가들은 종교적 주제만 전달하는 것에 관심을 둔 것이 아니라 미적 가치를 찾고자 한다. 마리아는 여기서 눈물을 삼키고 슬픔을 절제하며 품위를 잃지 않는 모습으로 묘사되고 있다. 미켈란젤로(Michelangelo)는 일생 동안 인체의 완벽하고 이상적인 아름다움을 집념을 가지고 탐구한 화가로 유명하다.

(1) 미켈란젤로. <피에타>(Pietà), c.1499.

작가는 성모 마리아와 무릎 위에 누이고 안은 그리스도의 이상적인 비례 체계와 완벽한 균형, 규범과 원칙, 질서와 비례에 대한 철저한 탐구를 기초로 몸을 비틀고 약간 돌림으로써 두 몸을 무리 없이 연결한다. 그는 마리아의 슬픔을 돌(대리석)을 통해 밖으로 강(剛)하게 표출하지 않고 안으로 스미게 하여, 은현(隱顯)한 아름다움으로 유(柔)하게 승화시킨다.

죽은 돌을 살려 표현된 그 단단한 슬픔은 은은한 아름다운 형태로 한결 지극하고 곡절하게 피어오른다. 주어진 삶을 사랑으로 한 땀씩 한 땀씩 정성들여 다 걸은 사람의 비애는 아름다운 슬픔이고 슬픈 아름다움으로서 곱고 높고 성스럽다.

미켈란젤로의 대리석 피에타상이 발하는 성모의 아주 다소곳 머리를 숙이고 있는 모습과 움직임이 없는 고요(靜), 오직 내려뜨린 왼손만이 말을 하고 있다. 성모는 아들의 고통을 함께 견디고, 죽음까지 끌어안아, 마음속에 갈앉히는 자비한 어머니의 수수로운 관상적 아름다움이다. 그 아름다움은 요람처럼 그녀의 무릎 위에 완전히 늘어져 죽은 아들을 안고 있는 이 그윽한 고요함에서 고통과 고뇌, 아픔과 신음을 고스란히 몸으로 받아 안는다.

그러나 고통의 외침으로가 아니라 고요한 침묵으로 가라앉힌 울지 않는 성모의 슬픈 아름다움이 봄의 아지랑이처럼 비애(悲哀)의 언덕배기 위로 아련하게 몽글몽글 성스러움을 피어 올린다. 이 적요(寂寥)한 아름다운 성스러움은 쓰라림을 비밀스러운 기쁨으로 변화시키는 그윽한 단순함의 질감을 담고 있다. "그리스도인은 기쁨을 누리면서 슬픔도 겪는다. 그러나 그의 슬픔이 기쁨보다 더 달콤하다"(요하네스 크리소스토무스). 높고 뚜렷하고 참된 숨결이기에...

그러나 미켈란젤로가 중년과 말년에 조각한 피에타 특히 죽기 엿새 전까지도 작업한 〈론다니니의 피에타〉(1564년)는 하얀 손의 유명한 예술가가 아니라 투박한 손을 지닌 무명의 장인의 기예(技藝)를 느낄 수 있다. 성모가 아들을 끌어안으면서 고통의 눈물을 안으로 삼키는 절망적 초월의 아름다움이 미완의 형체 속으로 번

지고 스미어든다.

〈황소〉를 그린 화가 이중섭이 1951년 피난으로 서귀포시의 한 오두막집에 체류하면서 왕성한 작품 활동을 했는데, 그때 쓴 〈소의 말〉이란 詩가 있다. 화가의 상황 및 감정과 다른 것이겠지만, 나는 이 詩를 미켈란젤로의 피에타를 보면서 감상하고 낭송하고 싶다.

높고 뚜렷하고
참된 숨결

나려 나려 이제 여기에
고웁게 나려

두북 두북 쌓이고
철철 넘치소서

삶은 외롭고
서글프고 그리운 것

아름답도다 여기에
맑게 두 눈 열고

가슴 환히

헤치다

(2) 뢰트겐의 피에타(26.6cm)

(2) 뢰트겐, <피에타>, 1370년경. 독일 라인강 중류 지역 출토.

이 작품은 슬픔의 감정을 통렬하게 폭발하는 고통의 최대치를 보여주는 어머니와 아들을 재현한다. 작디작은 크기로 보아 교회 예배용이라기보다는 개인 소장을 위한 것으로 짐작된다. 이 미술가는 이상적인 아름다움을 탐구하기 위한 미술의 규범과 원칙을 깡그리 무시하고, 대신 죽음과 흐느끼는 슬픔, 통곡의 몸부림을 솔직하고 대담하게 표현하여 예수님의 죽음이 갖는 비극에 중심을 두고 있다.

예수님은 앙상하게 마르고, 상처 나고, 막대기처럼 경직되어 얼마나 모진 고문과 굶주림 속에서 죽어갔는지 짐작하고도 남는다. 목이 뒤로 젖혀지고 숨이 막혔는지 입을 벌리고 있는 모습 그대로, 신체 비례에 맞지 않게 큰 얼굴은 흠모할 데라고는 한 점 없는 예수님의 고통을 직접적으로 강조하는 형편없는 몰골이다. 피가 분수처럼 솟구치듯 철철 흐르고 있는 못 박힌 손과 발, 가시가 유난히 크게 강조된 가시관은 예수님이 얼마나 모진 수난 속에서 죽어야 했는지를 잘 보여주고 있다.

성모 마리아는 이토록 비참하게 죽어야 했던 아들을 안고 몸서리치며 통곡하는 감정을 솔직하게 드러내고 있다. "나는 가난하고 빈곤합니다. 내 마음이 깊은 상처를 받았습니다"(시 109:22). 무엇보다 이 작가는 성모를 아리땁게 묘사하지 않았다. 성모가 아리따운 용모의 소유자였는지 누구도 본 적은 없지만, 대다수의 미술가들은 성모를 아리땁게 재현하고 있다.

그러나 이 작가는 마리아의 외모보다는 한 아들의 어머니로서 가슴이 갈기갈기 찢어질 듯한 고통을 강조하고 있다. 그는 "밤마다 짓는 눈물로 침상을 띄우며, 잠자리를 적시고 있다"(시 6:6). 예수님과 마찬가지로 고통을 강조하기 위해 마리아의 얼굴 역시 신체 비례 상 맞지 않게 크게 묘사되어 있다. "상처가 푸르게 부었을 때 바라보는/강은 더욱 깊어지는 법"(기형도)이다.

비정상적으로 커진 마리아의 얼굴은 견디기 어려운 슬픔과 참을 수 없는 영탄(永歎)을 표현한다. 탄식은 불신과 절망의 표현이 아니라 고난에 대한 민감한 감수성이다. 또한 이 작가는 어머니로서의 마리아를 강조하기 위해 예수님이 실제로는 성인임에도 불구하고 작은 소년처럼 만들어 어머니 무릎 위에 눕혀놓았다.

14~5세기의 르네상스 시기 보통 이탈리아와 프랑스 등 남유럽은 질서, 비례, 균형 등의 자연주의적 미를 중요시하면서 정념보다는 이성적인 성향의 고전주의가 발달했던 반면, 북유럽은 질풍노도의 낭만주의와 표현주의적 성향의 싹이 자라고 있음을 이 피에타를 통해서도 엿보게 된다.

(3) 김병종의 애통도(72 x 71cm,)

이름도 참 함초롬히 애틋한 애통도다. "애통(슬퍼)하는 자는 복이 있나니 그들이 위로를 받을 것임이요"(마 5:4). 애통도 역시 피에타를 그린 그림이라는 것을 알 수 있다. 재료는 대리석이나 나무가 아니라 한지인 골판지이다.

미켈란젤로의 피에타처럼 슬픔 속에서 몽실몽실 피어오르는 아름다움이나 뢰트겐의 피에타에서처럼 거친 고통도 전해지지 않는다. 애통도는 온몸을 드러내지 않고 상반신만 그렸다. 마음속으로 오랫동안 깊이깊이 삭인 한(恨)의 정서가 느껴진다.

(3) 김병종, <애통도>, 2004.

여기에는 깊은 슬픔과 형언할 수 없는 아픔이 있지만 따스함과 사랑이 동반한다. 허무한 검은 색 속에 어렴풋이 알 수 있는 잔잔한 생명살림의 파동이 인다. 억세면서도 부드럽다. 연초록 새싹처럼 연하면서도 힘이 있고 아름답다.

가장 힘들고 캄캄한 고통의 순간에도
하느님을 향한 믿음의 별을 잃지 않으셨던 어머니
당신처럼 저희도 크고 작은 시련의 어둠을 통해
주님의 뜻을 헤아리며 밝은 빛으로 나아갈 수 있는
믿음의 사람이 되도록 이끌어 주십시오
…
아드님과 인류를 위한 큰 사랑으로

끝까지 십자가 곁에 머무신 어머니
작은 어려움에도 쉽게 지치고 나약한 저희이기에
때로는 성급하고 변덕스러운 저희이기에
삶과 이웃을 제대로 보듬어 안지 못하고
자주 방황하는 저희이기에
끝까지 주님 곁을 떠나지 않는 충실함과 용기를
저희는 당신으로부터 새롭게 배우렵니다
–이해인, 〈다시 어머니를 향한 그리움으로〉 중에서

고난의 거룩한 아름다움

18. 무덤에 누이신 그리스도

묵상본문: 막 15:42-47

홀바인, 〈그리스도의 매장〉, 1521.

聖금요일 밤 마지막 묵상

그리스도의 죽음을 소재로 한 여러 그림들이 있지만, 홀바인의 그림 〈관에 누이신 그리스도의 몸〉을 보는 순간 그 자체로도 큰 충격이다. 음습한 기운이 온 몸을 휘감은 듯 몸을 옹송그릴 정도의 소름이 오싹 돋는다. 이 그림이 얼마나 충격적이었는지 바젤을 여행 중인 도스토옙스키가 그림을 보는 순간 한참 동안 말을 잃고, 간질 발작 증세를 보였다고 한다.

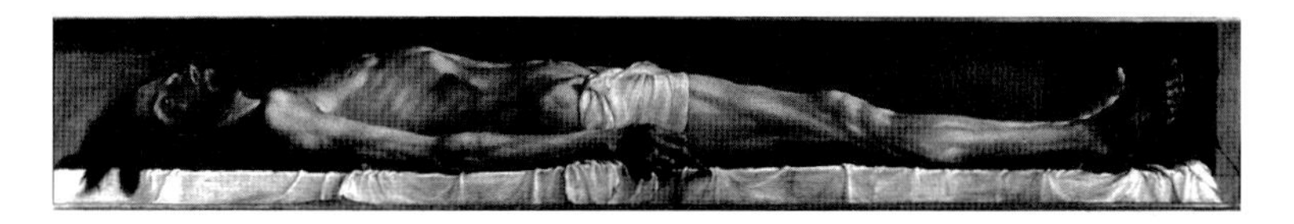

홀바인, <그리스도의 매장>, 1521.

30.6 x 200cm의 긴 화폭에 일직선으로 굳은 시신을 눕히고, 이를 받치고 있는 또 다른 수평의 세마포가 깔린 시체 지지대가 있을 뿐이다. 한마디로 뻣뻣이 누운 한 시체가 화면을 가득 채우고 있다. 그로테스크 리얼리즘의 전형이다. 16세기 초에 이런 그림이 그려졌다는 것이 믿기지 않을 정도로 절세의 작품이다.

눈은 멍하니 뜬 채로 정지되어 있고, 입은 열친 채로 숨을 멈췄다. 산발한 듯 쑥대머리, 수염은 살아서 길게 자랄 것 같다. 진한 흑초록으로 변한 굳은 손등 위에 못 박힌 흔적이 또렷하고, 발도 검게 타 있는데, 발목 밑의 못 자국이 이미 썩어 들어가고 있다. 이 그림만으로도 모골이 송연하다. 참담하게, 영락없이 버려진 보통 사람일 뿐인데 옆구리의 창 찔린 흔적과 손과 발의 못 자국만이 그가 예수님임을 확인시켜 준다. 그래도 미심쩍었는지 관 상단에 '유대인의 왕 나사렛 예수'라고 역력히 새겨 놓았다. 거기에 칙칙한 색이 절망과 불안의 긴장감을 더해 준다.

이 몸은 또한
죽은 자들 가운데 버림을 받아서,
무덤에 누워 있는
살해된 자와 같습니다.
나는 주님의 기억에서
사라진 자와 같으며,

주님의 손에서
끊어진 자와도 같습니다.

주님께서는 나를 구덩이의 밑바닥,
칠흙 같이 어두운 곳에
던져 버리셨습니다.

오직 어둠만이 나의 친구입니다. (시 88:5-6,18)

하나님의 부재(不在), 영혼의 어두운 밤의 경험은 여기서 절정에 이른다. 시편 88편은 삶이 완전히 뒤틀려 있어 필사적으로 하나님을 만나려고 하지만 아무런 응답을 하지 않는 절망적 인간의 경험이다. 완전히 홀로 흑암 속의 체념만이 지속될 뿐이다. 무엇이 일어날지, 어디로 가야할 지를 알게 해 줄 아무 빛도 비치지 않는 "밤의 항해"(칼 융)를 하고 있다는 느낌이다.

시편의 기도자는 주님께 부르짖을 때 응답할 것이라고 기대한다. 그래서 그는 첫새벽부터 일어나 기도한다. "주님, 어찌하여 주님은 나를 버리시고 주님의 얼굴을 감추십니까?"(시 88:13) 그러나 이 시편에서만큼은 응답이 없다. 인간이 욥의 저울에 올려져 시험당하는 저 부들부들 떨림의 시간에는 인과응보나 권선징악이라는 전통적 도덕관과 신앙으로 납득하기에 어림없다. 영원하신 하나님께서 격렬하게 분노하는 욥에게 천둥과 번개로 나타나신다. 그러나 지금은 반대로 음산하기만 한 죽음이다. 하나님의 부재, 침묵만이 시편의 한 글자 한 글자에 가뭇하게 스미어 있다.

신앙이란 해답이 아니라 까마득한 절망의 심연, 어둠 한가운데 아주 작은 세포의 모습으로 웅크려 머무르고 있는 것을 의미한다고 증언하는 것 같다. 이것이 지금은 그의 실존 속으로 깊이 파고든 하나님 체험이다. 그러므로 "부재는, 죽었어도 내가 당신을 보게 될 그런 투명한 집", "아주 큰 집"(파블로 네루다)이다. 부재는 그 어떤 존재보다도 더 강력하게 존재한다. '아름다움'이란 우리에게 쾌감을 주는 보여진 어떤 모습이 아니라 우리가 살고있는 세계의 속 깊은 실재를 반영한 것이다.

이런 참혹성 때문이었는지 홀바인이 무신론자였을 것이라는 주장이 심심찮게 제기되었다. 물론 무신론자가 보면 자기 자신도 구원하지 못하는 예수 그리스도를 조롱할 것이다. 그 참혹함에 한없이 고통을 느낀다. 그러나 시편의 기도자에게 응답하지 않는 하나님은 하나님에 대한 의심이나 무신론으로 가지 않고, 도리어 좀 더 강력한 부름으로 이어진다. 고통은 하나님에 대한 감각을 더욱 섬세하게 갈고 다듬는다. 고통은 "여러분을 완전에 이르게 하는 가장 빠른 말(馬)"이라고 마이스터 에크하르트는 설교했다.

그리스도와 함께 큰 고통을 통과하지 않는 사람은 아무도 영생을 누릴 수 없기 때문입니다. 현재 겪고 있는 고통만큼 창자를 뚫듯 아픈 것도 없습니다. 하지만 이미 겪어낸 고통만큼 달콤한 것도 없습니다. 현재 겪고 있는 고통만큼 사람들 앞에서 얼굴을 상하게 하는 것도 없습니다. 하지만 이미 겪은 고통만큼 하나님 앞에서 영혼을 아름답게 빚는 것도 없습니다.[블래크니 엮음, 『마이스터 에크하르트』, 231]

믿음의 눈으로 보면 이 고통은 경건의 빛이고 사랑의 힘이며, 그래서 감사와 겸손을 느낄 수 있다. 우리의 더럽고 독하고 악한 죄를 모조리 짊어진 주검으로 누워 계시기 때문이다. 예수님의 이 형국은 역사적으로 이스라엘이 한 일과 연관된다. 그들이 한 일은 오직 기다림이다. 기다림은 이스라엘이 오랜 시간 몸으로 익혀온 일이다.

이스라엘이 된다는 것은 무덤에 누이신 그리스도를 내가 무덤이 되어 내 존재 안에 모시고, 심지어 하나님이 응답하시지 않는 침묵 속에서도 침묵으로 하나님과 교감한다는 것을 의미한다. 매우 어려운 일이지만 이것이 임재하시지 않는 하나님을 사랑하는 길이요 방법이다.

홀바인(Holbein)은 10대 초반의 나이에 이제하임 제단화를 볼 기회를 접했다. 참담하게 고통을 겪는 그리스도상에서 받았던 어린 시절에 선명히 새겨진 깊은 감명이 훗날 그가 무덤 속의 예수 그리스도의 시신을 이토록 사실감 충실하게 그리게 한 계기 중의 하나가 되었을 것으로 보인다. 또한 당대 유럽 최고의 휴머니스트 지성인인 에라스무스의 저서 〈우신예찬〉의 삽화를 그린 것이 특별한 인연이 되어 에라스무스의 사상적 영향이 그의 작품세계에서도 드러나고 있다고 볼 것이다.

고난의 거룩한 아름다움

19. 聖토요일. 죽음의 세계에 내려가신 예수님 descendit ad inferos

묵상본문: 마 27:51-53; 벧전 3:18-19, 4:6
틴토레토, 〈지옥에 내려가심〉, 1568.

바흐는 〈마태수난곡〉 마지막 곡(Nr.68)에서 합창으로 무덤에 누이신 예수님이 편히 잠드시기만을 기원하면서 대단원의 막을 내린다. 67번의 가사에는 '나의 예수여, 편히 주무소서'(Mein Jesu, gute Nacht!)라는 인사말이 세 번 반복된다. 부활의 날까지 고요한 안식의 시간이 지속된다. 세상죄를 지고 가신 어린양 예수님께도 충분한 안식이 필요하다.

그러나 초대교회는 성주간의 성토요일에 예수님께서 죽음의 세계에 내려가심을 묵상했다. 750년에 공인된 사도신경에는 예수님께서 죽으신 뒤, 곧바로 하늘로 올라가지 않고 사자(死者)들의 세계, 즉 '죽음의 세계'('저승에 가시어' - 가톨릭)로 내려갔다(descendit ad inferos)는 구절이 있다. 사실 한국 개신교 사도신경에 빠진 이 구절이 있어야, 이어지는 고백 '하늘에 오르사'(ascendit ad coelos,)와 장단[descendit(내림) – ascendit(오름)]이 맞는다 (루터의 대교리문답에도 이 구절이 있다). 실제 주님께서는 아니 계신 곳이 없으시다.

내가 하늘로 올라가더라도
주님께서는 거기에 계시고,
스올에다 자리를 펴더라도
주님은 거기에도 계십니다. (시 139:8)

왜 예수님은 하늘에서 땅으로 내려오신 것도 부족하여 아래로, 더 아래로 죽은 자들의 세계에까지 내려가실까? 예수님의 제자 베드로는 이렇게 기록한다. "그리스도께서는 ... 몸으로 죽으셨으나, 영으로는 살아계셨으니, 그가 또한 영으로 가서 옥에 있는 영들에게 복음을 선포하셨다."(벧전 3:18-19) 예수님께서 내려가고 또 내려가 세계의 밑바닥에, 인간의 밑바닥 가장 끝에까지 찾아가신다. 심리학자 융에 의하면 자기 내면에 존재하는 어둠 속으로, 무의식의 세계로, 어두운 죽음의 세계로 내려가는 자만이 하나님께 나아갈 수 있다.

하이델베르크 교리문답(Heidelberg Catechism)에는 왜 사도

신경에는 “음부(죽음의 세계)에 내려가셨다가”라는 구절이 덧붙여져 있습니까? 라는 질문(제 44문)이 있다. 문답은 이 질문에 대해 이렇게 답한다. “내가 개인적인 유혹과 위기에 처할 때마다 주 그리스도께서 그 삶을 통하여, 특히 십자가상에서 말로 다할 수 없는 영혼의 슬픔과 고통을 모질게 겪으심으로써, 지옥의 고통과 슬픔으로부터 나를 구원하셨다는 것을 확신시켜 주기 위해서 입니다.”

이 글은 생애에서 가장 고통스러웠던 지난 수년의 심연, 나 자신을 비로소 바라볼 수 있는 시점부터, 하데스(스올, 죽음의 세계)의 맨 밑바닥에서 그분의 은총을 간원(懇願)하며, 부서지고 으깨진 생의 조각들을 하나하나 스스로 보듬고, 어루만지고, 퍼즐을 맞추듯 이리저리 껴 맞추기 실험을 반복하면서, 제 위치에 다시 가져나 놓는 심정으로 초벌구이한 것을 다시 성찰하며 고쳐 쓴 것이다. 그것은 에스겔 골짜기의 마른 뼈들이 살아나는 환상체험 같은 것이다.

"사람아, 이 뼈들이 살아날 수 있겠느냐?"
"주 하나님, 주님께서는 아십니다."
“너희 마른 뼈들아, 너희는 나 주의 말을 들어라.
내가 너희 속에 생기를 불어넣어,
너희가 다시 살아나게 하겠다.”(겔 37:3~4)

아시시의 성 프란치스코 성당 일부가 1997년 9월 26일에 발생한 두 번의 큰 지진으로 무너졌다. 상부 성당의 천장도 무너져 내리면서 그곳 프레스코화는 크게 파손됐고, 벽을 장식했던 조토와 다른 화가들이 그린 작품도 훼손됐다. 그러자 건축물의 복구와 예술품 복원을 위해 이탈리아와 세계 각국에서 전문가들이 모여, 2년간의 심혈을 기울여 수십만 조각의 파편들을 퍼즐을 맞추듯 완전하게 복구했다고 한다.

나는 하나님의 영에 의지하여 파편화된 '나'를 부르고 또 부른다. 있는 그대로의 '나'를 불러주는 사람 아무도 없는 '너'(you)가 사라진 자리, 나를 조롱하는 것만 같은 '그들'(they)만 있는 자리에서 나는 홀로 남아 설움에 겹도록 나를 부르고 또 부른다. 부르다가 내가 죽을지언정, 그분께서 불러준 이름이었기에 나를 부른다. 그분께서 나를 먼저 불렀다는, 경험적으로 성경을 통해 몸속에 새겨진 그분과 나 사이의 믿음의 연속성을 확인하면서, 이른 봄날 "온 몸 일으켜/서는 새싹들"(김선우)처럼 순식간에 죽은 자기를 찾으려는 본능, 아우성과 몸부림, "초록의 독기"를 처음 온 아기처럼 엎드려 코를 박고 흡입한다.

천지개벽과 같은 철저한 갈아엎음에도 불구하고 기억과 연속성은 개체를 보존해주고 지탱해주는 놀라운 틀이다. 그분은 성토요일에 하데스의 가장 어두운 지점까지 내려오셔 내 이름을 불러주셨고, 그분이 나의 손을 꼭 잡고 다시 새 생명의 세계로 나올 때,

나도 신령한 생명을 얻은 것이다. “내 백성아, 내가 너희의 무덤을 열고 그 무덤 속에서 너희를 이끌어 낼 그 때에야 비로소 너희는, 내가 주인 줄 알 것이다.”(겔 37:13) 부활절은 “죽은 사람들을 살리시며 없는 것들을 불러내어 있는 것이 되게 하시는 하나님”(롬 4:17)을 보게 되는 날이다. 그리스도의 은총으로 억압과 불안의 모든 쇠사슬이 풀리고 흠과 허물로 인한 마음의 장애물들이 치워진다. 일어나서 스스로 새로워진 자기를 살기 시작한다.

예수님께서 죽음의 세계까지 내려가신 이유가 어찌 한 사람만을 구하기 위해서이겠는가. 죽음의 세계란 “더이상 내려갈 수 없는 막다른 곳, 모든 친교가 단절된 곳, 아무 것도 더이상 할 수 없는 곳, 철저히 고립되어 극심하게 외로운 곳”[그륀, 『아래로부터의 영성』, 28], “사랑의 말이 더이상 변화시키면서 뚫고 들어갈 수 없는 고독이 있는 곳”(베네딕도 16세)이다. 죽음의 세계는 깜깜한 절망의 세계다. 그런데 생명은 절망의 무저갱 속에서도 숨 쉬며 살아가더라.

오 밤이여! 그대가 나를 인도하였구나,
오 밤이여! 새벽보다 더 사랑스럽구나,
오 밤이여! 그대가 묶어주었구나
사랑하는 남자와 사랑하는 여자를
사랑하는 여자는 사랑하는 남자 안에서 변하였구나.
– 십자가의 성 요한

그는 희망이 보이지 않는 절망적 삶을 산다. 그의 정신은 막막한 절망 속에 있어도, 그의 오감은 살아 있고 사지는 움직인다. 그는 어법에 맞는 성인의 언어를 말할 수 없지만, 몸은 살아서 말을 배우기 전의 유아처럼 옹알거리더라. 그는 방언(方言)으로 중얼거리더라. 꼭 절망의 극복만이 희망이 아니라, 절망적 삶만이 그에게 고유한 삶일 수밖에 없을 때 절망적 삶조차, 벼랑끝 절망의 삶까지도 그에게 삶을 찾아가기 위한 중요한 흔적이 되더라. 삶이 침몰하여 절망에 빠진다는 것은, 그 바닥이 존재의 보이지 않는 깊이(invisible depth)에로 끊임없이 내려간다는 것이다.

틴토레토, <지옥에 내려가심>, 1568.

예수님께서 죽음 속에서 죽은 자들의 영과 혼에게 기쁜 소식을 전하기 위해, 돌 같이 죽은 자들의 영혼을 다채로운 생명의 세계로 들어올리기 위해 죽음의 세계로 내려가신다. 예수님께서는 어두운 그곳에서 사람들의 손을 잡아 밝은 삶의 영역으로 끌어올린다. "그는 지옥의 자물쇠와 빗장을 산산이 부수고, 그가 오기 전에 죽음과 스올에 의해 감금되어 있던 모든 사람들을 해방시킨다. 최고의 의인은 혼자 걸어 나가는 것이 아니라, 그보다 앞서 죽은 모든 의인들 앞에서 그들을 인도한다"(보그/크로산, 『예수의 마지막 일주일』, 254).

주님께서 성토요일 죽음의 세계 7층천에까지 내려오셔서 나의 손을 잡고 새로운 생명의 세계로 이끌고 나오셨다. "나에게 베푸시는 주님의 사랑이 크시니, 스올의 깊은 곳에서, 주님께서 내 목숨을 건져내셨습니다"(시 86:13). 어두운 무덤 앞을 막았던 육중한 절망의 돌이 치워졌다. 죽은 나사로를 부르신 주님께서 나도 부르셨다. 그게 부활 사건이요 부활 체험이다.

사실 "지옥에서조차 인간 본성의 고결한 차원은 영원히 지속된다"(마이스터 에크하르트). 이것이 바로 "네가 죽어서도/변함없이 변화하는/덧없고 꿋꿋한/살아있음"(김지하)이요, 하나님의 생명과 자비로 충만한 '참 삶(생명)의 길'(요 14:6)이요, "길의 끝에서 길의 일부가 되어버린 어머니"(허만하)의 아래로 "아래로 내려가기"(카타바시스, katabasis)이다. 아래로 더 아래로 내려오신 그분의 사랑의 높이는 끝이 없고 자애의 깊이는 헤아릴 수 없다.

누가 우리를 그리스도의 사랑에서 끊으리요
환난이나 곤고나 박해나 기근이나 적신이나 위험이나 칼이랴…

이 모든 일에 우리를 사랑하시는 이로 말미암아
우리가 넉넉히 이기느니라. 내가 확신하노니
사망이나 생명이나
천사들이나 권세자들이나
현재 일이나 장래 일이나
능력이나 높음이나 깊음이나
다른 어떤 피조물이라도
우리를 우리 주 그리스도 예수 안에 있는
하나님의 사랑에서 끊을 수 없으리라(롬 8:35,37-39)

부활절을 앞두고 글쓰기 100회를 넘기면서 그 의미를 새긴다. 12월 첫 주부터 시작한 아침묵상이 어느새 100회를 맞이했다. 100회째 중간 소회를 쓰려고 했다가 聖日이어서 부활절을 앞두고 그 감회를 쓴다. 글을 쓸 당시에는 고린도후서에서 바울의 고난목록에 필이 꽂혀 시작했다가, 고난은 하나님의 흘러넘치는 은총이고 영광이 된다는 말씀을 발견하게 되어 기쁨의 웃음을 지었다. '영광'

개념을 이어받아 하나님의 참 선한 아름다움과 기독교 미학을 생각하게 되었고 사순절을 보내고 나니 100회를 맞이했다. 30-40회까지는 그야말로 넘치는 주님의 은혜로 써나간 것 같고, 그 후로는 가문 날도 많았지만 흔들리는 나를 말씀 위에 세우는 것이라 생각하여 글쓰기를 하루도 거르지 않으려고 많이 노력했다.

TV의 한 토크쇼가 100회를 맞이한 시간이었는데 한 인문학자가 100이라는 수자가 갖는 의미를 얘기한 게 기억이 남는다. 그분의 설명에 좀 보태어 풀이하면 다음과 같다. 수자는 그냥 수자일 뿐인데 인간의 역사적 문화 및 종교와 만나 특별한 의미를 지니게 된다는 것이다.

'1'은 기본수이고 모든 것이 거기로 귀일하는 통일이며 일치를 의미한다. 많은 것(雜多)으로부터 '하나로 돌아간다'(歸一)는 말이 처음부터 삶의 종교-철학적 이상으로 제시되었다. 모든 것을 하나로 꿰뚫어 아는 것(一以貫之)은 바로 道를 아는 것이다. 인류의 종교가 다신론에서 유일신론으로 발전한 것도 이런 이치가 아닐까 생각한다.

'2'는 관계의 기본, 생명살이의 기본인 '나와 너'의 만남이고 동시에 갈등과 대립의 출발이다. 음양(陰陽)이론은 우주를 설명하는 기본원리였고, 이진법은 세상의 이리를 설명하는 기본 법칙이 되었다.

'3'은 갈등과 대립을 조정하고 지양하여 더 큰 통합체로 진전해 가는 변증법의 원리이기도하다. 헤겔의 변증법은 삼위일체에 기초한 이론이다. 네 다리 의자보다 세 다리 삼각의자가 더 안전하다는 설명을 들은 적도 있다. 한 실재를 세 가지 특성으로 설명하려는 시도도 참 많다.

'4'는 우주공간 동서남북으로 구분하고, 시간을 봄-여름-가을-겨울로 구분한다.

'5' 오행(금수목화토), 오음(궁상각치우) 등이 있으나 지금은 영향력 상실,

'6'은 불완전함과 부자연스러움을 나타내고, 예수님의 죽음과 부활을 통해 완전해지고 온전해진다.

'7'은 일주일의 시간이다. 하나님은 6일 동안 창조하시고 7일째 안식하신다.

'10'은 일상생활의 성취 수다. 10진법

'12'는 일 년은 12개월이고, 하루는 12시간씩 나눠 오전과 오후로 구분한다. 성경에는 12지파, 12제자가 만백성을 대표하는 의미

로 사용된다.

'40' 그리스도인들에게 '40'은 자별(自別)한 의미가 있다. 이스라엘 백성의 40년 광야 유랑, 예수님의 40일 금식기도

'60' 동북아 문화권에서 60년은 한 인간이 거듭나는 삶의 큰 주기이다.

'100', 완전하고 큰 수이다. 百姓, 百日잔치, 百日기도. 성경에도 100이라는 수자가 이런 의미에서 자주 등장한다. 아브라함이 아들 이삭을 보았을 때에, 그의 나이는 〈백〉 살이었다 (창 21:5). 그들은 말씀을 듣고 받아들여서, 삼십 배, 육십 배, 〈백〉 배의 열매를 맺는다(막 4:20). 너희 가운데서 어떤 사람이 양 〈백〉 마리를 가지고 있는데,...(눅 15:4). 내 이름을 위하여 집이나 형제나 자매나 아버지나 어머니나 자식이나 땅을 버린 사람은, 〈백〉 배나 받을 것이요 (마 19:29). 전에 예수를 문득 밤중에 찾아갔던 니고데모도 몰약에 침향을 섞은 것을 〈백〉 근쯤 가지고 왔다(요 19:39)

이래서 100은 큰 의미가 있어 보인다. 길어졌다. '0'은 종교적 심성이 깊은 인도인의 발견이라 하는데, 공(空)과 무(無)를 의미한다. 인간의 그 어떤 업적도 '0'과 만나면 없는 것이 되니 오직 자비와 사랑의 하나님을 만나라는 뜻인가 한다.

제2장

부활절: 새로운 삶

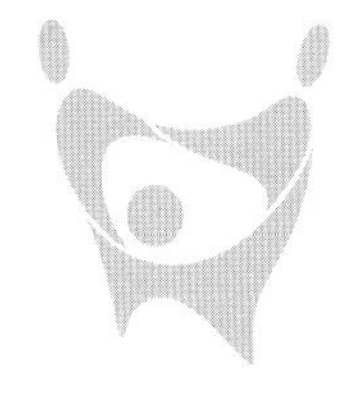

1. 부활의 지평

2. 부활절의 실존

부활의 지평

20. 부활(1). 하나님의 연초록빛 힘의 승리

묵상본문: 롬 10:9; 참고 마 28:1-7; 요 21:1~19.
렘브란트, 〈그리스도의 부활〉, 1639.

주님, 참 감사합니다.
이 마음은 기쁨으로 가득 차고,
이 몸도 아무 해를 두려워하지 않는 까닭은,
주님께서 나를 보호하셔서
죽음의 세력이 나의 생명을
삼키지 못하게 하실 것이며
주님의 거룩한 자를 죽음의 세계에
버리지 않으실 것이기 때문입니다.
(시 16:9-10)

복음서는 예수님의 수난 이야기와 부활한 주님의 현현을 연결하기 위하여 각각 자신의 방법대로 부활절 새벽(동틀 무렵) 무덤을 찾아간 여인들[막달라 마리아, 야고보의 어머니 마리아, 살로메(막 16:1)]을 등장시킨다. 여기서 중심인물은 막달라 마리아다.

그들이 무덤에서 강하게 〈느낀 것〉은 큰 지진이며, 그들이 〈본 것〉은 하늘로부터 아래로 내려온 주의 천사가 무덤을 막은 돌을 굴려놓고 그 위에 눈 같이 흰 옷을 입고 번개 같이 앉아 있는 모습이며, 그들이 〈들은 것〉은 "그가 여기 계시지 않고 … 살아 나셨느니라"(마 28:6) 하는 천사의 전언이다. "하나님은 죽은 사람들의 하나님이 아니라, 살아 있는 사람들의 하나님"(막 12:27; 행 2:24)이시라는 것이다.

복음서는 부활 사건의 신비를 세상 안에서 일어난 한 사건처럼 기술하지 않는다. 부활은 인간의 일상적이고 일반적인 경험의 틀을 깨는 놀라운 일이다. 부활은 세상에서 일어나는 사건들 중 하나의 사건이거나 '세계의 종말'(Ende der Welt)이 아니라 '세계의 전환'(Wende der Welt, 고가르텐)이기 때문이다. 죽음은 삶을 철저하게 먹어치우는 블랙홀이지만 부활은 이 블랙홀로부터의 탈출이며, 삶이 죽음을 끌어안아 생명으로 전환하는 사건이다.

부활은 이제까지 듣지도 못한 일이며 아무도 말하여 주지 않은 일이다(사 52:15). '예수께서 부활'하셨다,' '예수께서 살아나셨다', 모두 처음 듣는 말이다. 말이나 개념이라는 것은 사물이나 사건을 지칭하는 것인데, 지금까지 전혀 경험해보지 못한 일이 벌어진 것이다. 그러므로 그게 무엇인지 잘 모른다. 예수님의 부활현장을 사진이나 동영상으로 찍을 수 있는 그런 감각적 경험의 사건이 아니었기 때문에 더욱 알기 쉽지 않다. 매우 낯설기 때문에 의심하거나 부인한다.

서양의 교회미술에서 무덤에서 부활한 예수님을 그리기 시작한 게 13c부터다. 처음에는 부활한 그리스도가 한 발은 무덤 구석에 올려놓고 그의 손에 승리의 깃발을 들고 걸어 나오는 모습이었다. 후에는 무덤 위에서 빛과 구름의 수의를 입고 떠다니는 모습으로 그려졌다. 무덤을 지키는 군인들은 혼비백산하거나, 놀라움과 불신으로 얼어붙거나, 혹은 아무에게도 방해받지 않고 평화롭게 깊은 잠에 흠씬 빠져 있는 모습으로 나타난다.

렘브란트는 마태복음을 따라 이런 장면을 생동감 있게 묘사한다. 대개 부활한 예수님께서 공중에 떠 계시거나 승리의 십자가 배너를 들고 계신다. 화가는 이 그림에서 흰 수의로 온 몸이 감싸진 채 죽음의 잠에서 깨어나 움직이는 형상으로 예수님을 그렸다. 렘브란트는 예수님을 이런 모습으로 그린 유일한 화가이다. 예수님의 부활이 더 실감 있게 그려졌다. 열린 무덤은 죽음에 대한 승리를 의미한다. 무덤을 지키고 있었던 병사들은 찬연한 천사의 나타남에 혼비백산한다. 이 그림은 하나님의 생명과 사랑으로 충만한 참삶의 휘황한 불꽃인 예수님의 부활을 가능한 자연적이며 효과적이고 생동감 있게 묘사한 것으로 평가받고 있다.

렘브란트, <그리스도의 부활>, 1639.

성경에 있는 부활과 관련된 본문들은 부활의 선포와 부활 이야기이며, 부활 이야기에는 빈 무덤 사화, 부활 후 예수님의 현현사화, 지상의 사역 중 부활을 예시하는 본문과 단구로 된 부활 케리

그마가 있다. 부활의 의미는 역사 비평적 관점에서만 볼 것이 아니라, 부활절 사건을 전체적이며 상징적 사고를 통해 이해할 때 충분히 드러난다고 믿는다. 종교개혁교회, 특히 개혁파 교회(칼슈타트-칼뱅-청교도주의)는 가톨릭의 성상들을 파괴하면서 기독교의 본질을 이해하는 형상언어와 상징적 사고도 파괴했다. 그들은 성상을 성경으로 대체했으나 성경주의가 됨으로써 신앙의 본질을 엄격한 성경문자의 검열과 독재 하에 두었다. 역사비평은 문자와 교리의 독재를 허물고 합리화하는데 공헌했다.

역사비평을 처음 시작한 사람들은 진리에 대한 진지한 사명을 가진 사람들이다. 역사비평은 과거에 어떤 일이 있었는지 집요하게 파고든다. 그럼으로써 기독교가 신화나 이데올로기가 아니라 실제 역사와 관련되어 있음을 보여준다. 이런 점에서 이 방법론은 역사적 사실 찾기에 정직하려고 한다. 그래서 십자가의 역사와 부활신앙을 분리한다. 역사가들에게 부활은 처음교회의 부활체험의 역사로서만 가능할 뿐이다.

그러나 이 방법론은 처음부터 이미 머릿속으로 '역사적으로 가능한' 것과 '역사적으로 불가능한' 것을 구분해 놓고 예수님의 역사를 재단하려 할 때, 그것은 자신의 한계를 넘어선다. 나는 그 같은 태도는 역사에 대한 편협한 단순화라고 생각한다. 역사적 방법은 십자가 사건을 이끈 성령의 역사와 부활을 가능하게 한 성령의 역사에 대해 침묵한다. 성령의 역사는 역사가의 레이더에 잡히지 않는다. 그러므로 예수님의 십자가와 예수님의 부활 사건 사이에는 역사의 단절이 있을 뿐이다. 둘 사이를 근본적으로 연결하는 성령의 역사는 역사가의 시야에 들어오지 않기 때문이다. 신학은 역사학의 도움을 받지만 역사서술로 만족할 수 없다. 그러므로 "내가 보기에 역사비평은 훨씬 더 엄격하게 비평적 한계를 지켜야 한다"는 칼 바르트가 『로마서 강해』에서 한 말에 나는 동의한다.

이제 역사비평의 방법론과 연구가 남긴 결과를 평가하면서, 말씀의 영감을 받은 새로운 지성을 통해 불후의 상징과 신화가 품은 위대함을 파악하려는 방향으로 선회해야 한다. 이미지와 신화와 상징을 가지고 있는 종교는 깨어나기 위한 꿈으로 가득하다. 깨어나서 현실에 부딪치고 현실을 변화시키기 위한 그런 꿈들이다(오이겐 드레버만).

생동하는 신앙의 청초한 감각은 상징과 신화에서 나오는 것이지 생명의 사건을 증언한 성경 본문에 대한 역사비평적 분석에서 나오는 것이 아니다. 근대의 과학적-역사적 이성은 그들이 설정한 범주를 보편적 객관적이라 전제하고, 그 밖에 있을 수 있는 것을 보지 않고 없는 것으로 여긴다.

개신교회는 성상의 파괴와 함께 상징적, 유비적 사고를 철저하게 제거하고, 그 자리에 독단적 사고와 합리주의적 사고의 양 극단으로 자기진영을 양분하고 서로 적대시하며 좁혀 나갔다. 지금도 이런 사고의 틀은 계속된다. 불행한 일이다. 상징적 사고의 제거는 기독교의 생명을 느끼게 하는 감성의 상실로 귀결된다. 생동하는 신앙은 상징적 사고와 연결되어 있으며, 인간은 종교적 그림을 감상하면서 상징적으로 느끼고 읽는 법을 배운다. 상징적 사고와 감성의 회복을 통해, 신앙의 실제가 결여된 문자적 맹목과 실제의 깊이가 제거된 교리적 추상에 빠지는 위험으로부터 벗어나야 한다. 깊은 차원에서의 변화는 개념을 통해서보다는 이미지를 통해서 더 많이 일어난다는 것이 칼 융(Carl Jung)의 주장이다. 그러므로 훌륭한 이미지와 예술은 기독교 신앙생활과 신학에 지극히 필수적이다.

그리스도의 부활은 삼위 하나님의 역사가 인간의 세계와 역사에 새 창조를 시작한 사건이다. 그러므로 부활은 다음 여덟 가지 차원[①성부–②성자–③성령] ⇔ [④인간–⑤교회–⑥역사–⑦사회–⑧자연)]에서 분석적으로 종합될 때, 그리스도의 부활이 가져온 창조적 변화의 크기를 충분히 파악할 수 있다. ①~③은 삼위 하나님의 내적 역사이며 ④~⑧은 창조세계를 향한 삼위 하나님의 외적 역사이다.

이러한 생각은 칼 라너(Karl Rahner)의 내재적 삼위일체(immanent trinity)의 역사(opus)와 경세(경륜)적 삼위일체(economic trinity)의 역사는 동일하다는 명제에서 출발한 것이다. 내재적 삼위일체란 하나님의 존재를 성부-성자-성령의 자체 사랑의 관계 안에서만 이해하는 것이며, 경세적 삼위일체란 하나님의 존재를 인간과 세계와의 관계 속에서 파악하는 것이다. 경세적 삼위일체는 인간과 세계에 대한 하나님의 역사이며, 내재적 삼위일체는 하나님의 역사성을 말한다.

하나님의 역사는 인간에게로 옴, 인간을 위하여 자신을 내어줌(자기 양여)의 역사이다. 하나님의 역사성은 오시는 하나님의 존재이다. 하나님 자신의 존재(God in itself)는 이미 우리를 위한 존재(God for us)이다. 우리가 아직 약할 때, 하나님을 몰랐을 때, 하나님과 원수인 죄인이었을 때 그리스도께서 우리를 위하여 죽으셨다(롬 5:8).

복음서의 부활절 메시지는 "그는 살아나셨다"(ἠγέρθη, 마 28:6; 막 16:6)라는 짧고 굵은 이 한 마디다. 그러나 이 메시지는 예수님의 죽은 몸에 기적이 일어나 살아나는 과정에 관해 말하려는 것이 아니다. 우리는 육하원칙에 따른 부활의 과정에 대해 거의 아무 것도 말할 수 없다.

문법적으로 동사 ἠγέρθη는 타동사 ἐγείρειν의 아오리스트 수동형으로서 '그는 살려지셨다he has risen'라고 번역되어져야 하지만, 우리말은 수동형 번역을 피하기 때문에 능동형으로 번역했다. 그래서 문장에서 문법적으로 수동형의 주어인 '하나님'을 생각할 수 없다. 그렇지만 눈여겨보아야 할 점은 문법적으로 수동형의 주어는 숨어 있는 '하나님'이라는 사실이다. 하나님은 예수님의 고난에도 숨어계시더니 예수님의 부활에도 숨어 계신가.

그래서 바울서신을 비롯한 처음 선포는 복음서의 이 짧은 선언을 "하나님께서 그를 죽은 자 가운데서 살리셨다"(ὁ θεὸς αὐτὸν ἤγειρεν ἐκ νεκρῶν, God raised him from the dead. 롬 10:9; 롬 4:24~25, 8:11; 행 2:32, 3:15, 4:10, 5:30f; 고전 6:14, 15:4, 15:15; 고후 1:9; 갈 1:1; 골 2:12; 엡 1:20; 벧전 1:21도 보라)는 온전한 문장으로 증언한다. 이 문장에서 주어는 〈하나님〉이다.

"예수는 우리를 의롭게 하시려고 살아나셨습니다"(롬 4:25). 부활은 예수님을 죽은 자 가운데서 살리신 행위만이 아니라 우리의 구원과 성화를 위한 하나님의 새 창조행위다. 예수님의 부활은 하나님과 인간 그리고 세계와의 관계를 그 안에 이미 담고 있다. 부활을 통해 하나님은 죽임의 폭력을 심판한다. 부활은 살아 붐비는 비폭력의 연초록빛 생명이고 푸르른 사랑임을 드러낸다. 부활사건의 주체적 동인(agent)은 하나님이다.

부활신앙의 근원은 주 하나님에 대한 신앙이다. 부활에 대해 말한다는 것은 바로 마땅히 하나님에 대해 말하는 것이다. 부활은 하나님의 창조적인 사랑과 신의, 출애굽의 사건에서 이미 보여준 생명의 권능이 나타난 사건이다. 예수님의 죽음에서 하나님이 소외되고 낯설게 되었다면, 부활에서 하나님은 거꾸로 죽음의 소외를 제거하고 낯섦을 낯설게 만든다. 하나님의 권능의 행위, 신실한 하나님의 은총의 행위가 최종적이며 보편적으로 나타난 사건이 예수님의 부활사건이다. 부활은 기적적 자연의 과정이 아니라, 하나님의 권능이 사랑과 신실함 속에서 역사한 사건, 하나님이 부활의 주체가 되어 예수님을 살린 종말론적 사건임을 분명히 하고 있다.

예수님의 부활은 예수님의 죽은 몸에 일어난 자연적 기적이 아니라 하나님의 행위라는 사실로부터 부활을 이해해야 한다. 부활절 사건은 하나님이 이 사건의 주체가 된다는 문법이다. 하나님은 "죽은 사람들을 살리시며 없는 것들을 불러내어 있는 것이 되게 하시는"(롬 4:17) 분이며, "우리 주 예수를 죽은 사람들 가운데서 살리신 분"(롬 4:24)이다. 부활절은 빌라도의 재판과 군중들에게 예수님을 넘겨줌과 십자가 처형의 부당함을 알리는 신실하신 하나님의 의로운 심판행위이다.

골고다의 십자가에서 죄와 폭력과 죽음의 세계가 예수님에게 최종적 판결을 내린 것 같았지만, 하나님은 세상(공의회와 빌라도와 군중)의 이 소송을 기각하고 십자가의 비폭력을 통해 정반대의 판결을, 세상이 죽인 자를 생명으로 일으킴이라는 판결을 내리신다.

예수님은 유대의 관원들에게 심판을 받았다. 예수님은 빌라도 총독에게서 판결문 없는 불의한 심판을 받고 십자가형에 처해졌다.

그러나 하나님은 예수님을 죽음에서 일으키셨다. 이것은 심판자로 행세한 그들을 심판하셨다는 것이다. 진리로 허위를 심판하셨다는 것이다. 하나님의 정의로 인간의 불의를 심판하셨다는 것이다. 죽임의 세력을 살림과 생명으로 심판하셨다는 것이다. 조롱과 채찍과 능멸과 고문과 폭력을 비폭력의 사랑으로 심판하셨다는 것이다.

"비폭력의 목표는 언제나, 적대자의 진실한 이해를 구하는 것이지 그 적대자의 굴욕이나 패배가 아니다."(로어, 『성경의 숨겨진 지혜들』, 302) 이 세상 통치자들의 지혜로는 결코 알 수 없는(고후 2:7) 하나님의 생명사랑의 신비다. 하나님에게는 생명의 죽음은 있을 수 없고 오직 생명만이 있다는, 생명의 하나님이라는 증거이다. "하나님은 죽은 사람들의 하나님이 아니라, 살아 있는 사람들의 하나님이시다"(막 12:27). "그것은, 아버지께서 자기 속에 생명을 가지고 계신 것 같이 아들에게도 생명을 주셔서, 그 속에 생명을 가지게 하여 주셨기 때문이다"(요 5:26).

부활은 꽉 막힌 죽음의 벽을 뚫는 쐐기와 같다. 쐐기는 벽을 두동강 낸다. 씨앗이 벽 속으로 밀고 들어가 안착할 수 있는 틈이 생긴다. 창세기에서 태초의 창조, 족장들의 부름, 출애굽 사건, 사사와 예언자들의 부름 등이 하나님의 행위이듯이 예수님의 부활은 죽음에서 생명을 일으키고, 혼돈과 공허에서 참 선한 아름다운 세상을 창조한 하나님의 사랑의 행위다. "사랑하지 않는 사람은 죽음에 머물러 있습니다"(요일 3:14).

300여년 지속되는 근대의 인간학적-역사적 패러다임은, 부활을 자연적 사태로서는 말 할 것도 없고 역사적 사건으로서 보기도 어렵게 만들었다. 하나님은 투사(포이어바흐), 환상(프로이드), 아편(맑스), 죽은 신(니체), 망상(도킨스), 인형과 난장이(지젝) 등으로서 인간 정신생활에 무익하고 해롭다는 주장이 지속적으로 강화되고 있다. 다른 어떤 신학적 주제들보다 '부활'에서 사실(fact)과 지적 성실성이라는 이름으로 하나님의 구원사건으로서의 부활의 신비는 더욱 해체되는 정직한 지성이란 이름으로 행해지는 오만한 실상이 가장 극명하게 드러난다.

그러나 성경은 하나님이 인간 정신과 역사의 주체이며 세상을 주재하는 분이라는 문법을 발전시켰다. 이 주장은 4차 산업을 말하는 지금도 여전히 유효한 주장이다. 부활신앙은 자기 폐쇄적인 세계상에 대한 도전이요 공격이기 때문이다. 부활신앙은 이 세계상만이 아니라 이 세계상을 토대로 벌이지는 모순된 세계현실 전체를 생명 사랑 안에서 구현되는 정의에 대한 희망의 관점에서 문제시한다.

예수님의 부활사건은 시편에서 말하는 하나님의 일어남과 밀접하게 연결되어 있다. 이스라엘 백성들은 제발 주 하나님, 일어나시라고 외친다. "야훼여 일어나옵소서. 하나님이여, 손을 드옵소서, 가난한 자들을 잊지 마옵소서"(시 10:12). "야훼여 일어나소서. ... 나를 구하소서"(시 17:13). "하나님이여, 주는 하늘 위에 높이 들리시며, 주의 영광이 온 세계 위에 높아지기를 원하나이다"(시 57:5; 108:5). 부활하신 주님에게서 나타나는 살아계신 하나님의 영광(아름다움)의 향유는 모든 그리스도인들이 누려야 할 최상의 경험이며 충만한 삶의 특징이다.

'일어나라'는 외침은 예수님의 부활의 생명 사랑 안에서 구현되는 정의에 대한 새로운 희망의 감각, 새로운 역사의 시작을 알리는 신호다. 예수님의 부활과 함께 그를 죽였던 폭력적 죽임의 세력에 대한 하나님의 뒤집기와 연초록빛 새 생명이 시작된다.

그리스도의 부활을 통해 하나님의 몸 깊은 곳에서 뿜어져 나오는 화끈거리는 푸른 기운이 온 생명 살림에 넘실넘실 전달된다. 하나님은 부활을 통해 모든 불쌍한 이들에게 자비를 베풀고, 이 땅에서 가난하고, 억압당하고, 차별당하고, 거짓과 조작으로 억울함을 당하고, 불의로 고난당하고 죽임당한 사람들에게 푸르른 정의와 싱그러운 평화 그리고 풍성한 생명을 가져오실 것이다. "그가 다스리는 동안, 정의가 꽃을 피우게 해주시고, 저 달이 다 닳도록 평화가 넘치게 해주십시오"(시 72:7). 예수님의 부활과 함께 전능하신 하나님 자신이 일어나셨으며, 숨결이 있는 모든 것들에 대한 하나님의 신실한 자비의 약속이 실현된다.

"여러분은 예수님을 죽였으나, 하나님은 그를 살리셨다"(행 4:10). 그래서 폭력을 휘두르는 자들을 향하여 베드로는 "사람에게 복종하는 것보다, 하나님께 복종하는 것이 마땅합니다"(행 5:29)라고 말할 수 있는 담력이 나온 것이다. 죽은 자들의 부활에 대한 희망은 영혼불멸을 원했던 인간의 동경에 대한 답변이 아니라, 오히려 사랑 안에서 구현되는 하나님의 정의를 향한 희망에 대한 답변이라는 몰트만의 이 말은 성경의 부활 사상의 정곡을 콕 짚어낸다.

하나님은 불의하고 모순된 세상사의 사건을 뒤집어 폭소를 만드는 유머감각이 많다. 그의 최후의 말씀과 웃음은 예수 그리스도의 부활의 말씀이다. 내(하나님)가 너희들이 죽인 예수님을 살렸느니라. 그래서 우리도 부활절에 '부활절 웃음'(risus paschalis; Dario Fo, 〈부활절 웃음의 외설적 춤〉The Obscene Dances of the Risus Paschalis, 2011)을 터트리자. '부활절 웃음'은 설교 도중에 회중들이 모두 큰 소리로 까르르 웃는 시간이다. 부활하신 그리스도의 능력이 죽음의 모든 세력을 비웃는 시간으로 설명되는데, 그리스도의 능력이 죽음의 세력을 이겼으니 악한 세력은 까불지 말라고 목청 높여 부활하신 주님을 찬양한다.

> 온 땅아, 소리 높여 즐거이 주님을 찬양하여라.
> 함성을 터뜨리며, 즐거운 노래로 찬양하여라.
> 수금을 뜯으며, 주님을 찬양하여라.
> 수금과 아우르는 악기들을 타면서, 찬양하여라.
> 왕이신 주님 앞에서 나팔과 뿔나팔 소리로 환호하여라.
> (시 98:4-6)
> Happy Easter!

부활의 지평

21. 부활(2) 십자가에 달린 예수님의 부활

묵상본문: 고전 15:14; 행 2:32; 계 1:17-18.

이당(以堂) 김은호(金殷鎬, 1892-1979), 〈復活後〉, 1962.

나는 처음이며 마지막이요, 살아 있는 자다.
나는 한 번은 죽었으나,
보아라, 영원무궁하도록 살아 있어서,
사망과 지옥의 열쇠를 가지고 있다(계 1:18).

예수님의 부활은 하나님이 주체가 되어 세상을 위해 십자가에 처형된 〈나사렛 사람 예수님에게 일어난〉 사건으로서 새로운 창조의 시작이다(고전 15:42ff). 여기에 예수님 부활 사건의 역사적 차원(역사성)이 있다. 부활은 공동체의 부활신앙이기 이전에 예수 그리스도에게 일어난 〈십자가에 달린 자의 부활〉이며 〈부활한 자의 십자가〉이다. "주님께서 확실히 살아나시고, 시몬에게 나타나신"(ὄντως ἠγέρθη ὁ κύριος καὶ ὤφθη Σίμωνι, 눅 24:34; 고전 15:3-5) 역사적 사건이다.

그리스도 신앙은 죽음을 이긴 예수님의 부활을 믿는 신앙에 그 존폐가 달려 있다. 바울의 증언대로 부활은 그리스도교 신앙의 고갱이다. "그리스도께서 살아나지 않으셨다면, 우리의 선포도 헛되고, 여러분의 믿음도 헛될 것입니다."(고전 15:14; 17절과 19절도 참조) 예수님의 부활은 그분의 인격과 그분의 선포와 행위를 궁극적으로 확인해준 사건이다.

김은호 화백은 손의 못자국과 축복의 팔을 통해 부활한 몸의 실재와, 초월을 상징하는 황금색 바탕의 색감을 통해 하나님에게로 높이 올라가시는 그리스도의 현양(높임, Erhöhung)을 적절하게 표현한다. 이덕주 교수는 이 그림의 제목이 "부활후'(復活後)이지만 이 그림을 '황색 그리스도'(Yellow Christ) 혹은 '붓다 그리스도'(Buddha Christ)라고 부른다." 그 이유는 "전체적으로 그림 색깔이 아시아 색깔인 황토색(혹은 금색)으로 이루어졌고, 그리스도의 모습에서 전통 불상(佛像) 모습을 볼 수 있기 때문"이라는 것이다.

그림의 토착성을 끌어내기 위해 작가의 의도를 바꾸면서까지 왜곡할 필요는 없다는 생각이다. 그림은 분명 '부활후' 현현과 승천과 관련된 현양을 그리고 있는 것이 분명하다. 그러므로 황금색은 아시아색이 아니라 초월과 신성을 에둘러 나타내려는 상징이다. 그리고 그리스도의 표정이나 자세를 보면 불교의 아미타불(阿彌陀佛) 입상(立像)을 닮은 것이 아니라 조선 선비의 이상형을 더 닮았다.

이당(以堂) 김은호(金殷鎬, 1892-1979), <復活後>, 1962.

부드럽고 온화한 얼굴 모습, 정감적인 품위를 드러내는 단정하고 밝은 시선, 조용히 다문 입은 안정된 분위기를 자아내고, 진지하고 그윽한 눈빛과 오른손의 검지로 올라갈 하늘을 가리키고, 왼손으론 성령을 파송하면서 제자들(교회)을 축복한다. 십자가 → 부활 → 현양 → 성령파송(교회)은 이상적 선비상을 한 그리스도의 자태에 집약되어 나타난다.

처음교회 선포의 핵심은 예수님의 부활이다. 오순절 베드로의 긴 설교(행 2:14-36)의 클라이맥스는 부활이다. “이 예수를 하나님께서 살리셨습니다”(행 2:32). 종교심이 강한 사람들인 아테네 아레오바고 법정에 선 바울의 긴 설교(행 17:16-31)도 살아 계신 하나님을 전하는 것인데(행 17:25! 28!), 설교의 초점이면서 동시에 걸림돌은 죽은 사람들의 부활(18, 31-32절)이며, 아그립바 왕 앞에서의 해명에서도 부활을 증언하게 되어 고발당했음을 언급한다(행 26:8).

부활에서 중요한 것은 예수님께서 몸으로 다시 살아나셨다는 것이다. 파괴되고 죽음으로 꺾인 삶 자체가 새롭게 변화된 몸으로 다시 소생하셨다. 변화는 생명의 법칙이다. 하나님은 생명을 거두시지 않고 생명을 변화시키는 분이다. 이러한 신앙적 주장에 대해 일반적으로 사람들은 저항감을 느낀다. 죽임의 세력(악)에 대하여 생명이 승리했다는 사실에 대한 저항감, 불신과 완고함(막 16:14), 의심(마 28:17; 요 20:24-29), 비웃음(눅 24:11), 체념(눅 24:21), 불안과 경악(눅 24:37)으로서 성경이 다양하게 언급한 문제이기도하다.

(1) 경비병들이 자고 있는 동안에 제자들이 와서 시체를 훔쳐갔다는 보도는 부활을 거짓으로 돌리려는 가장 오래된 설명이다(마 28:11-15, 요 20:2). 믿을 수 없는 일에 대해서는 어떤 식으로든지 설득할만한 정당한 이유를 만들어내야 한다. 부활은 거짓이라는 주장이다.

(2) 둘째 반감은 합리주의적 정신이 지배하기 시작한 근대 이후에 아주 강하게 퍼지기 시작한 주장이다. 죽은 자의 부활은 역사 속에서 경험적으로 있을 수 없는 일이라는 전제하에 부활 신앙의 근거를 제자들의 심리적 변화나 처음 교회의 증언으로 설명했다.

메시아에 대한 제자들의 간절한 기대가 무의식 속에 투영되어 "예수가 살아 있다!"는 확신이 생겼다는 것이다. 아뜩한 절망을 극복한 이러한 의식은 내적으로 열망했던 것이 신체적으로 나타나는 듯한 환상을 만들었고, 무의식에서 생겨난 그 환상 속에서 바로 그 확신이 일깨워졌고, 이 확신을 다른 사람들이 받아들였고, 역사를 통해 전승되었다는 식으로 설명했다. 부활은 신앙의 요청 내지는 심리적 투사인바, 결국 허구라는 주장이다.

(3) 셋째는 예전적인 설명인데, 부활신앙이 예배 공동체의 예배

를 통해 생겨났다는 것이다. 교회는 예수님을 주님으로 예배하게 되었고, 이런 종교적, 영적 체험으로부터 한 인간 나사렛 예수와는 전혀 다른, 예배의 대상이 된 신앙의 그리스도상이 형성되었다는 것이다. 부활은 예배의 구성물이라는 주장이다.

이러한 주장들을 반대하기 위하여 정통주의 교회에서 부활의 일차원적 사실성에 집착하는 변증이나 교리가 생겨나고 크게 강화되었다. 오늘날 부활절 설교에서도 부활을 자연적 사건(natural fact)으로 여겨, 의심 많은 자들이 믿거나 말거나 상관없이 일어난 일반적 역사적 사실(historical fact)로서의 승인(assent)을 곧 신앙으로 생각하는데, 이 태도는 그리스도의 부활을 이해하는데 전혀 적합하지 않은 접근법이다.

성경의 어느 증인도 자기가 예수 부활 사건 자체를 직접 목격했다고 주장하지 않는다. 예수 부활은 성격상 물증을 찾아 입증할 수 있는 사실이거나 관찰될 수 있는 현상으로 격하될 수 없는 사건이다. '부활'이 검증 가능한 사실이냐 아니냐를 따지는 것은 '창조'나 '성육신'이 사실이냐 아니냐를 따지는 것처럼 조잡하고 무의미하다. 망원경으로 신을 보려는 태도와 같다 할 것이다.

예수님의 부활은, 마치 갈릴레이가 지동설 때문에 교리적 재판을 받으면서 지동설을 부인할 수밖에 없었는데 그러나 법정에서 나오면서 '그래도 지구는 돈다'라고 말했다는 식의 객관적 일반적 자연법칙에 종속된 사건이 아니다. 또 부활은 세상의 사건들 중 하나의 사건이 아니다. 그러므로 부활 신앙은 부활의 날자나 기록에 대한 확인일 수 없다. 예수님의 부활신앙은 부활한 자이신 예수님에 대한 신앙이어야 한다.

마가부터 마태 누가 요한에 이르는 복음서의 부활 증언만 잠시 살펴보더라도 예수님의 부활을 받아들이기가 얼마나 어렵고 그 진실과 의미를 체득하기까지 수십 년의 시간이 필요했음을 말해준다. 예수께서 부활하셨다. "부활"[ἔγερσις, ĕgĕrsis, 마 27:53; ἐξανάστασις, ĕxanasta- sis, 빌 3:11]은 처음 듣는 말이다. 말, 개념이라는 것은 사물이나 사건을 지칭하는 것인데, 지금까지 전혀 경험해보지 못한 일이 벌어진 것이다. 그게 무엇인지 잘 모른다. 충분히 이해하고 인식하고 받아들이기까지 시간이 걸린다.

마가복음에서 부활의 소식을 처음 들은 세 여인들은 너무 놀라, 뛰쳐나와 무덤에서 도망한다. 벌벌 떨며 넋을 잃었으며, 무서워서 아무에게도 말하지 못하고 있었다고 기록되어 있다(막 16:5,8) 그러나 마태복음은 "그 여자들이 무서움과 큰 기쁨으로 무덤을 빨리 떠나(도망한 게 아니다), 제자들에게 알게 하려고 달음질"(28:8) 했으며, "예수께서 저희를 만나 가라사대, 평안하뇨 하시거늘, 여자들이 나아가 그 발을 붙잡고 경배"(28:9)까지 한다. 누가복음의 엠마오 도상의 이야기나 요한복음의 도마의 고백과 막달라 마리아에게 나타난 예수님 이야기 등은 부활하신 주님을 알아차리고 인식하며 고백하기까지 많은 시간이 걸렸음을 말해준다. (나는 이 이야기들을 후에 성찰할 것이다)

예수님의 부활은 〈세상의 전환점〉을, 역사 안에 새로운 기원을 만든 엄청난 위력을 지닌 기폭제이며 인간-역사-자연의 새로운 시작을 터트린 사건이다. 부활은 세상 안, 예수님에게 일어난 사건이라는 점에서 시간 안에서 일어난 한 사건이지만, 〈세상의 전환점〉을 만든 사건이라는 의미에서 영원한 사건이다.

예수님의 부활을 시간 속에서 일어난, 과거에 일어난 한 사건으로 돌려서도 안 되지만, 부활을 시간과 역사의 사실과 무관한 신화(myth)나 전설로 만들어서도 안 된다. 신학이 역사의 무게를 경홀히 여긴다면, 그 삶의 뿌리를 자르는 것이며 신학의 탈역사성을 선전하는 것이다. 부활 사건에서 지식과 신앙의 오래된 문제와 상호관계가 첨예하게 시험된다. 신앙을 지식과 혼동해서도 안 되지만, 신앙이 지식과 전혀 무관한 것이 되어서도 안 된다. 신앙과 지식의 관계에서 지식은 신앙을 설명하고 이해하며 상술하는데 봉사해야 하며, 신앙은 지식의 목적과 질을 보증한다.

오늘날에도 부활을 역사적 경험의 범주로써만 보려는 시도가 활발하다. 이 방법에는 장점이 있다. 경험은 신적인 것과의 실제적인 접촉의 중요성을 환기한다. 그러나 경험자(수용자)의 주체적 한계에 관해서도 말해야 한다. 모든 인간 주체의 인식은 인식된 실재의 한 면만을 인식할 뿐이다. 그리고 그것마저 해석이 필요하다. 결국 이들의 관심은 근대 과학과 역사의 방법론과 범주의 틀을 벗어나지 못한다.

그러나 성경은 부활에서 예수님의 시신에 어떤 물리화학적 변화가 어떻게 일어났는가 하는데 관심이 없다. 부활의 메시지는 다시 살아나게 된 시신에 대한 것이거나, 죽음 이후의 삶에 관한 것이 아니다. 부활은 "그들의 영원한 집, 그들이 영원히 머물 곳"(시 49:11)은 더이상 "영원히 빛이 없는 세상"(시 49:19)인 "무덤"이 될 수 없음을 사건으로 천명한 진리이다. 이 진리가 십자가에 달린 자인 예수님의 부활을 통해 나타나게 되었다는 것이다.

전통적 기독교는 교리에서 출발했기 때문에 부활을 초자연적인 것으로 주장함으로써 현실 속에서 지속적으로 일어나는 부활의 실재를 참으로 보여주지 못하고, 과거 예수부활의 사실을 따지지 말고 믿으라고 주장하면서 끝나버린다. 그러면 믿음은 너무 쉽게 까막눈의 맹목적 복종이 되어버린다.

조금 머리를 쓰는 사람들은 경험에서 출발하거나 인간의 심리학에서 출발하려고 한다. 그래서 부활을 신앙의 경험, 신앙의 산물, 제자들에게 일어난 사건이라고 설명한다. 현대신학은 부활은 역사가 아닌 신화요, 예수의 신성은 종교적 체험이고, 십자가의 죽음에 대한 실존론적 해석으로 만족한다. 이렇게 함으로써 부활한 자의 형태를 공동체적 경건의 창조물로 여기고, 신앙의 그리스도를 역사의 예수와 분리시켜 부활신앙이라는 현상이 '나에게'(pro me) 갖는 중요성 내지 의의를 이해하는 것으로 만족하거나, 심지어 전자를 반지성적인 것으로 폄훼(貶毁)하려는 시도를 반복하고 있다.

그러나 부활신앙이 부활의 기초가 아니라 거꾸로 부활이 부활신앙의 기초다. 예수 부활의 사건은 '하나님 나라'(하나님의 다스림)의 선포자로서의 예수님이 선포 자체가 되신 예수님으로 전환된 이유를 설명한다. 우리가 생각해낸 범주(척도) 안에서 예수님의 부활을 생각하면, 부활은 특정한 종교적 충격, 초기 교회공동체 형성의 산물이나 신화로 생각하게 된다. 그리고 이러한 입장을 대단한 지성적 성실성의 승리라고 생각하는데, 이런 기독교는 나약한 윤리와 경건함으로 자족하고 만다. 부활은 종교적 경험을 통해서가 아니라 거룩한 하나님 자신을 통해서 일어난 사건이다. 부활은 이 세상의 질서 안에 있지만 세상의 법들 위에 계신 주님을 보는 것이다. 세상 사람들이 일반적으로 생각하는 것과 전혀 다른 일이 사실로 일어났다. 그것은 십자가에서 저주받은 자(신 21:23)가 하나님께서 축복한 자라는 것이다.

바울은 "그리스도께서 우리를 위하여 저주를 받은바 되사 율법의 저주에서 우리를 속량하셨다"(갈 3:13)는 해석을 내놓기도 했다. 가시관을 쓰신 이가 참된 왕이라는 선언이다. 죽음으로 사라진 자가 진실로 살아 있는 자라는 것이다. 그러므로 십자가와 부활은 하나의 사건이다. 부활은 십자가에 달린 자의 부활이요, 십자가는 부활한 자의 십자가이다. 더 간단히 말해 십자가의 부활이요 부활의 십자가이다. 모순, 역설, 철저한 뒤집음, 모든 경험에 반대되는 것들이 부활 사건을 통해 나타난다.

부활한 그리스도를 봄으로써 모든 일상성이 충격을 받고 어질어질 깨지고 싱그럽게 다시 돋는 것이다. 그래서 성경은 부활한 그분이 '나타나시고', '사라지시고', '갑자기' 방 가운데 서시고, 그리고 한 사람이 걸어가는데 그분이 '그와 나란히 서시고'… 등으로 예수님의 부활을 서술한다. 이것들이 부활한 그리스도가 살아가는 새로운 방법이다. 부활현상에 갑작스러움, 단절, 우왕좌왕, 모순이 동반되는 이유는 오래 견지해온 인간의 인식형식을 깨고 생명의 진리가 표현된 새로운 사건에 대한 새로운 언어적 형식이기 때문이다.

부활한 그리스도는 그분의 죽음 이전과는 전혀 다르고 보통 인간의 자연적인 몸(σῶμα ψυχικόν)과도 다른 "신령한 몸 σῶμα πνευματικόν"(고전 15:44)이라는 점이 강조되었다. 하나님은 우리의 몸과 접촉하신다. 부활의 희망은 추상적인 것이거나 몸이 없는 순수의식의 질이 아니다. 몸을 생각하지 못하는 희망은 희망이 아니다.

예수님께서 자연적인 몸으로 계실 때는 '오셨고', '가셨다'는 동사가 적용된다. 그러나 부활 이후에는 '나타나시고', '갑자기' 길 가는 사람과 동행하시다가 '사라지신다'(막 16:9,14; 눅 24:31, 36)는 동사가 사용된다. 부활하신 신령한 몸은 자연적 제약을 받지 않는다. 시간과 공간의 한계가 더이상 그분을 속박하지 못한다는 말이다.

우리는 한편으로 부활하신 그분을 보고, 그분에게서 듣고, 그분이 가까이 계심을 감지하고, 그분의 실제적인 몸을 느끼고, 손가락을 그분 상처에, 손을 그분의 옆구리에 넣어볼 수 있다. 부활은 단지 믿음의 사안만이 아니라 지각과 접촉의 일이기도 하다. 예수님은 믿음이 없는 자에게도 나타나신 바 있다. 부활은 우리가 이미 잃어버린 경험의 영역에 속한다.

그동안 지상에는 동·식물 종만이 멸종한 것이 아니다. 측정하고 계산할 수 없는 것에 대한 인간의 경험 감각 역시 사라졌다. 보이지 않는 것을 향해 눈을 돌리고, 그것을 시인이나 화가나 음악가들에게서처럼 상상력 안에서 구상적으로 볼 수 있는 상징적 사고의 능력이 상실되었다. 그러나 부활은 역사적 사건일 뿐 아니라 몸(육체, Soma)을 통해 지각하고 접촉할 수 있는 사건이다. 여기에 부활의 육체성이 있다. "육체는 하나님과 함께 사는 이웃 사람과 더불어 관계를 맺고 있는 전인간이다. 육체는 인간이 하나님과 자기의 이웃 사람을 만나는 장소다. 육체는 사귐의 가능성이요 그 현실이다"(발터 카스퍼).

그러므로 바울이 말하는 부활의 "신령한 몸"(고전 15:44, σῶμα πνευματικόν)은 생김새나 모양이 신기한 '영체'가 아니라 영에 의해서 그 질이 규정된 육체, 곧 하나님의 영에 의해 전적으로 규정되고 지배되는 육체를 말한다. 영은 육체를 구성하는 재료나 질료가 아니라 육체가 처한 차원을 말한다. 신령한 육체는 하나님의 차원에 있다는 말이다(카스퍼, 『예수 그리스도』).

부활은 시간과 공간 안에서 일어난 사건이다. 예수님의 성육신이 심리학적, 신화적 사건이 아니듯이 부활 역시 그러하다. 예수님은 부활했으며 우리의 주님이다. 무덤을 막았던 돌이 치워졌고 어둠과 죽음의 세력은 결국 물러갔다. 그러나 다른 한편, 우리는 주님을 아직 만질 수 없으며 그 상처에 손가락을 넣지 않고도 부활하신 예수님의 실재를 더 생생하게 경험할 수 있다. 부활은 〈세상의 전환점〉이 되는 영원의 사건이기 때문이다.

예수 그리스도의 인격적 정체성은 지상에서의 예수님의 존재와 행위 및 부활한 예수님의 존재와 행위를 포함한다. 예수님의 부활은 예수님의 신성만이 아니라 인간성에도 속한다는 말이다. 예수님의 부활은 묵시 종말론의 역사적 사건으로서 말구유에서 십자가에 이르기까지 지상 예수님의 삶 전체의 역사를 새롭게 읽고 보고 이해하고 살게 한다. 그래서 그리스도인은 한 유대인 나사렛 예수님을 하나님의 아들, 주님, 그리스도로 고백하는 것이다.

그러나 부활신앙은 예수님을 단지 경배의 대상으로만 만들지 않는다. 부활은 예수님의 삶 전체가 인간의 육안으로 알아보고 끝나는 역사가 아니라 하나님의 역사, 하나님의 구속과 새 창조의 역사가 되었음을 말한다. 이런 의미에서 나사렛 예수는 우리의 주님(Kyrios)이시고 '그리스도'인 것이다.

복음서는 단지 역사적 '역사의 예수'에 관한 기록이 아니라, 부활하신 그리스도의 삶의 이야기를 복음으로서 현재화하는 이야기다. 부활하신 예수님의 역사는 사실의 나열이 아니라 진리를 추구한다. 그래서 최초의 복음서 마가는, 부활하신 "하나님의 아들 예수 그리스도의 복음의 시작은 이러하다"(막 1:1) 말하면서 시작한다. 이런 의미에서 복음서의 예수님이 "유일한 실제 역사적 예수다"(로핑크, 『예수마음코칭』, 45). 성령의 능력 안에서 부활하신 그리스도와 함께 다시 살기 위하여 계산적, 대상적 사유로 죽은 심신을 일으켜 치열하게, 더욱 치열하게 사고하자, 살자.

부활의 지평

22. 부활(3). 성령의 사귐 안에 있는 부활

묵상본문: 롬 8:11

He Qi(何琦), 〈부활절 아침〉

"당신이 만일 예수는 주님이라고 입으로 고백하고, 하나님께서 그를 죽은 사람들 가운데서 살리신 것을 마음으로 믿으면 구원을 얻을 것입니다"(롬 10:9). 바울의 이 유명한 부활선포에 집약된 골자는 다음 세 가지다.

첫째, "예수는 주님이다"라고 입으로 하는 고백이다.

둘째, 하나님께서 예수를 죽은 사람들 가운데서 살리신 것, 즉 부활을 마음으로 믿는 것이다.

셋째, "예수는 주님이다"는 고백과 "하나님께서 그를 죽은 사람들 가운데서 살리신 것"인 부활에 대한 믿음은 사실 깊이 연관된 사안인데, 그것은 성령 안에서 가능하다는 것이다.

그래서 부활고백에 〈성령〉을 명시적으로 추가하여 "하나님께서 〈성령의 안에서〉 예수를 죽은 사람들 가운데서 살리셨다"라고 쓰여야 한다. 바울은 부활한 자의 '영'을 언급한다. "예수를 죽은 자 가운데서 살리신 이의 '영'이 너희 안에 거하시면, 그리스도 예수를 죽은 자 가운데서 살리신 이가 너희 안에 거하시는 그의 영으로 말미암아 너희 죽을 몸도 살리시리라"(롬 8:11).

부활하신 그리스도를 믿는다는 것은 부활이라는 사실의 긍정으로 그치는 것이 아니라 부활의 영에 사로잡히고 미래 세계의 능력에 참여하는 것을 의미한다(히 6:5). 하나님은 〈성령의 사귐 안에서〉 그리스도를 죽은 자들로부터 깨우신(auferwecken) 분이고, 그리스도는 〈성령의 사귐 안에서〉 죽은 자들로부터 일어난(auferstehen) "첫 열매"(고전 15:20)이다.

부활을 주제로 그린 그림에서 성령을 찾아보기 어렵다. 아주 장시간 찾고 찾다가 우연히 아래의 그림을 발견했다. 작가 He Qi(何琦)는 미국에서 활동한 중국 화가인데, 그의 그림은 서양 야수파(마티스, 마르케 등)의 화풍을 동양적으로 이어받아 변형한 그림이라고 평가받는다. 그는 일련의 성경 이야기를 그렸다. 그림의 화려한 색채가 성령의 임재를 드러내는 상징이 아닐까 하는 생각이다. 전통적인 그림에서 부활한 예수는 승리의 십자가 배너를 들고 있는데, 여기서는 순결과 정화를 상징하는 빛나는 백합을 들고 계신다.

'예수님의 세례'에 비해 성령과 관련된 부활 그림이 거의 전무한 이유는 성경 본문에도 부활을 성령과 관련하여 언급하지 않았고, 신학에서도 예수님의 부활과 성령을 연관시켜 생각하지 않았기 때문이 아닌가 싶다. 최근 신학에서 '영-그리스도론'이 새로운 주제로 부상하는데 그리스도론의 성령 망각을 자성하는 장점도 있지만 영-그리스도론은 예수님을 영의 사람이라고 말함으로써 양자론에 빠질 위험이 있다고 비판받기도 한다.

He Qi(何琦), <부활절 아침>

예수님의 역사에서 성령은 일구월심(日久月深) 늘 동반되었다. 예수님은 성령으로 잉태된 분이다. 예수님이 세례를 받고 나오실

제 성령이 비둘기같이 임했다. 예수님의 광야시험도 성령이 내보내신 것이다. 누가는 예수님의 공생애를 성령의 기름부음으로 시작한다(눅 4:18f.; 행 10:38). 공생애의 사역이 성령의 능력 안에서 이루어졌다는 것이다. 예수께서는 제자들에게 성령을 약속하신다. "아버지께서 내 이름으로 보내실 성령께서, 너희에게 모든 것을 가르쳐 주실 것이며, 또 내가 너희에게 말한 모든 것을 생각나게 하실 것이다"(요 14:26) 성령은 예수님의 구원의 신비를 제자들에게 알려주실 것이다. "성령이 나의 것을 받아서 너희에게 알려주실 것이라고 말한 것이다"(요 16:5) 그리고 예수님은 부활 후 제자들에게 나타나시어, "그들에게 숨을 불어넣으시고 말씀하셨다. 성령을 받아라."(요 20:22) 하고 성령을 부어주셨다. 이렇게 볼 때 예수님의 부활을 성령과 관련하여 골똘히 생각하는 것은 신학적으로 옳고 좋다는 생각이다.

부활을 성령과 관련시켜 언급한 희귀한 구절은 두 단계 그리스도론이라고 이름 붙여진 로마서의 서두(롬 1:3f.)이다. "성결의 영으로는 죽은 자들 가운데서 부활하사 능력으로 하나님의 아들로 선포되셨으니 곧 우리 주 예수 그리스도시니라"(롬 1:4). 양자론은 하나님이 예수님을 하나님의 아들로 양자(養子) 삼았다는 잘못된 교리인데, 성령과 관련시켜 양자된 시점을 부활로부터 예수님의 지상 사역을 거슬러 올라가 세례와 잉태의 어느 한 지점에서 찾았다.

양자설은 예수님의 존재를 더 거슬러 올라가 요한복음 1:1-18, 빌립보서 2:5-11, 골로새 1:15-20 그리고 히브리서 1:1-14 등의 본문을 근거로 선재(先在) 그리스도론을 주장함으로써 부정할 수 있게 되었다. 선재(로고스) 그리스도론은 그리스도(=하나님의 아들)께서 영원 전부터 성부와 함께 계시는, 성부, 성자, 성령의 삼위일체론을 가능하게 한 중요한 교리이다.

①그리스도의 선재 - ②성령잉태 - 《③세례 - ④공생애 - ⑤십자가》 - ⑥부활/승천 - ⑦재림

③④⑤는 경험적 역사로 확인할 수 있는 영역이며 ①②와 ⑥⑦은 일반적 경험세계를 넘어가는 역사이다. 예수님께서 도래할 '하나님 나라'(하나님의 다스림)로부터 구원을 선포하고 바라보았다면, 처음 교회는 하나님 나라를 이미 현재화한 그리스도로서의 부활하신 예수님을 기억하면서 바라보았다. 그러므로 예수님의 본질적 신성을 부정하려는 무리들은 세례 시 예수님이 하나님의 아들로 선언되었다거나 부활의 능력으로 하나님의 아들로 받아들여졌다는 양자설을 주장한다. 근대에는 보통 인간이 추월할 수 없는 인간 예수가 갖춘 탁월한 종교적 혹은 도덕적 인격에 대한 상징으로 신성을 인정하기에 이르는 영적 인간 예수로서의 영-그리스도론을 전개한다.

일반적 역사와 초역사라고 말하는 역사의 의미지평 사이가 벌어져 건널 수 없게 된 큰 틈(갭)은 이성적으로 해결할 수 없다. 사실 신학에서 이 틈을 벌려놓은 주범은 레싱(Gotthold Ephraim Lessing, 1729~1781)이후 근대의 합리적 이성이다. 근대 이성의 핵심은 과학적 세계관이고, 이 세계관이 전통적 기독교 신학 앞에 난공불락의 성벽으로 나타난 것이다. 이 성의 문을 열 수 있는 유일한 방법은 이성이라고 가르친다. 그러나 신학과 교회에서 성육신의 문제나 부활의 문제는 일반적 역사 이성의 문제가 아니라 성령의 역사의 문제다. 신학은 이성의 가치를 평가하지만, 이성으로 믿음의 감각, 소망의 감각, 사랑의 감각과 가치를 생산할 수 없음 또한 자명하다.

십자가와 부활 및 부활 이후에 전개되는 교회 사이를 역사적 관점으로 나누어 부활 이전의 역사적 예수(pre-Easter Jesus)와 부활 이후의 신앙의 그리스도(post-Easter Christ)로 분리하는 신학은 역사 비평적이라고는 하지만, 신앙의 깊이와 두께가 없어 보이고 신앙의 실재를 이해하려는 방법에서도 충분하지 못하다. 예수 세미나 연구가들은 복음서 이전의 예수 말씀과 행위에 집착하더니 그 연구에 만족하지 못한 듯, 복음서를 "기억된 역사와 해석된 역사의 결합"(보그/크로산)이라는 입장으로 한 걸음 물러선다.

그러나 이들에게는 사실상 복음서를 이끄는 "성령의 역사"가 아직 눈에 들어오지 않는다. 역사이성이라는 전제를 깔아 놓았기 때문일 것이다. 이것은 성령의 역사를 인간 경험의 해석의 역사로만 본다. 포이어바흐 이후 신학의 인간학적 환원은 여전히 예수의 무덤 입구를 막아놓은 크나큰 바위다. 포이어바흐의 후예들은 천사가 치운 돌을 다시 애써 끌어다 입구를 막아놓았다. 그러나 물은 위에서 아래로 흐르고 기체로 변형되어 위로 올라가기도 하며, 바람은 불고 싶은 대로 분다.

이들은 부활이 예수님 생애에 대한 제자들 혹은 처음교회에 발생한 사건에 대한 해석학적 표현에 다름 아니라고 말한다. 그 이유는 신학적 범주는 인간학적 및 역사적 범주의 신화적 전이에 다름 아니며, 따라서 십자가나 부활 사건에서 역사한 성령을 이들은 인간의 이름으로 말해야 명쾌하고 정직하다고 보기 때문이다. 그러나 역사적 이성은 하늘과 땅, 부활의 역사와 십자가의 역사, 이 둘 사이를 나누고 분리하지만 성령은 연결하고 결합한다. 성령 안에서 십자가에 달린 자의 부활과 부활한 자의 십자가는 떼려야 뗄 수 없는 관계이다. 위 도표에서 ②와 ③ 사이, ⑤와 ⑥ 사이에서, 역사 이성은 건널 수 없는 도랑을 파지만, 성령은 그 사이에 다리를 놓는다.

예수님의 부활을 죽은 몸이 소생한 역사적 사건으로서 죽음 이전과 죽음 이후를 연결하는 동일한 종류의 단순한 역사적 연속성으로 보면 안 된다. 부활은 "생명을 주시는 영"(고전 15:45)에 의하여 모든 인간의 몸과 삶에 접촉하여 변화시킬 수 있는 새로운 실존의 형식으로 여겨져야 한다. 부활은 옛 세계를 마감하고 새로운 세계를 여는 사건이다. 부활을 통해 예수님은 단지 유대인의 메시아가 아니라 "새 아담"(고전 15:45; 롬 5:12–21)이며 "새 인류의 맏이"(롬 8:29; 골 3:11)임을 드러낸다. 일반 역사가 객관적이고 보편적인 양 자신의 방법과 틀을 고집하여 〈성령〉의 역사를 배제하는 한, 역사적 방법은 이 창조적 변형의 문제는 영원히 해결할 수 없는 난제로 돌릴 것이다.

〈성령〉은 아버지와 아들 사이의 일치의 끈이다. 그러므로 영 안에, 하나님의 아들과 예수의 인간본질 사이에 무한한 개방성, 표현할 수 없는 친밀함, 알 수 없는 내적 삶의 신비가 있다. 이 영 안에서 그분은 살고 말하고 활동한다. 이 영 안에서 그분은 운명을 감수하셨고 죽으셨고 부활하셨다. 이 영 안에서 변모된 주님으로서 변화되어 부활하셨다.

〈성령〉은 동시에 삼위 하나님과 창조세계 사이의 일치의 끈이다. 이 일치는 사랑의 일치인바, 서로 다른 것을 하나 되게 하면서 동시에 자유하게 한다. 영이 있는 곳에 자유가 있으며(고후 3:17), 영은 흡족하고 흐뭇한 하나님 사랑의 흘러넘침, 풍성하게 넘치는 하나님의 사랑이다.

〈성령〉은 예수 밖의 또 다른 계시자가 아니라, 부활하신 예수 그리스도를 우리를 위하여 생각나게 하고, 우리를 위하여 예수님께서 현재화되는 능력이다. 성령의 현존 안에서 과거로 돌아가 기억 속에 떠오르는 과거의 예수상이 아니라, 현전할 뿐 아니라 말씀하고 요구하며 미래를 제시하는 살아 계신 예수를 마주하게 한다. "성령이 나의 것을 받아서 너희에게 알려 주실 것이라고 말한 것이다"(요 16:5). 성령을 힘입지 않고서는 아무도 "예수는 주님이시다" 하고 말할 수 없으며"(고전 12:3), 아버지에게 이를 수 있는 길도 없다(롬 8:15; 갈 4:6). 성령은 예수 그리스도를 통해 나타난 객관적 계시의 주체적 현실성이며 가능성이다. 성령은 예수 그리스도를 기억나게 하고 현재화 한다.

십자가에 달린 자의 부활을 통하여 능가할 수 없는 궁극적인 새로움이 성취되었다. 성령은 이 새로움을 항시 새롭게 우리의 삶의 길 앞에 제시할 것이다. 성령은 하나님이 열어놓으신 새로움을 위한 열려진 여백이며, 늘 푸르른 삶, 변형된 삶을 위한 새로운 능력이다. 부활하신 그리스도, "마지막 아담은 생명을 주시는 영"(고전 15:46)이다. 성령은 세계에 임한 예수 부활의 현존 양태(mode)이다.

하나님은 성령 안에서 죽은 자들 가운데서 예수를 살리셨을 뿐 아니라, 성령은 새 창조의 권능이다. 예수 부활은 새 창조의 첫 열매이다. “그리스도께서는 죽은 사람들 가운데서 살아나셔서, 잠든 사람들의 첫 열매가 되셨습니다”(고전 15:20).

우리는 〈십자가〉로 말미암아 죄사함을 받고 〈부활〉로 말미암아 중생과 성화를 이룩한다. “그의 많으신 긍휼대로 예수 그리스도를 죽은 자 가운데서 부활하게 하심으로 말미암아 우리를 거듭나게 하사 산 소망이 있게 하십니다”(벧전 1:3; 롬 4:25도 참조!). 부활은 우리 인간의 거듭남과 성화 그리고 하나님 나라에 대한 산 소망의 무궁한 원천이다.

부활의 지평

23. 부활(4). 부활절의 실존. 시간에서 영원으로

묵상본문: 요한복음 21장

두초(Duccio), 〈디베랴 호수에 나타나심〉, 1308-11.

너 시온아, 깨어라, 깨어라!
힘을 내어라.
거룩한 성 예루살렘아,
아름다운 옷을 입어라.
(사 52:1)

예수 그리스도의 부활은 내재적 삼위일체 하나님의 사건만으로 완결되는 것이 아니다. 부활은 십자가에 달려 돌아가신 예수께서 살아 돌아온 것을 보는 가시적 현상만도 아니다. 부활은 예수님에게만 고립적으로 일어난 사건이 아니다. 부활은 중립적으로 관찰하거나 객관화할 수 있는 사건이 아니다. 부활은 구경꾼이 볼 수 있는 사건이 아니라 믿는 자가 되어야 이 사건을 경험할 수 있다. 믿음이 없고 마음이 무디면 부활하신 예수님께서 제자들과 우리에게 나타나신 것을 믿지 못한다(막 16:14).

그러므로 예수님에게 일어난 부활은 또한 동시에 제자들의 심령(삶 전체, whole living) 속에 일어난 사건이다. 부활은 새로운 하나님의 백성으로서 개인의 삶 속에서 늘 새롭게 그분의 삶을 살아갈 수 있게 꾀어내고 끌어당기는 믿음의 사건이다. 신약성경의 소위 부활 현현 본문들은 예수님의 부활이 〈제자〉들에게 일어난 그리고 또한 〈우리〉에게 일어나고 있는 큰일(위대한 사건)임을 말해준다.

두초(Duccio), <디베랴 호수에 나타나심>, 1308-11.

시간적 존재인 인간의 삶은 죽음을 향해가는 것이 아니라 영원을 향해간다는 것이 부활 현현 사건의 의미이다. 부활절의 실존에게 죽음은 사라진다. "우리가 알기로, 그리스도께서는 죽은 사람들 가운데서 살아나셔서, 다시는 죽지 않으시며, 다시는 죽음이 그를 지배하지 못합니다"(롬 6:9). 부활절의 실존에서 실(實)이 진(眞)이 된다. 서 있는 곳마다, 사는 곳마다 참되다. 예수님의 부활을 보고 경험한 우리의 형색(形色)이 참된 모습으로 여여(如如)히 아름답게 드러난다.

요한복음 20장 전반부에서, 무덤을 향하여 경쟁적으로 달려갔던 베드로와 다른 제자는 예수께서 부활하셨다는 사실은 알지 못하고, 무덤이 비어 있었다는 사실만을 확인하고 자기 집으로 돌아온다. 그들은 예수님이 무덤에 不在하신다는 사실만 확인한 것이다. 그러나 예수님께서는 무덤을 서성이면서 슬피 울고 있던 막달라 마리아에게 나타나신다. 막달라 마리아는 부활하신 예수님을 붙잡지는 못했지만, 두 눈으로 주를 보았다고 제자들에게 증언한다(20:11~18).

예수께서는 이어 부활절 저녁에 제자들에게 나타나시고, 도마에게는 네 손가락을 내밀어 상처 난 내 옆구리에 넣어보고 믿으라고까지 말씀하신다(20:19-29절). 그리고 30-31절에서 복음서를 기록한 목적을 말하고 마감하는 듯한데, 21장이 이어지면서 여러 제자들[베드로, 도마, 나다나엘, 세베대의 아들들(야고보와 요한), 또 다른 제자 둘 = 7명]에게 나타나심을 추가로 기록하고 있다.

요한복음 20장과 21장에서 부활 사건은 단지 예수님의 부활로 끝나는 것이 아니라 과거 제자들에게 끊임없이 나타났고, 바야흐로 이제 우리에게 나타나 '예수님은 계속해서 살아계시며 계속해서 활동하심'을 증거하는 말씀임을 보여준다.

요한복음은 부활 현현을 제자들의 '부활절의 실존'과 관련짓는다. '부활절의 실존'이란 예수님의 부활 현현을 직접 두 눈으로 보고, 주님을 생생하게 받아들이고, 떨리는 심정으로 사랑을 고백하고, 울렁울렁 사명을 인식함으로써 주님 안에서 숨을 쉬고 묵묵히 겸손하게 주를 따르는 삶을 말한다. 부활 사건은 내 밖에서 일어난 우주적 현상이 아니라 제자들의 존재 안에서 부활하신 예수님을 구체적으로 보고 접(接)하고, 마음과 삶으로 주를 영접하고, 자비와 정의의 주님을 따르겠다고 고백하는 믿음의 사건이다. 요한 21장에서 베드로를 위시한 제자들은 앞서 제자들(도마나 막달라 마리아)보다 더 구체적으로 주님을 만난다.

① 20장에서 막달라 마리아는 주님을 본데 그친다.
② 도마는 주님을 만질 수 있도록 허락된다.
③ 21장의 제자들은 디베랴 호숫가에서 이른 아침에 숯불을 피

워놓고 잡은 고기를 예수님과 함께 구워먹는다. 예수님께서 제자들에게 마지막 만찬에서처럼 떡도 주시고 생선도 주신다. 제자들이 "주님이신 줄 아는 고로 당신이 누구냐고 감히 묻는 자가 없다"(21:12).

이 말씀은 한갓 눈앞에 목격된 예수님의 시각적 확실성을 확인해주는 언급이 아니다. 이 말씀은 예수님께 절대 귀의하고 전적으로 의존하게 되어 영원의 문턱에 이른 실존의 고양된 상태, 주님에 대한 외경과 존재의 농현(弄絃)을 말하는 것이다. 주님께 대한 외경과 주님과 접(接)함으로 인한 존재의 농현은 여기에 있는 그 어떤 사람보다 영원한 주님을 더 사랑하고, 세상의 그 어떤 물질과 화려함과 명예의 미혹보다도 영원한 주님께 전적으로 귀의하는 삶으로 표현되어야 함을 보여준다. 주님과의 상교(相交)와 상응(相應)을 넘어 상합(相合)의 경지에까지 들어가는 것이다.

바울의 표현을 빌려 말하면, 베드로는 주님을 부인했던 자로부터 주님을 고백하고 따르는 자로 넘어가고, 시간으로부터 영원으로 들어가는 자로 훌러덩 넘어가 변형된다. "그분은 만물을 복종시킬 수 있는 권능으로, 우리의 비천한 몸을 변화(μετασχηματίσει)시키셔서, 자기의 영광스러운 몸과 같은 모습이 되게 하실 것입니다"(빌 3:21)

사랑(φιλέω)은 타인을 통해 자기 존재의 절대적 유일성과 영원성을 인식하는 사건이다. 베드로는 세 번째 거듭되는 예수님의 사랑 물음에 "내가 주님을 사랑하는 줄을 주님께서 아십니다σὺ γινώσκεις ὅτι φιλῶ σε."(요 21:17)라고 답변함으로써 주님과 서로 사랑의 깊은 자기 긍정의 경지에 도달한다. 부활의 현현은 사랑하는 삶의 절대 긍정, "나를 따라라!"(요 21:19)를 의미한다. 사랑하는 삶의 존재는 어둠 속에서도 빛나고 절망적 상황 속에서도 희망을 놓지 않는다. 영원에 붙잡힌 실존이 되었기 때문에 아낌없이 자기를 내어주고 거침없이 나아간다. 성육신 믿음과 더불어 육의 부활에 대한 희망은 기독교의 깊은 차안성(본회퍼)에서 형형(炯炯)한 영원을 의미한다.

바울은 차안성에 대한 증거로 그리스도께서 500명이 넘는 제자들에게 나타나셨고 맨 나중에 나에게도 나타나셨으며(ὤφθη 고전 15:8), 주님을 "보았다"(ἑόρακα 고전 9:1)고도 고백한다. 부활하신 주님을 '봄'은 단도직입(單刀直入)적인 순수 생명 체험이다. 바울에게 예수님의 나타나심은 그의 기대와 의지에 거슬러서 일어난 전적인 수동적 사건이다. 예수님의 나타나심은 바울을 전적으로 회개시킨다(행 9장). 바울은 그리스도에게 홀딱 반하여 "나는 그리스도에 의하여 사로잡혔다"(빌 3:12)는 능동적 자기 변모를 고백하는 삶을 살아나간다. 부활하신 예수님이 바울 안에서 살아계신 분으로 경험된다. 예수님의 부활은 바울의 부활이 되고, 주님의 생명은 바울의 생명이 된다.

모든 사람들이 죽은 예수님을 "살아 계신 분"으로 보았다는 보도에 일치한다. 그들은 예수님이 이 삶으로 돌아왔다고 말하지 않는다. 환생이 아니다. 그리스도가 그들의 삶 속에 "나타난" 하나님의 영광 속에 살아 계신다.

우리가 "전혀 다른 것"을 보고 경험할 때, 우리 자신은 철저히 변화된다. 우리 자신이 변화되지 않는다면 '전혀 다른 것'과 교감하고 소통할 수 없다. 바울은 주님을 박해하던 자로부터 주님을 고백하며 따르는 자로, 주님의 이름으로 박해받는 자로 훌러덩 변신한다. 부활하신 그리스도의 경험은 존재와 삶을 변화시키는 경험들이다(행 9:22, 28). 그렇지 않다면, 우리는 그것을 내면화하지 못하고 단지 그것을 지식으로 소유하거나 그것의 이질성을 배제하려고 할 것이다.

부활의 영은 부활의 능력이다. 그러므로 부활을 믿는다는 것은 예수님 부활의 사실을 긍정하는 것으로 그치는 것이 아니라, 살리는 영에 사로잡히고 미래 세계의 창조적 능력들에 참여하는 것을 뜻한다. 부활의 영을 통하여 다시 태어나는 자는 단지 "악한 세계"로부터 빠져나오는 것으로 끝나는 것이 아니라, 고난당하는 피조물에 더욱 민감하고 섬세하게 반응하며, 그들의 해방을 위하여 부름받으며, 새 창조를 위하여 생동하게 되는 것을 의미한다.

예수님의 부활 사건은 부활하신 예수님의 성령 파송과 제자들 안에 임한 성령의 현존으로, 예수님을 주님으로 알아봄으로써 사명을 자각하고 참된 자기 존재를 인식하는 〈인간학적 사건〉이다. 이들은 〈하나님〉의 형상을 회복한 사람, 〈예수 그리스도〉의 은혜를 호흡하는 사람, 〈성령〉 안에 웅거(雄據)하는 사람, 부활절의 〈실존〉으로 변형된 사람들이다. 바울은 변형된 부활절의 실존 모습을 이렇게 비유로 열거한다. "죽은 사람들의 부활도 이와 같습니다. 썩을 것으로 심는데, 썩지 않을 것으로 살아납니다. 비천한 것으로 심는데, 영광스러운 것으로 살아납니다. 약한 것으로 심는데, 강한 것으로 살아납니다. 자연적인 몸으로 심는데, 신령한 몸으로 살아납니다"(고전 15:42-44).

부활은 하나님께서 성령 안에서 예수님을 통해 하신 일, 그분을 죽은 자들로부터 일으키시고, 이어 그분을 〈제자들 앞에 나타내 보이신 사건〉이다. 더욱이 부활은 성령께서 부활하신 예수님을 주님으로 믿고, 숨 쉬는 우리 안에서 우리를 거듭나게 하고, 성화에 이르며 영원하신 하나님의 성품에 참여하여 신화(神化, theosis, deification)되도록 초대받는 사건이다.

우리는 첫째 아담의 타락으로 인해 상실했던 하나님의 형상을 둘째 아담 그리스도의 복종과 죄없음과 죽음에 대한 부활의 승리를 통하여 하나님의 형상을 회복한다. 하나님의 형상이란 거듭난 한 사람의 생명 전체에서 다채롭게 빛나는 풍미이며 멋이다. 교부 이레나이우스는 이것을 '총괄갱신'(recapitulation), '만물의 회복'(ἀποκατάστασις πάντων, 행 3:21)이라 칭했다. 갱신은 단지 과거 상태의 회복만을 말하는 것이 아니다. 갱신은 하나님의 형상을 새롭게 한다는 것으로서 가능한 지고의 완전의 상태까지 이른다는 것이다. 예수님의 부활은 부활의 첫 열매가 됨으로써 부활에 대한 산 소망을 갖게 하고(벧전 1:3), 성령 안에서 거듭나서 새로운 〈부활절의 실존〉이 탄생하는 원형적 사건이다.

부활의 지평

24. 부활(5). 부활의 교회 - 교회의 부활

묵상본문: 행 2장; 행 16:5; 마 16:17-20

[이미지]상트페테르부르크의 〈부활교회〉

이미지는 세계에서 가장 아름다운 교회 중 하나라는 러시아 상트페테르부르크의 〈부활교회〉의 모습이다. 본 주제에 맞는 그림을 찾다 못 찾아 사진으로 대신한다. 정면 궁륭에 부활하신 그리스도가 조각되어 있다.

오늘은 '부활이 교회의 출발'이라는 주제로 성찰하련다. 물론 나사렛 예수님의 제자들 부름부터 교회라고 말할 수도 있겠다. 그런 논의는 여기서 생략하기로 한다. 예수님의 부활이 각자의 인격에 역사할 때 〈부활절의 실존〉으로 변한다면, 공동체에 작용하여 〈교회〉를 형성한다고 보는 것이 더 자연스럽다.

예수님이 십자가의 죽음에서 그의 영을 하나님에게 '맡긴' 행위는 교회의 탄생을 위하여 그의 영을 '넘긴' 행위이며, 부활의 영 안에서 인류 안에 들어와 공감과 사귐의 소통 공동체인 교회가 시작된다. 교회는 믿는 사람들의 공동체로서 삼위 하나님의 교제 가운데 찬연히 빛나는 참된 선함의 아름다움을 그리스도인으로 하여금 닮아가게 하고 세상에 증거하게 한다.

교회를 개척하고 전도하고 부흥회하고 프로그램 진행하고 새벽부터 잠자리에 들 때까지 기도회와 예배를 인도하고 사람 만나고 심방하고 경조사 인도하고 여행하고...... 건축하고 선교사 파송하고 계속 선교의 욕망을 안고 40년 이상 일평생 목회에 헌신하는 한국의 일반적인 목회자의 삶보다 근원적으로 앞서 있는 교회에 대한 주님의 말씀은 복음서 특히 마태복음에서 찾아볼 수 있다.

역사적으로 교회가 위기에 처해 있지 않은 시대가 없는 것 같고, 교회가 위기다, 라고 말하지 않은 때가 없지만, 아무리 위기의 원인을 분석하고 현상을 진단해도 어제의 눈꼴사나운 교회의 모습이 오늘 되풀이되고, 내일 또 거기 추레한 혹은 경직된 혹은 지루한 혹은 자기를 변호하는 모습으로 있을 것이지만, 이제 나는 그런 체념과 예측과 비판의 태도에 별 흥미가 없고 다만 첫 사랑의 때를 되새김질하면서 교회를 사랑하고, 거기에서 다시 신약성경의 교회를 찾아가야겠다고 마음먹게 된다.

상트페테르부르크의 <부활교회>

교회가 나아가야 할 미래가 있다면, 그것은 예수 그리스도이시다. 교회가 기억해야할 전승이 있다면, 그것은 오직 예수 그리스도인 것처럼, 교회는 오늘 다시 그분을 찾고 늘 새롭게 만나고 그분에게 겸손히 묻고 경청해야 한다. 그리스도께서 베드로의 고백 위에 자신의 교회를 세우셨다. 그러므로 죽음의 문들이 그것을 이기지 못할 것이다(마 16:18).

하나님 나라(하나님의 다스림)를 전하기 위해 예수님을 중심으로 모였고, 예수님께서 제자들을 파송했던 제자들의 공동체를 교회, 혹은 교회의 전신으로 볼 수 있을 것이다. 예수께서 직접 〈교회〉를 언급하시기도 했다. 빌립보 가이사랴 지방에 이르러 예수님에 대한 베드로의 고백이 이루어지고, 예수님께서 자신의 죽음과 부활을 처음 예고하던 때에 그분은 자신의 전권으로 교회를 세우신다는 말씀을 하신다. "너는 베드로다. 나는 이 반석 위에 내 교회를 세우겠다"(마 16:18). 이 말씀을 통해 교회가 제정되었다고 말할 수 있다.

그리고 요한 21장에서 부활 후 주님은 베드로에게 세 차례에 걸쳐 사랑의 다짐을 받고 사명을 위임한다. "내 어린 양을 먹이라", "내 양을 치라", "내 양을 먹이라"는 말씀은 교회를 전제한 말씀이다. 사실 이것이 바로 교회다. 교회의 시작은 부활 후 그리스도의 현현과 임재의 시간이다. 교회는 부활하신 그리스도의 영광 안에서 지금 세상을 아름답게 하라는 그리스도의 계명을 따름으로써, 아름다움 자체이신 살아계신 삼위 하나님의 영광에 야무지게 참여한다. 교회의 선교는 인간의 소외와 비진리, 거짓과 추함으로부터의 해방과 하나님 나라의 참된 선함의 아름다움과의 보편적 교제를 위한 자유를 증언하는 것이다. 부활하신 예수님은 전도를 이스라엘에만 국한 하시지 않고 모든 민족들에게 하라고 명령하신다(마 28:19).

상트페테르부르크의 <부활교회>

예수승천 이후 성령강림의 시기에 교회는 왕성하게 자란다. 복음서의 개별적인 혹은 소그룹에 나타난 부활하신 예수님의 현현은 예수승천 후에도 계속되었는데, 그것이 사도행전 2장에 기록된 성령강림절 사건이다. 성령강림절 베드로의 설교에서 부활의 교회론적 차원이 명백히 드러난다. "'이스라엘 온 집안은 확실히 알아두십시오. 하나님께서는 여러분이 십자가에 못 박은 이 예수를 주님과 그리스도가 되게 하셨습니다"(행 2:36). 부활하신 예수님의 "성령을 받아라"는 축복의 말씀은 성령강림절을 통해 대대적으로 일어난다. 성령강림절은 주님의 부활 체험이 공동체적으로 일어난 사건이며 공동체적 기억 속에 전승된다.

교회는 마땅히 하나님 나라의 공개적인 도래 속에서 자신을 끊임없이 쇄신해야 한다. 예수님은 믿음, 자유 그리고 사랑의 교회를 원하신다. 이것은 가톨릭교회의 위험이다. 그렇지만 그분은 결코 개인주의적 경건은 원하지 않는다. 교회의 정신적 순수성을 강조하여 예전적 공동체성을 소홀히 하거나 성령체험만을 위주로 삼는 성령주의적 교회는 온전하지 못하다. 이것은 개신교의 위험이다. 교회의 사명은 평화의 왕이신 예수 그리스도의 평화 사역을 이 세상에 펼치는 것이다. 평화는 성도들이 교제하고 소통하는 공동체가 그 모델이다. 바울은 에베소서에서 평화를 다양성 속에서의 일치를 향한 참된 사귐과 화해의 아름다움으로 말한다.

> 그리스도는 우리의 평화이십니다. 그리스도께서는 유대 사람과 이방 사람이 양쪽으로 갈라져 있는 것을 하나로 만드신 분이십니다. 그분은 유대 사람과 이방 사람 사이를 가르는 담을 자기 몸으로 허무셔서, 원수 된 것을 없애시고, ... 이 둘을 자기 안에서 하나의 새 사람으로 만들어서 평화를 이루시고, 원수 된 것을 십자가로 소멸하시고 이 둘을 한 몸으로 만드셔서, 하나님과 화해시키셨습니다. 그분은 오셔서 멀리 떨어져 있는 여러분에게 평화를 전하셨으며, 가까이 있는 사람들에게도 평화를 전하셨습니다. 이방 사람과 유대 사람 양쪽 모두, 그리스도를 통하여 한 성령 안에서 아버지께 나아가게 되었습니다. (엡 2:14-18)

교회의 교제와 평화는 삼위 하나님의 교제와 평화의 모형이다. 교회는 이를 실행하기 위한 말씀과 성례, 직제와 조직, 교육과 선교의 제도와 질서를 세워왔다. 그리스도는 성령 안에서 교회의 직제와 형태를 통해 교회를 하나님 나라로 인도한다. 가톨릭교회의 주교(bishop) 직제의 유구한 전통과 엄격성과 진중한 복음적 책임과 미국연합감리교회(UMC)의 감독(bishop) 직제를 보면서 한국 감리교회의 2년제 감독제도의 실상을 자꾸 비교하게 된다.

교회는 인간이 세우고 확장하고 세습할 수 있는 자산이 아니라 그리스도의 신부(엡 5:32)이며 새롭게 천상적 생명을 낳는 영적인 어머니이다. 교회는 하나님과 이루는 깊은 결합과 온 인류가 이루는 일치의 표징으로서 그리스도의 성사와 같다. 교회는 하나님의 백성(벧전 2:9-10)으로서 신앙의 신비이며 사랑 안에서만 살 수 있다.

성령께서는 교회를 “살아 계신 하나님의 성전”(고후 6:16)으로 만드신다. 성령께서는 다양한 방법으로 사랑 안에서 온몸을 이루신다. 곧, 지체들을 완전한 사람으로 세울 수 있는(행 20:32) 하나님의 말씀을 통하여, 그리스도의 몸을 이루는 세례를 통하여, 그리스도의 지체들을 양육하고 치유하는 교육과 상담을 통하여, 그 선물들 가운데에서 사도들이 받은 가장 뛰어난 은총을 통하여, 선을 행하게 하는 봉사와 덕행들을 통하여, 끝으로 여러 가지 특별한 은사(카리스마)들을 통하여 부활하신 그리스도의 몸을 이루신다.

그러므로 교회가 끊임없이 스스로 성령의 역사에 참여하여 부활의 교회가 되어감으로써 교회는 부활한다. '교회의 부활'은 끊임없이 개혁하는 교회가 바로 개혁교회(Ecclesia Reformata est Semper Reformanda!)라는 모토의 다른 표현이다.

가톨릭의 제2차 바티칸공의회 문헌은 가시적이고 영적인 교회의 사명을 이렇게 밝힌다. "교회는 주님께서 오실 때까지 주님의 십자가와 죽음을 전하며(고전 11:26 참조), '세상의 박해와 하느님의 위안 속에서 나그넷길을 걷는다.' 그러나 부활하신 주님의 능력으로 굳세게 되어, 안팎으로 당하는 고통과 난관을 인내와 사랑으로 이겨 내며, 마지막 때에 충만한 빛 속에서 드러날 주님의 신비를 어렴풋이나마 충실하게 세상에 보여 준다."[Lumen Gentium (교회에 관한 교의헌장), 8]

부활의 지평

25. 부활(6). 시간과 역사의 부활

묵상본문: 요한계시록 1:8

[이미지]살바도르 달리(S.Dali), 〈승천〉, 1958

그리스도의 부활은 시간과 역사이해의 새로운 지평, 곧 〈시간과 역사의 부활〉을 제시한다는 점에서 매우 중요하다. 한때 한국교회에서 부활을 환생의 모델을 통해 이해하려는 시도들이 있었다. 환생의 현실이 반복되는 자연의 모습을 닮았다면, 부활은 같은 것이 늘 되돌아오는 반복(동일자의 영원회귀)이 아니라 차이를 만드는 새 창조를 의미한다.

신화는 역사의 경험을 말살한다. 신화에서 역사의 단일성, 개체성, 유일회성이 상실되고 역사의 독특성이 구조의 보편성의 원리 아래 용해된다. 신화 속에서 역사가 지양된다. 역사가 불안한 시대에는 신화 – 역사 – 신화의 재현을 고대한다. 그러나 성경적 전통에서 부활사건은 부활의 역사 없이 있을 수 없으며, 시간은 사건 없이 생각될 수 없다. 성경에서는 절대의 시간이나 균질의 시간이 아니라 복수(複數)의 시간, 여러 형태의 복수의 〈때〉가 나온다.

태어날 때가 있고, 죽을 때가 있다.
심을 때가 있고, 뽑을 때가 있다.
죽일 때가 있고, 살릴 때가 있다.
허물 때가 있고, 세울 때가 있다.
…
사랑할 때가 있고, 미워할 때가 있다(전도서 3:2-8)

위의 복수의 시간 이해는 자연의 생성소멸에 터하여 이해되지 않고 하나님의 언약 및 성실하심과 결합되어 이해된다. 한국의 전통적 시간 이해는 1년 자연의 움직임에 근거해 만들어진 24절기인 것처럼, 희랍-로마세계에서도 일 년은 태양력에 의해 결정되었으며, 역사의 목적은 운명이나 행운, 별들의 세력에 의한 것이다. 기독교는 시간을 자연의 움직임에 기초하지 않는다. 기독교는 역사란 사물과 사람을 부르신 하나님의 언약에 의한 것임을 강조한다. 이 점이 바로 성경과 기독교의 새로운 시간 이해이며 역사관이다.

아우구스티누스는 사건과 시간의 질서라는 개념을 통해 역사는 순환한다는 그리스의 시간관을 비판한다. 역사는 동일한 시간적 사건이나 일정한 순환이나 주기에 의해 재연되는 것이 아니다. 구약에서 하나님이 창조와 함께 세운 언약이 시간들을 근거 지었듯이, 하나님의 새 창조 사건인 예수님의 부활이 교회의 역사에서 새로운 시간 경험, 곧 교회력으로 나타난다.

근대 계몽주의적 역사이해는 모든 실재가 원칙적으로 합리성을 띠고 있다는 전제하에서 출발한다. 여기에는 모든 것을 일반적 이성의 원리로 파악하려 하기 때문에, 모든 사건은 원리상 직선적이며 동류(同類), 동질(同質)에 속한다는 전제가 깔려 있다. "같은 것은 오직 같은 것에 의하여 인식된다"는 인식 원리가 적용된다. 그러므로 창조자와 피조물, 신앙과 사유, 역사와 이성 사이의 분리가 진행된다. 시간의 질적 체험은 사적 영역에 묻힌다. 시간은 철저하게 객관화되고 계량화된다.

계량화할 수 있는 근대의 시간 이해는 경험에 의한 질이 탈락되기 때문에 결국 공허하다. 이에 반해 기독교의 시간과 역사 이해는 창조주이신 하나님과 피조물은 동류 혹은 동질적인 존재가 아니라는 인식에 근거한다. 신앙과 사유는 다른 종류의 진리 인식의 방법이다. 계몽주의자 레싱은 '우연적인 역사적 사실'과 '필연적인 이성의 진리' 사이에는 건널 수 없고 구린 냄새 풍기는 넓은 시궁창이 놓여 있다고 주장했다. 기독교의 진리가 역사적 진리라면 그것은 진리의 기준치에 모자란다는 주장이다.

계몽주의적 역사이해는 과거-현재 미래의 사건이 같은 종류의 사건이라는 전제하에서 출발한다. 따라서 미래에 일어날 사건은 과거에 일어난 사건과 같은 종류에 속해야 한다. 자연의 여일(如一)한 운행과 결합한 시간 이해는 전도자가 말하는 것처럼 '같은 것의 영원한 반복'이다. "해는 여전히 뜨고, 또 여전히 져서, 제자리로 돌아가며, 거기에서 다시 떠오른다"(전 1:5). 역사는 특정한 경험의 때가 다양하게 존재하는 것이 아니라, 동질적이며 따라서 이질적 경험들이 탈락된 공허한 시간이다. 자기 자신의 실재로부터 귀결된 것만을 가능하다고 여기는 세계는 객관적으로 무신론적이다.

만일 일체의 사건이 원칙적으로 이전의 것과 이후의 것이 동일하며 상호간에 비교할 수 있다는 전제에서 출발하면, 새로운 것을 말하는 어떤 특수한 구속사의 실재는 물론 그 실재의 가능성마저 불가능하게 된다. 원리상 태양 아래 새것은 아무것도 있을 수 없다는 결론에 도달한다(전 1:9-10). 그렇게 되면 일반적인 것이 특수한 것을 판단하며, 반복적인 것이 유일성을 덮어 누르고 부정하고 배제한다. 따라서 특수하고 유일하며 새로운 생명과 역사를 가져온 예수 그리스도의 부활은 일반적 역사 이성의 범주에 들어올 수 없고, 부활은 역사가 될 수 없다는 결론이 나온다.

계몽주의에서 신앙은 어떠한 인식론적 지위도 거부당한 감정으로 환원되고 부활도 역사적 권리를 기각당한다. 칸트의 이성 비판이 이성을 제한하여 신앙에 공간을 마련한다고 했지만, 결과는 이성과 신앙이 분리되고, 그 분리로 인해 생긴 긴장은 서로 토대를 침식하고 폄하하게 되었다. 신앙은 이성이 침범할 수 없는 순수한 내면의 〈감정〉이나 심리세계로 파고들든가, 이성이 감히 넘볼 수 없는 〈피안의 세계〉로 도피했다.

근대에서는 인간학은 보편적인 것이고 그리스도론은 특수한 것이라는 전제를 가지고 있었기 때문에 그리스도론은 보편적 인간학의 운반체요 그 부속기능, 암호, 상징, 해석범주, 변주에 불과한 것이 된다. '그리스도론의 신비는 인간학이다' 라고 주장하는 신학자들의 공통적 전제다. 포이어바흐 이후, 신학은 보편적 인간학임에 다름 아니다, 라는 선언이 항상 이 전제 속에 웅크리고 있다. 그 첨단적 주장이 불트만의 제자 허버트 브라운(H.Braun)이나 프리츠 부리(F.Buri)에게서 나타난다[발터 카스퍼, 『예수 그리스도』, 74이하).

역사의 특수한 것, 유일한 것에 대한 일반적 이성의 승리는 이성의 자기 제한이라는 자기폐쇄로 끝난다. 그렇기때문에 이제 역사해석에서 유일회적인 것, 새로운 것, 연역 불가능한 것, 이질적인 것을 위한 창조적 여백과 틈을 인식해야 한다. 부활은 실증주의적 역사, 경험적 역사주의의 닫힌 한계에 구멍을 내는 틈이다. 부활은 균일한 역사이해에 질이 다른 '겨를'을 생성한다. 부활은 새것이라는 범주가 진지하게 평가되고 받아들여질 수 있는 역사이해를 수립한다. 이때 비로소 역사적 사유가 참으로 세계를 개방하는 역사적 사유로 전개될 수 있다.

부활의 역사는 정확하게 이러한 역사의 틈이다. 예수 그리스도의 〈부활의 역사〉를 통해 근대 계몽주의적 〈역사이해의 부활〉을 생각해야 한다. 부활의 역사는 부활이 〈일반 역사의 의미〉(불트만)에 그치는 것이 아니라 〈역사의 부활〉이 되어야 한다. 성경의 묵시-종말론적 역사이해에 따르면 부활은 종말에 보편적으로 일어난다. 그런데 그 부활이 예수 그리스도에게서 선취적으로 일어났고, 예수님 부활의 역사는 역사의 부활이 시작된 표지(Zeichen)가 된다.

이것은 근대의 역사관이 인정하고 수용해야 할 정말 매우 긴요한 포인트다. 예수님 부활의 역사를 통해 동질적, 동류적 인과(因果)의 시간 틀 안에 억류된 〈역사의 부활〉이라는 지점을 생각해야 한다. 예수님 부활을 통해 역사의 부활이 근대이후(postmodern)의 역사이해로 수용되지 못할 경우, 부활의 역사는 교회 안에 갇힌 신자들만의 주관적 신앙의 역사라는 게토(ghetto)를 벗어날 수 없을 것이다.

철학자 조르조 아감벤은 모든 문화는 하나같이 특정한 시간 경험이라고 말하면서, 진정한 혁명의 본래적 과제는 '세계를 변화시키는 데'(마르크스) 만 있는 것이 아니라 그보다 앞서 '시간을 변화시키는 데 있다'고 주장한다. 변화된 시간이란 구원의 생명을 가져오는 해방적 시간 경험, 즉 카이로스의 시간을 말한다. 카이로스의 시간이란 앞서 전도서의 '때'에서 말한 한순간 삶을 가득 채우는 시간 경험이며 무한한 양적 시간이 단박에 제압되며 현재화되는 질적 시간이다[아감벤, 『유아기와 역사』, 165-186). 부활은 바로 이런 경험이 충만하고 활력이 흘러넘치는 시간에 속하며, 사실 그 시간 이해의 모체이다.

우리는 신학에서, "그리스도의 십자가의 죽음은 역사적 사실이요 그리스도의 부활은 종말론적 사건이다", 라고 들어 왔다. 이 주장은 '그리스도의 죽음' 〈과〉 '부활'이 단순히 구원의 사실들의 열거가 아니라는 것을 의미한다. '십자가'와 같이 부활을 역사적 사실(fact)이라고만 이해하고 싶은 사람은 부활과 함께 시작되는 전적으로 새로운 창조를 가져오는 묵시-종말론적 희망을 모를 뿐 아니라 그르치게 된다. 그러나 교회는 예수님의 부활로 말미암아 역사를 균일한 역사가 아니라 이질적 역사인 부활의 전망 속에서 볼 수 있는 새로운 시점을 얻게 된 것이다.

균일한 역사 속에서의 자기 인식은 동어반복적이며 자기애(自

己愛)적인 자기 확인에 불과하다. 이질적 역사 이해 속에서 자기 변화와 변혁이 시작된다. 이점이 근대적 역사이해에 던지는 매우 중요한 신학적 포인트이고 도전이다. 부활을 믿는다는 것은 겨우 교회의 부활 교리에 동의한다는 것이 아니라, 역사는 질적으로 열려 있고 역사 속에서 일어나는 하나님의 창조적 행위에 알차게 참여한다는 것이다. "모든 하나님 인식은 다른 것에 대한 놀라운 인지와 철저한 자기 변화의 경험과 함께 시작한다"(몰트만).

부활 신앙은 죽음에서 생명을 일으켜 세우며, 삶의 미래와 관련하여 권력과 소유의 치명적 망상으로부터 인간을 해방하는 생동적 역능이다. 따라서 성령과 희망 가운데서 열어주는 부활의 역사 없이는 그리스도의 부활은 제대로 이해될 수 없다. 부활은 사실(fact)을 뜻하지 않고 '되어감'(becoming), 곧 죽음으로부터 삶(생명)으로 넘어감(transition)을 의미한다.

① 부활의 희망은 다른 삶을 지향하는 것이 아니라, 이 죽을 삶이 다르게 되는 것을 지향하는 것이다.
② 부활은 "피안의 위안"이 아니라 고통과 죽음의 옛 삶으로부터 해방된 생명의 삶이다. 생명의 환희가 찬연히 빛나는 세상이 부활의 세상이다.
③ 부활은 영원무궁한 삶을 이미 지금(只今, right now) 충만하고 황홀(탈아)하게 경험하게 하는 지극한 현재인 숭고한 지

금(至今)이며, 이 지금은 생의 세계 구석구석에서 '영원한 현재'로 두루두루 향유된다.

부활의 빛이 가득한 이 아침
맑고 환(淸明)한 빛이 어디엔들 비치지 않으리
빛보다 어둠을 더 사랑한 인간
어둠을 우리 자신의 어둠으로 깨닫게(의식화) 하는 빛

부활의 주님은 인간의 과거에 대한 기억이나 미래에 대한 기대를 현재의 경험으로 끌어모아 충만한, 흘러넘치는 현재가 되게 한다. 부활하신 그리스도는 성령 안에서 인간의 일상을 찾아와 그 속에 머물고자 하며, 우발-발견적인 창조적 순간[세렌디피티(serendipity)]이 생겨난다. 부활하신 그리스도는 우리 밖에 존재하지 않고 우리 몸속에, 우리의 새로운 생명의 체험 속에 존재하신다. 그러므로 우리는 우리의 하루, 하루의 삶에 충실할 필요가 있다. 부활은 '여기 보이는 삶'의 축복이며 동시에 '보이지 않는 삶'의 축복이다.

세계사를 종말의 역사로 규정하며, 우리 역사적 모순과 갈등의 영역들을 새 창조의 기다림의 지평 위에 세우는 용기와 믿음이 바로 부활의 역사이다. 부활은 법칙의 일반성과 생각의 균일성의 무덤 속에 갇혀 있는 시간의 역사를 살려낸다. 예수님 부활의 역사는 인간이 세계의 주체로서 이전 시대와는 완전히 다른 '새 역사' '신세계'를 만든다는 인간 주체의 역사이해에 대한 심판이다.

그림은 초현실주의자 살바도르 달리의 작품 〈승천〉이다. 일반적인 교회 도상학을 확 벗어난 아주 특이한 〈승천〉 이미지다. 하늘로 오르는 그리스도를 무연(憮然)히 바라보는 제자들의 관점을 부각하였다. 제자들은 산 위에 올라 구름에 싸여 황금의 원 안으로 들어가 점점 시야에서 멀리 사라질 예수님의 발을 보고 있다. 예수님 부활의 역사가 역사의 부활로 넘어가면서, 예수님 부활은 역사적 사건으로 확인되지만, 역사를 초월하고 넘어서는 역사의 부활로 옮겨지면서 부활은 여전히 '신앙의 신비'(Mysterium fidei)의 핵심에 머물러 있다.

살바도르 달리(S.Dali), <승천>, 1958

부활의 지평

26. 부활(7). 거짓된 세상의 심판과 부활

묵상본문: 고전 15:24

[이미지]마티아스 그뤼네발트, 〈부활〉(이젠하임 제단화 중 오른쪽 날개), 1512-1515.

깨어나십시오! 깨어나십시오!
힘으로 무장하십시오,
주님의 팔이여!
오래 전 옛날처럼 깨어나십시오!
라합을 토막 내시고 용을 찌르시던
바로 그 팔이 아니십니까? (사 51:9)

우리의 하나님은 누구인가? 우리의 하나님은 로마의 시저(가이사, Caesar)의 이름으로 대변되는 권력의 총괄개념도 아니고, 희랍적 우주가 나타내는 법칙의 총괄개념도 아니다. 이런 神은 인간이 찾아 소유하고 싶어 하는 神이다. 빌라도 앞에서 대제사장들은 "우리에게는 황제 폐하(시이저) 밖에는 왕이 없습니다"(요 19:15), 라고 답한다.

하나님 나라(하나님의 다스림)에 대한 예수님의 열정이 그를 십자가에 못 박게 했다. 그러나 하나님은 그를 의롭다고 인정해서 그를 살리셨고, 우리의 주님과 그리스도가 되게 하셨다(행 2:36). 하나님의 행위는 예수님을 죽인 폭력적 인간의 행위에 맞서 심판하는 행위, 곧 죽은 자를 살리시는 행위다.

심판은 본디 인간의 자기 발견을 위한 하나님의 도움이다. 심판은 무죄한 망상으로부터의 자유이고, 잠자고 있는 양심을 깨우는 것이고, 삶의 거짓으로부터 해방이다. 우리는 심판이 인간 안에 있는 비겁함 속에 대부분 은닉된 포기된 진실에 대한 굶주림에 대답할 것이라는 생각을 갖고 있다. 시편은 하나님께 그리고 하나님을 향하여 오만한 자들과 악한 자들에게 심판으로, 심지어 복수로 벌해달라는 탄원시를 여러 편 싣고 있다.

주님, 주님은 복수하시는 하나님이십니다.
복수하시는 하나님, 빛으로 나타나십시오.
세상을 심판하시는 주님, 일어나십시오.

오만한 자들이 받아야 할 마땅한 벌을 내리십시오.
주님, 악한 자들이 언제까지,
악한 자들이 언제까지 승전가를 부르게 하시겠습니까? (시 94:1-3)

그리스도 신앙의 주님, 부활의 하나님은 심판을 통해 가난한 자들을 부요하게 만들며, 낮은 자들을 세우며, 죽은 자들을 살리신다. 그러므로 주님의 심판은 생명살림의 권능이다. 사실 심판 일체를 비판했던 것이 예수님의 가르침의 본질이다. "너희가 심판을 받지 않으려거든, 남을 심판하지 말아라(μὴ κρίνετε)"(마 7:1). 바울은 이 말씀을 받아, "비판(판단)하지 마십시오(μὴ κρινέτω)"(롬 14:3)라고 경고한다. 이 금지명령의 신학적 토대는 예수께서 세상에 오신 목적을 밝히는 요한복음에 근거한다고 볼 수 있다. "하나님께서 아들을 세상에 보내신 것은, 세상을 심판하시려는 것이 아니라, 아들을 통하여 세상을 구원하시려는 것이다"(요 3:17).

하나님의 심판에 대한 신학자 로핑크의 말을 들어보자. "인간의 법정은 헤아릴 수 없이 엄청난 세상의 불의에 대해 속수무책이다. 아니, 스스로 그 불의에 연루되어 있다. 하느님만이 최종적으로 죄를 밝히실 수 있다. 그러나 하느님의 심판은 하느님께서 마지막에 보상을 요구하시고 처벌하시고 보속하신다는 의미가 아니다. 그것은 하느님께서 역사를 다 밝히신다는 의미다. 하느님의 진리 앞에서 모든 것이 밝혀진다는 것, 이것이 구원이다."(『예수마음코칭』, 290)

교회가 부활하신 예수님을 主님이라고 긍정하고 고백한다면 세상의 통치자 가이사는 우리의 주님이 아님을 부정하고 저항하는 것이다. 거짓 및 폭력과 협상하는 것은 부활 때문에 불가능하다. 맘몬을 위해 도모하는 것은 부활의 길이 아니다. 부활 메시지는 무력(금력)을 사용하라는 부름이 아니라, 모든 불의와 폭력과 거짓에 대해 진리와 사랑의 이름이 승리한다는 약속이다.

교회의 전통적 가르침은 '승천'과 '하나님 우편에 앉아계심'의 가르침을 통해 이제 세상 만민에게 미치는 그리스도의 '은혜의 통치'(regum gratiae)를 가르쳤고, 기독교 정치윤리의 기초가 되는 '권능의 통치'(regnum potentiae)와 마지막으로 그리스도의 우주적 주권을 말하는 '영광의 통치'(regnum gloriae)를 가르쳤다.

예수님의 부활에서 활성화된 종말론의 주제인 하나님 나라는 불의하고 폭력적인 세상에 대한 하나님의 근본적으로 새로운 개벽(開闢)에 대한 희망의 감각이다. 그러므로 부활의 영역은 소위 '잉여 인간' 까지도 해방하고 용기를 주고 축하함으로써 사회 안으로 통합하는 사회의 미적 융합으로서의 '정치의 부활'로 확산되며 자연과 '우주의 부활'에서 완성된다.

국가의 권력은 나약한 백성의 고통의 경험과 기억을 과거의 무덤에 묻어두려고 한다. 반면 피안을 추구하는 교회의 권력은 고통의 기억을 미래(피안)로 밀어두려고 한다. 기억한다는 것은 과거의 체험을 현재에 재현하는 작업이며, 그래서 기억은 주체적 성찰의 시간이다.

'고난의 기억'(memoria passionis)은 진실과 정의에 대한 갈망이다. 우리는 '2014년 4월 16일 세월호 참사를 잊지 않고 기억하겠습니다,' 하고들 말한다. 슬픔과 동정심 때문에 기억하는 것이 아니다. 기억한다는 것은 세월호 참사로 대변되는 거짓되고 폭력적인 사회의 전 과정을 성찰하는 작업을 통해 진실과 정의를 얻으려는 비판적 현실인식이다.

부활하신 예수께서 제자들의 면전에 그의 몸에 난, 아직 아물지 않았을 푸르게 부은 그의 상처를 열어 보이신다. 그분은 잘못 지나간 것을 그냥 지나가게 하지 않는다. 그는 "용서하고 잊으라," 하고 말씀하지 않는다. 예수께서는 그들이 자신에게 한 일을 잊도록 허락하지 않으신다. 예수님은 그들의 버림과 배신의 고통스러운 결과에, 수치스럽고 기억조차 하고 싶지 않은 자기치부와 직면하도록 하신다. "내 손을 보고 네 손을 내밀어 내 옆구리에 넣어 보라"(요 20:27). 그러나 그들을 꾸짖음으로 그렇게 하시는 것이 아니라 자신의 상처 난 몸을 보여주심으로 그렇게 하신다. 하나님은 "주 곧 너희를 치료하시는"(출 15:26) 분이시고 예수님은 "상처 입은 치유자"(헨리 나윈)이시다.

예수님은 고통에 대한 기억을 끄집어내고 현재화하여 본디 모습을 공유함으로써 치유자가 되신다. 십자가에 달린 자의 부활은 시편에서 반복된 주님만이 홀로 하나님이시고, 주님과 같은 분이 없다는 고백을 확증한다. 부활은 희생자들과 함께하는 하나님의 고난의 연대성을 표시하는 동시에 "하나님의 한결같은 사랑과 진리"(시 61:7)의 권능을 표현한다.

주님, 주님과 같은 분이 누굽니까?
주님은 약한 사람을 강한 자에게서 건지시며,
가난한 사람과 억압을 받는 사람을
약탈하는 자들에게서 건지십니다.
이것은 나의 뼈 속에서 나오는 고백입니다. (시 35:10)

"우리의 싸움은 인간을 적대자로 상대하는 것이 아니라, 통치자들과 권세자들과 이 어두운 세계의 지배자들과 하늘에 있는 악한 영들을 상대로 하는 것"(엡 6:12)이다. 슬라보예 지젝은 이 문장을 다음과 같이 오늘날의 언어로 바꾸었다. "우리의 투쟁은 타락한 구체적 개인들에 대항하는 것이 아니라, 일반적인 권력자들과 그들의 권위, 그리고 전 지구적 질서와 그것을 존속시키는 이데올로기의 신비화를 상대로 하는 것입니다."

하나님은 폭력을 휘두른 사람들을 상대로 복수하고 승리를 거두기 위해 예수님을 죽음에서 살리신 것이 아니라, 하나님의 사랑이 폭력의 죽임보다 크다는 것, 하나님의 용서가 모든 죄악과 정죄보다 넓다는 것을 온 천하에 알리기 위해 부활하신 것이다. 사랑 안에서는 사랑하는 자만이 사랑의 대상에게서 사랑의 원인인 시차적 대상인 생명을 볼 수 있다.

이젠하임 제단화에 그려진 그림들에서 예수의 생애와 탄생 그리고 십자가와 부활에 이르는 성화들을 보면, 이 부활의 그림에서 아예 전체가 빛을 조명 받아 밝아지는 것 같다. 그림 아래에 무덤을 막았던 무거운 돌 덮개가 열려 있고 중무장한 군인들은 비틀거리거나 고꾸라지거나 땅에 나자빠져 있다. 예수님을 죽음으로 내몬 음모와 폭력의 최후의 모습이다.

마티아스 그뤼네발트, <부활>(이젠하임 제단화 중 오른쪽 날개), 1512-1515.

이 그림에는 세 가지가 중첩되어 있다. 다볼산(변화산)에서의 예수님의 변모, 부활과 40일 후의 승천의 모습이다. 부활의 모습이 십자가 책형의 모습보다 더 크다. 부활한 그리스도는 더이상 세상의 모든 고난이 집결한 듯한 고통의 모습이 아니다. 긴 옷이 예수님의 몸을 싸감고 있는 모양이 계란을 감싸고 있는 얇은 속껍질 같다. 제2의 탄생을 연상케 한다. 번쩍 든 그리스도의 양손은 축복의 손인데, 손 중앙에 십자가의 흔적이 깊게 새겨져 있다. 십자가의 손만이 우리를 진정으로 위로하고 축복할 수 있다.

예수님 둘레에 몰려들어 넓게 빛나는 빛의 광휘는 태양빛을 방불케 한다. 부활하신 예수님의 몸에서 형형하는 밝은 빛은 거짓된 세상의 어둠을 몰아낼 광명으로서 계속 빛날 것이다. "그 때에 그리스도께서 모든 통치와 모든 권위와 모든 권력을 폐하시고, 그 나라를 하나님 아버지께 넘겨드리실 것이다"(고전 15:24). 마침내 하나님을 안다는 것은 부활하신 예수님 안에 나타난 하나님의 영광(아름다움)을 즐기는 것이 될 것이다.

할렐루야, 구원과 영광과 권력은 우리 하나님의 것이다.
할렐루야, 주 우리 하나님,
전능하신 분께서 왕권을 잡으셨다.
기뻐하고 즐거워하며, 하나님께 영광을 돌리자 (계 19:1, 6f.)

부활의 지평

27. 부활(8). 신음하는 자연의 부활

묵상본문: 롬 8:22; 계시록 22:1~2.
[이미지]다비드 카스파르 프리드리히, 〈거대한 산에서의 아침〉, 1810-11.

주님께서 주님의 영을 불어넣으시면,
그들이 다시 창조됩니다.
주님께서는 땅의 모습을 다시 새롭게 하십니다.
(시 104:30)

부활에 대한 마지막 성찰이다. 마지막은 으레 완성을 겨냥하는 지점인데, 부활의 주제들을 가능하면 낱낱이 언급하면서 망라하고 싶은 것이었지 내용을 완성할 수 있다는 것은 감불생심(敢不生心)이다. 부활은 하나님이 새롭게 집 짓는 새 창조의 출발이다. 초기 정교회의 부활절 노래는 그리스도의 부활과 함께 하나님은 영원한 죽음을 극복하셨다, 지옥을 파괴하셨다는 찬양이다. 부활절 찬양은 지옥의 파괴에 대해 노래한다. 부활로 말미암아 비존재는 스러지고, 죽음은 사라지며, 하나님으로부터의 분리, 곧 죄악은 사그라진다.

예수님의 부활사건은 [1]①하나님-②예수-③성령의 삼위일체 하나님의 사건으로 완결되는 것이 아니라, 삼위일체 하나님의 창조세계를 새롭게 창조하는 역사의 출발이기도 하다는 생각에서, 그 세계를 [2]④인간-⑤교회-⑥시간과 역사-⑦사회-⑧자연으로 구분하여 성찰해 본 것이다. 칼 라너(Karl Rahner)가 밝혔듯이, 삼위 하나님의 내재적 역사[1]는 곧 삼위 하나님의 경세적 역사[2]이다. 예수님의 부활로 말미암아 [1]과 [2]는 상교(相交)와 상응(相應)을 넘어 상합(相合)을 지향한다.

따라서 성령 안에서 예수님 부활의 역사는 성령 안에서 인간의 부활, 교회의 시작, 역사와 사회의 부활 그리고 자연(우주)의 부활에까지 이르며, 거기서 "하나님은 〈만유의 주님〉(ὁ θεὸς τὰ πάντα ἐν πᾶσιν)이 되실 것이다"(고전 15:28). 우주가 새로 탄생하는 때, 개벽하는 날, 그때는 참으로 지극히 오묘한 때일 것이다.

줄탁(啐啄)이란 말이 있다. 병아리가 알에서 나오기 위해서는 새

끼와 어미닭이 안팎에서 서로 쪼아야 한다는 뜻으로 선종(禪宗)의 공안(公案) 가운데 하나라 한다. 병아리가 껍질을 쪼며 나오려 할 때 어미닭이 그 소리를 듣고 밖에서 쪼아주어야 한다. 너무 늦으면 방치가 되고 너무 이르면 조장이 되니, 탄생이란 참으로 미묘(微妙)한 때임에 틀림없다.

저녁 몸속에
새파란 별이 뜬다
회음부에 뜬다
가슴 복판에 배꼽에
뇌 속에서도 뜬다

내가 타죽은
나무가 내 속에 자란다
나는 죽어서
나무 위에
조각달로 뜬다

사랑이여
탄생의 미묘한 때를
알려다오

껍질 깨고 나가리
박차고 나가
우주가 되리
부활하리.
-김지하, 「줄탁(啐啄)」 전문

그 미묘한 때란 대체 언제인가? 한 생명이 우주가 되어 '우주의 부활'을 암시하는 때는 언제인가? 사랑만이 그 탄생의 미묘한 순간을 본능적으로 알아차릴 수 있다고 시인은 노래한다. 어제의 불탄 자리에 새순 돋듯 저녁 몸속에 얼굴을 내미는 별과 달이여, 하늘 저편에서 마주 잡은 손이여, 그 때를 기다리고 있다.

바울은 하나님은 만물을 그리스도 안에서 창조하였다고 적고 있다. "하늘에 있는 것들과 땅에 있는 것들, 보이는 것들과 보이지 않는 것들, 왕권이나 주권이나 권력이나 권세나 할 것 없이, 모든 것이 그분으로 말미암아 창조되었고, 그분을 위하여 창조되었습니다. 그분은 만물보다 먼저 계시고, 만물은 그분 안에서 존속합니다"(골 1:16-17). 그리스도는 만물에 앞서 태어난 분이시다. 그분을 통해 만물이 창조되었다. "만물은 그분(그리스도)에게서 났고, 만물이 그분으로 말미암아 있습니다"(롬 8:6).

그리스도는 인간의 구주이실 뿐 아니라 만물의 화해자이기도 하다. 그리스도로 말미암아 "만물을, 곧 땅에 있는 것들이나 하늘에 있는 것들이 다, 자기와 기꺼이 화해시키셨습니다"(골 1:20). 그리스도는 생각하는 자로서만이 아니라 존재하는 자로서 만물을 포괄한다. 그러나 "모든 피조물은 이제까지 함께 신음하며, 함께 해산의 고통을 겪고 있습니다"(롬 8:22). "하나님의 계획은, 때가 차면, 하늘과 땅에 있는 모든 것을 그리스도 안에서 그분을 머리로 하여 통일시키는 것입니다"(엡 1:10).

그러므로 그리스도의 부활은 개별적 인간과 공동체뿐 아니라, 죽음을 벗어나기를 신음하는 온 피조물 전체를 위한 희망을 의미한다(롬 8:18-25). 부활은 온 누리에 하나님이 주시는 새로운 생명이 도착했음을 알리는 사건이다. 죽은 자들의 부활 신앙은 '육의 부활'을 통해 〈자연의 부활〉까지 고대하게 한다. 인간이 알지도 못하고 가보지도 못한 광활한 우주, 145억년 동안 변천하고 진화한 자연(소립자 → 원자 → 분자 → 생명체 → 인간)의 세계 혹은 온 생명(가이아)의 부활이란 무엇일까?

하나님을 정원사로 여기며 목회하는 교회(여수 갈릴리교회 김순현 목사)와 말씀 중심의 한 개혁교회가 자연의 아름다움을 교회의 정원에서 발견하여 연결시키려는 목회적 시도(의왕의 말씀전원교회)들은 고무적이다. 하나님의 도시의 꿈은 완전한 '전원도시'이다(계 22:1~2). 에덴동산의 삶의 충만함과 아름다움이 새 하늘과 새 땅에서 완전히 돌아온다.

기독교 종말론의 특징은 육/영혼의 이원론, 물질/정신의 적대적 이원론의 끈질긴 유혹을 물리치고 육과 지상의 물질을 몽땅 긍정하는 신앙, "만물의 회복"(ἀποκαταστάσις πάντων, 행 3:21)에 대한 신앙이다. 부활이란 새 생명의 나타남, 옛 것의 변화를 통해 하나님의 영광이 실현되는 총체적 사태를 지칭하는 말이다. 그리스도의 부활로 자연(우주)의 얼굴이 새로워진다.

프리드리히, <거대한 산의 아침>, 1810-11

독일의 낭만주의 화가 프리드리히(다비드 카스파르 프리드리히, 〈거대한 산에서의 아침〉, 1810-11.)는 거대한 산맥 위에 십자가를 세웠다. 웅장한 자연의 풍경에 비해 십자가는 희미하고 보일 듯 말듯하다. 프리드리히의 그림은 산수화를 설명하는 고원(高

遠), 심원(深遠), 평원(平遠)의 삼원(三遠) 중 평원에 해당한다. 평원의 뜻은 텅 빈 듯 망망하고 멀다. 평원은 앞의 가까운 곳으로부터 멀리 아득한 곳으로 층층이 밀어가는 것으로, 소위 사람의 눈을 극도로 넓게 해서, 우리의 심령이 광활하고 무한한 천지 사이에 유동하게 한다. 프리드리히는 신적인 것은 세계의 곁이나 세계 위, 그 어느 자리에 있는 것이 아니고, 자연적인 모든 것 안에 은은하게 현존함을 그림을 통해 보여준다.

칸트나 피히테, 계몽주의자들에게 종교는 도덕의 부록에 불과하다. 종교는 도덕적 명령의 무조건적 성격을 표현하는 연장도구에 지나지 않는다. 가령, 피히테의 도덕적 자아는 자연에서 완전히 분리되어 있다. 자연은 자기 앞에서는 육체로서, 자기 밖에서는 환경으로 도덕적 명령을 실현하기 위해 인간이 사용할 소재에 불과하다. 자연은 그 자체로서 의미를 가지지 않는다.

철학적으로 셸링의 영향을 많이 받은 틸리히는 셸링의 자연 철학과 신학은 칸트나 피히테와 달리 우리의 공적이나 우리의 도덕적 행위보다도 우리에게 주어진 것으로서 신의 실재를 강조하는 대단한 하나의 은총론이리고 말한다. 따라서 자연철학은 계몽주의의 도덕주의에 대하여 은총을 재발견하는 하나의 길이라는 것이다. 틸리히는 이것이 신학에서 낭만주의의 위대한 업적이라고 평가한다.

틸리히는 미국의 기독교는 낭만주의의 시기를 거치지 않았기 때문에 계몽주의적인 도덕주의가 지배적이고, 예수의 가르침을 도덕적 또는 교리적인 좁은 길로 만들었다고 판단한다. 그러나 우리가 행한 모든 것에 선행하는 신적인 것의 현존을 인식하지 못하는 종교라면, 그 종교는 은총의 개념과는 전혀 친숙해지지 못할 것이다. 틸리히는 하나님 경험에서의 자연의 중요성을 이렇게 단호하게 말한다. "만일 신을 자연에서 제거하게 되면 신은 아주 점차 사라져 버리게 될 것이다. 왜냐하면 우리는 자연이기 때문이다. 우리는 자연에서 왔다. 만일 신이 자연과 관계가 없다면, 그는 마침내 우리의 전 존재와 아무런 관계도 가지지 못하게 될 것이다."(『19-20세기 프로테스탄트 사상사』, 166)

자연은 우리의 도덕적 영광의 소재가 되기 위해서만 존재한다고 생각한다면, 그것은 창조주에 대한 모독이다. 자연은 그것 자체로서 신의 영광을 가지고 있다. 자연 안에서 은총의 재발견이 중요한 과제이다. 자연은 의식적 결단, 도덕적 명령과 무관하게 자신 안에 신의 현존을 가진다. 그때 신의 현존은 우리의 도덕적 행위에 의존하지 않는다.

틸리히는 성례전적인 사고와 감정이 특히 개신교회 안에서 계몽주의의 도덕주의에 의해 상실되었다고 본다. 개신교 안에 성례전적인 감정의 소멸과 성례전적인 사고의 궁핍은 실제로 매우 심각하지만, 그 중요성과 필요성을 거의 의식하지 못하고 있는 실정이다. 낭만주의 화가 프리드리히가 자연 위에 십자가를 세우면서 그는 기독교 신앙 전통 안에 은총의 통로로서 소멸한 '자연의 부활'을 역설하고 있다는 생각이다.

예수님의 부활은 삼위일체 하나님의 권능과 사랑의 소통으로 창조세계가 영광을 입고 진짜 아름답고 선한 삼위일체적 사귐의 새 창조 공동체(New creation community of the Beauty)가 되는 예술적 사건이다. "창조가 변용되고 영화롭게 된다면, 그것은 하나님의 의지의 자유로운 정립이거나 하나님의 자기실현이 아니라, 신적 충만함을 전달하기 위한 하나님의 환상의 위대한 노래나 풍요로운 시나 아름다운 춤과 같다. 우주의 웃음은 하나님의 황홀함이다."(몰트만)

우리는 모세가 호렙에서 본 불꽃처럼 꺼지지 않는 사랑의 감각과 영이 만유에 싸하게 스며들어 만유를 꼬물꼬물 살리고 꽃들이 만발하고 녹음이 짙어지는 부활 절기를 지내고 있다. 부활하신 그리스도는 베드로에게 사랑의 실존을 주문하셨다. 부활절은 인격들 사이에 "사랑과 진실이 눈을 맞추고 정의와 평화가 입을 맞추는" 환희의 날이다. 부활절은 사회적으로 "땅에서는 진실이 돋아나오고 하늘에선 정의가 굽어보는"(시 85:10-11) 열락의 날이다.

바빌론 포로로 잡혀간 이스라엘 백성은 이방 땅에서 서러워 주님의 노래를 부를 수 없었다(시 137:4). 그러나 그리스도의 부활로 인해 우리는 세속화된 무신성의 세계인 이방 땅에서도 기쁨으로 시온의 노랫가락을, 생명의 노래를 부를 수 있게 되었다. 마음속으로까지 '하나님이 없다' 하고 말했던 어리석은 사람(시 14:1)도 부활의 공기를 마시지 않고 살 수 없기 때문이다.

고난과 십자가가 그분만이 걸어갈 수 있었던 독특하고 한결같은 〈사랑의 멋〉이라면 부활은 그 멋을 온 생명 구석구석 숨김없이 발현하는 〈환상적 사랑의 놀이〉, 좋을시고 흥(興)이요 어절씨구 신명이다. 프리드리히 실러에 의하면 인간은 놀이하는 한에서만 자재(自在)롭고 자유로우며 순연(純然)한 인간이 된다.

부활은 이 신명과 흥의 놀이가 물질–생명–인간으로서의 자연 안에서 함께 자라고 충만하도록 촉발하는, 정의가 깃들인 새 하늘과 새 땅의 향기이고 하나님과 인간이 동시에 꾸는 꿈이다. 부활의 영이 온 누리에 스며들고 온 피조물의 숨과 영을 새롭게 할 제, 주님을 아는 지식이 온 땅에 가득하게 될 것이고, 하나님은 영광의 하나님이 될 것이며, 만상(萬象)은 형형색색 흥겹게 노래하며 곱디곱게 피어나는 상춘(常春)의 질펀한 향연이 될 것이다. 주님을 아는 지식이 우주에 가득할 때 우주는 온 피조물의 놀이터가 될 것이다.

그(메시아)는 정의로 허리를 동여매고 성실로 그의 몸의 띠를 삼는다.
그 때에는, 이리가 어린 양과 함께 살며(*놀며),
표범이 새끼 염소와 함께 누우며(*놀며),
송아지와 새끼 사자와 살진 짐승이 함께 풀을 뜯고,
어린 아이가 그것들을 이끌고(*놀고) 다닌다.
암소와 곰이 서로 벗이 되며,
그것들의 새끼가 함께 눕고(*놀고),
사자가 소처럼 풀을 먹는다.
젖먹는 아이가 독사의 구멍 곁에서 장난하고,
젖뗀 아이가 살무사의 굴에 손을 넣고 (*논다).

나의 거룩한 산 모든 곳에서, 서로 해치거나 파괴하는 일이 없다.
(*놀이터가 된다)
물이 바다를 채우듯,
주님을 아는 지식이 땅(우주)에 가득하기 때문이다.
(사 11:5-11; 65:25)

부활절의 실존

28. 부활의 몸에 새겨진 화해의 상흔

묵상본문: 요한 20: 19-29

(1)카라바조, 〈성도마의 불신〉, 1601-02.

(2)-, 세부도.

그리스도의 '부활 후 나타남'(부활현현)은 예수님의 공생애의 말씀과 생명사역이 일시적 과거사가 아니라 현재 진행형임을 후련하게 증거 한다. 부활은 아뜩한 절망과 아찔한 죽음을 초록빛 희망과 푸르른 생명으로 바꾸어 놓은 역사 안에 일어난 초역사적 사건이다. 그렇지만 부활이 그리스도의 몸에 난 상처(두 손과 발 그리고 옆구리)까지 지울 수 있었던 것은 아니었다. 영화롭게 된 예수 그리스도의 몸은 여전히 인간사랑의 열정과 정의의 연대와 친구들에 대한 우정과 더불어 배반과 버림받아 생긴 상처의 지울 수 없는 흔적들을 지니고 계신다.

부활하신 그리스도의 몸에 또렷이 새겨진 상처는 그의 삶을 십자가로 몰아갔던 사랑과 화해의 열정에 대한 육화된 기억이다. 그의 몸에 또록또록 새겨진 상흔(傷痕)은 가난한자, 죄인, 창녀 그리고 다른 하위주체들이 겪는 억울함을 자신의 짓이겨진 육체와 더불어 대변하는 열정적인 사랑과 연대의 표시이다. 동시에 그 상흔은 제자들이 자신의 삶에 대한 공포로 그를 버리고 도망쳤던 삶의 그늘에 대한 음산한 기억이기도 하다.

부활한 그리스도가 문을 모두 닫아걸고 웅크리고 앉아 있는 제자들에게 나타나 자신의 상처를 그들에게 보여준다. 그분은 실로 제자들에게 자신의 상처를 보게 하고, 믿지 않는 제자인 도마에게는 심지어 그의 손을 잡고 상처 난 자신의 옆구리에 손을 넣어 만져보도록 하신다. 얼마나 몸과 살이 바들바들 떨리는 여북한 장면인가요!(요 20:24-29).

이탈리아의 천재 화가 카라바조(Caravaggio, 1573-1610)는 성경에 기록된 실제 도마의 행동과 다르게 그린다. 성경에서 도마는 예수님의 옆구리에 손을 넣지 않고 "나의 주님, 나의 하나님!"(요 20:28)이라고 고백한다. 그러나 화가는 도마가 호기심 어린 눈으로 예수님의 옆구리에 손가락을 깊숙이 집어넣는 장면을 끔찍하게 그려냈다. 믿음이 없다거나 성경을 왜곡하기 위해서라기보다는 예술가는 믿음을 상상력을 통해 감각적으로 표현한다.

카라바조의 그림을 보는 것은 편치 않다. 카라바조 이전에 어느 화가도 이 장면을 그처럼 사실적이며 살 떨리도록 아뜩하게 그린 화가는 없다. 그 어떤 화가도 예수님의 옆구리 상처를 그렇게 가까이서 고통을 끔찍하게 절감하고 몸서리칠 정도로 리얼하게 보여준 화가는 없다.

사람이면 누구나 자신의 상처를 꼭꼭 싸매고 숨기면서 살고 싶어 한다. 우리는 자신의 삶의 흠과 상처를 숨기면서 산다. 특히 숨막히는 경쟁 사회에서 자신의 흠과 단점은 경쟁력 약화로 직결되기 때문에 이런 경향은 더욱 심해진다.

우리 모두
상처 하나씩 숨기며 산다
물음도 아픔이 되는
그런 상처 하나씩 숨기며 산다
–김부조, 〈상처〉 1연

그런데 예수님께서는 자신의 품을 열고 상처를 보여주실뿐 아니라 도마의 손목을 덥석 잡어 손가락을 상처 속으로 넣어 보라고 말씀하신다. 믿을 수 없는 예수님의 기막힌 유머 감각이다. 열려진 몸의 상처 안으로 도마의 손가락이 아슬아슬 깊숙이 들어간다. 도마의 손가락은 마치 상처의 깊이가 어느 정도나 되는지 측량하려는 것처럼 예수님의 몸의 피부를 젖히고 옆구리 속으로, 속살로 쑤욱 들어간다. 바싹 뒤에 달라붙은 한 제자가 손가락이 몸속으로 들어가는 도마의 손등을 잡고 있다. 다른 두 제자들도 잔뜩 신기한 모양으로 이마에 도닥도닥 주름이 접힐 정도의 긴장한 모습으로 그 상처를 주시한다. 카라바조는 이 모든 것을 적나라하게 사실처럼 그렸다.

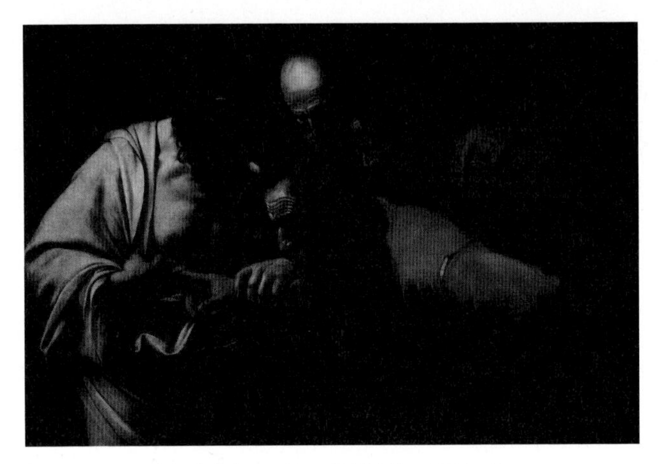

(1) 카라바조, <성도마의 불신>, 1601-02.

(2) 카라바조, <성도마의 불신>, 세부도.

제자들은 바로 3일 전에 갈보리의 예수님을 뒤로 하고 떠난 사람들이다. 그들은 예수님의 죽음을 끔찍한 현실로 받아들이고 자신의 일상적인 일, 어부, 세리 등으로 다시 돌아 가려든 참이었다. 사실 이러한 태도가 도마를 비롯한 제자들이 예수님의 부활을 믿지 못한 속사정이다.

그러나 예수님께서 다시 나타나 바로 그 불편한 과거를 그들에게 기억나게 하여 직면하게 하고 일상의 평형을 찾아 가려든 그들의 의식과 삶의 표면에 구멍을 낸다. 예수께서 제자들을 자신의 몸에 난 상처 구멍으로 초대함으로써 제자들의 몸속으로, 무의식의 세계로 파고든다. 화장하지 않은 맨살의 민낯, 가면을 쓰지 않은 혼돈과 흑암의 에너지로 꿈틀거리는 무의식의 진실은 무엇인가? 거기에서 인간의 불가피한 진실을 만날 때, 그곳은 결코 부끄럽거나 수치스러운 곳이 아니라 너도 그렇게 허물 속에서 허우적대며 살아온 인간이구나, 깨닫게 되는 공감과 긍휼의 영역이 된다. "자신의 그림자를 대면하게 되면, 자신의 있는 그대로의 모습을 보는 것을 더이상 두려워하지 않는다"(존 샌포드, 『융 심리학과 신비로운 기독교』, 177).

우리 모두
상처 하나씩 달래며 산다
아파도 울지 못하는

그런 상처 하나씩 달래며 산다
–김부조, 〈상처〉 2연

예수께서 그들의 면전에 그의 몸에 생긴, 사흘밖에 지나지 않았기 때문에 아직 아물지도 않았을 그의 상처를 열어 보인다. 그는 지나간 자로 하여금 그냥 지나가게 하지 않는다. 그는 "용서하고 잊으라", 하고 말씀하지 않는다. 예수께서는 그들이 자신에게 한 일을 잊도록 허락하지 않으신다. 되돌아보는 일은 죽은 몸을 살리는 일 만큼이나 공력이 드는 일이다. 예수는 그들의 배신과 부인과 버리고 달아남의 고통스러운 행위에 직면하도록 하신다. "내 손을 보고 네 손을 내밀어 내 옆구리에 넣어 보라"(요 20:27).

부활이 진정 죽음에 대한 삶의 승리라면, 부활은 예수님 개인의 삶뿐만 아니라 그리스도를 정의했던 제자들의 관계도 회복되고 복구되어야 한다. 부활은 자율적이지만 개인의 삶의 회복 이상이어야 한다. 그것은 관계의 회복, 그리스도와의 친구됨의 회복이며 화해여야 한다. 부활의 승리는 버림과 배신에 대한 신의와 우정의 승리이며, 소외된 개인주의에 대한 공동체의 승리여야 한다. 부활은 갈보리에서 일어난 분리, 제자들과의 분리, 하나님과의 분리를 다시 잇는 화해와 결합의 능력이다. 얽힘이 풀리고 끊어짐이 이어져 큰 하나를 이루는 화해가 일어나지 않는 부활은 있을 수 없다.

우리 모두
상처 하나씩 사랑하며 산다
지우면 다시 피어나는
그런 상처 하나씩 사랑하며 산다
–김부조, 〈상처〉 3연

예수님과의 우정이 회복되기 전에 기억의 회복, 아무런 흠과 티가 없는 고난에 대한 기억의 회복이 선행되어야 한다. 부활과 화해는 과거의 고초를 잊는 게 아니다. 과거의 불의는 미래의 승리로 지워지지 않는다. 과거의 고난은 부활 역사의 일부분으로 영원히 남는다. 상처가 그리스도의 몸에 아로새겨진 채 남아 있는 이치와 마찬가지다. 부활한 그리스도는 항상 십자가에 못 박힌 그리스도이며 그분이어야 한다. 그리스도인은 항상 십자가의 그리스도와 동시에 부활한 그리스도를 선포해야 한다. 십자가에 못 박힌 그리스도는 지나간 과거의 사실이며, 현재는 부활한 그리스도가 아니다. 늘 십자가에 못 박힌 자의 부활이요, 부활한 자의 십자가이다. 양자는 떼려고 해도 뗄 수 없는 늘 한통속인 관계다.

부활은 그리스도께서 죽음에 직면하여 끊어진 끈을, 예수님과 제자들과의 끈을 다시 잇는 역사다. 부활하신 그리스도가 제자들에게 나타나신 것은 자신의 부활한 사실을 단순히 알리려는 것이 아니다. 믿기지 않는 부활의 사실을 억지로 믿게 하려는 것도 아니다. 부활하신 그리스도가 제자들에게 나타나신 것은 화해된 믿음의 공동체를 세우려는 것이다.

제자들이 지울 수 없는 예수님의 상처를 기억하고 상처에 반영된 자기 자신들의 과거 행실들을 바로 인식할 때, 그들은 예수께서 상처가 역력히 새겨진 부활의 몸으로 건네는 사랑의 초대를 진정으로 받아들일 수 있는 것이다. 열어 젖혀진 옆구리의 상처에서 나오는 '물과 피'가 진정 성스럽고 아름다운 성령의 역사가 되는 것이다. 이때 우리는 상처에 대하여 더이상,

답하지 않으며 산다

묻지 않으며 산다
–김부조, 〈상처〉, 마지막 두 연

이 때 우리는 타자의 허물과 단점들이 친숙한 것들이 되어 넉넉한 마음과 안정된 태도로 바라볼 수 있는 것들이 된다. 부활은 진정 우리에게 희망이 되는 지점, 물음과 답이 필요 없어지는 시기, 부활하신 그리스도의 몸에 생을 실어 달관한 지점에서

詩도 많은 말이 필요 없는 염화시중(拈花示衆)의 미소같이 된다. 우리는 그리스도와의 깊은 합일에 의해 신비스럽게 변화(神化)되어 위 시에서처럼 한 행이 한 연이 되어도 뜻이 넘쳐 통이 커지고 사이가 헐렁해지며 품새가 너그러워지는 '부활절의 실존'을 가능하게 한다.

죽음에 직면하여, 죽음 앞에서, 죽음 속에서, 죽음을 이긴 자리 바로 거기에서 새로운 생명의 움이 트고 싹이 튼다. 히로시마와 나가사키에 투하된 원폭의 새까만 파괴 속에서도 봄이 오면 자라는 새로운 생명의 푸르른 싹을 본다. 이것이 우리가 회색빛 절망 속에서도 파랗게 희망을 붙잡고 놓지 못하는 이유다. 하나님의 능력을 통해 지난(至難)한 우리의 절망의 현실이 뒤바뀌고 믿음의 백성이 승리를 축하한다. 세상의 폭력과 억압과 비극과 부조리와 비상식과 파렴치함과 거짓과 위선 등 역겹고 혐오스럽고 구역질나는 경험들 속에서도 우리는 죽음으로부터 다시 새로운 생명이 움트는 하나님의 부활의 권능을 붙잡는다.

우리 하나님의 권능은 세상의 악이 우리를 위협하는 그 어떤 위력보다 위대하다. 죄가 많기도 하지만 은혜는 더욱 넘친다(롬 5:20). 우리가 불안과 절망에 직면해서도 그것을 피하지 않고 바로 응시할 수 있는 믿음이 거기서 생겨난다. 죽음이 우리의 문을 요란하게 쿵쾅거린다 할지라도 영원한 생명에 안전하게 닻을 내릴 수 있는 힘이 바로 예수님의 부활에서 생긴다.

나는
어디서나 당신을 본다
우주의 환희로 이은
아름다운 상흔을
눈 비비며 들여다본다
—이해인, 〈4월의 환희〉 중에서

어디서나 화해의 상흔을 지니신 주님의 현존을 경험한다는 것, 이것이 "나를 보지 않고도 믿는 사람은 복이 있다"(요 20:29)는 부활하신 주님의 말씀이다. 우리는 예수님의 이 말씀에서 새로 태어난다. 하와가 아담의 옆구리에서 나온 것처럼, 우리는 예수님의 열린 옆구리에서 다시 태어난다. 그리고 예수님의 부활생명이 흐드덕 흐드덕 터트리는 무궁한 우주의 자지러지는 부활절 웃음, '우주의 환희'는 여전히 그분이 메고 갔던 십자가의 상흔의 씨가 우주에 뿌려져 움트고 싹트고 자라 활짝 핀 우주의 꽃이다. 이를 뚫어지라 넋 놓고 무연(憮然)히 바라보는 제자들의 굵은 주름 사이에서 도드라지게 보이는 크게 뜬 저린 눈에는 꼬물거리는 세상의 아름다운 생명이 다 모여 붐비고 있다. 이것이 진여(眞如)의 실상(實相)이다.

이제 우리도 바울과 함께 이렇게 고백한다. “이제부터는 아무도 나를 괴롭히지 마십시오. 나는 내 몸에 ‘예수의 상처 자국’(τὰ στίγματα τοῦ Ἰησοῦ)을 지고 다닙니다”(갈 6:17).

부활절의 실존

29. 부활(10). Noli me tangere

묵상본문: 요 20:16-17

렘브란트, 〈부활하신 그리스도께서 막달라 마리아에게 나타나심〉, 1638.

얼마나 울었을까, 얼마나 가슴이 미어졌을까, 예수님의 죽음에 가장 슬퍼한 사람, 주일 새벽 가장 먼저 무덤을 찾은 사람, 막달라 마리아. 예수님의 무덤을 찾는 그 마음, 슬픔이 온몸을 뒤흔들고 눈물이 그렁그렁 앞을 가려 한치 앞도 볼 수 없다. 누구보다 예수님을 향한 심정이 가장 들썽들썽하고 술렁였을 그녀는 슬픔에 잠겨 무덤 밖에 서서 슬피 울고 있다. 가장 슬픈 것이 우리들의 아픈 영혼에는 가장 아름다운 것인가.

얼마나 울었을까. 슬픈 감정을 추슬러 울음을 그치고 몸을 구푸려 죽음의 세계(무덤) 안을 들여다본다. 남성 제자, 베드로와 요한은 그냥 집으로 돌아갔지만, 막달라는 예수님의 시신이라도 찾지 않고는 그냥 돌아갈 수 없어 무덤을 지키며, 무덤 안으로 몸을 구부려 들여다본다. 막달라는 먼저 고통과 상처, 슬픔과 죽음을 들여다보고 살펴본다.

그러나 예수님의 주검이 보이지 않자 무덤이 훼손되었다고 생각한다. 잠시 후 무덤 안에 있는 흰 옷 입은 두 천사에게 예수님의 시신의 행방을 묻고, 무덤 밖으로 몸을 돌이켜 세상을 본다. 몸을 돌이키는 그 순간 예수님께서 자기 앞에 서 계신 것을 보지만, 막달라는 그리도 보고 싶었음에도 불구하고 어인 일인지 현신(現身)하신 예수님을 금방 알아보지 못한다.

슬픔의 눈물이 앞을 가렸기 때문일까? 슬픔 속에서 집착하다시피 죽음만 생각했지, 꿈에도 생시에도 '부활'은 전혀 생각도, 상상도 하지 못했기 때문일까? 한 번도 경험해보지 못한 일, 역사상 한 번도 일어나지 않은 일을 어떻게 경험하고 알 수 있을까? 부활하신 예수께서 '막달라!'하고 이름을 불러주지 않고 '여자여'하고 집합명사로 말씀하셨기 때문일까?

암튼 이제 '이름'을 부를 때 막달라는 몸만 돌려 건성으로 보는 것이 아니라(14절, she turned around and saw Jesus standing there), 마음과 영혼의 눈으로 주님을 향하여 바라보자 반사적으로 주님임을 인식하고 몸에서 탄성이 터져 나온다(16절, She turned toward him and cried out).

렘브란트, <부활하신 그리스도께서 막달라 마리아에게 나타나심>, 1638.

렘브란트의 이 그림은 우리를 풍부한 상상력으로 초대한다. 막달라와 예수님의 만남은 시적 분위기로 가득 차 있다. 화가는 인물을 그림의 전경에 집중하여 배치함으로써 독자가 곧바로 사건과 대화하고, 그 사건에 푹 빠져들 수 있도록 한다.

막달라가 처음 본 그리스도는 동산지기처럼 보인다. 그는 오른손에 삽을 들고 있고 허리에는 칼을 차고 머리에는 테가 넓은 모자를 쓰고 있어, 이전의 지상의 예수님이 아니다. 예수님의 얼굴은 이콘의 전통을 완전 탈피했을 뿐만 아니라, 감성에 젖은 얼굴도 아닌 한 유대인의 얼굴이다. 긴 긴 밤 지새우고 아침 동산에 올라 작은 미소를 배우는 상쾌한 부활절 아침 햇살이 두 인물과 풍경을 환히 비춘다. 저 멀리에는 예루살렘 성전이 떠오르고 성전이신 예수님의 몸과 대비 된다.

부활하신 주님이 나타나 막달라를 부르는 이 사건을 이렇게 생생하게 그린 작품이 없는 것 같다. 슬픔과 공포를 상징하는 무덤, 그 무덤을 지배했던 바위가 이 그림에서는 위로 치솟아 올라 있어, 어두운 그림자를 만들었던 바위가 그윽한 아름다움과 거룩한 위엄을 유발하고 있다. 화가의 붓의 움직임을 통해 부활의 권능과 아름다움이 눈부시게 타오르는 아침의 태양처럼 온 천하를 환히 밝힐 것이다.

막달라는 주께서 "마리아야!" 하고 자신을 부르는 그리스도의 음성을 홀연 듣고 주님을 알아보고 몸을 돌이킨다. 구세주가 자신의 이름을 불러주었기 때문에 막달라는 주님을 인식했던 것일까. 주님께서 그녀의 빛깔과 자욱한 향기에 어울리는 이름을 불러준다. 그러자 그녀는 주님에게로 가서 그의 꽃(제자)이 된다(김춘수, 〈꽃〉 시상에서).

막달라는 그리스도께서 이전의 지상의 형상으로 환생하신 것으로 알고, 팔을 뻗어 주님을 붙잡으려 한다. 막달라 마리아, 그녀는 아가서의 신부처럼 예수님을 붙잡으려 한다.

애타게 그리던 임을 만났다네.
나는 놓칠세라 임을 붙잡고
기어이 어머니 집으로 끌고 왔다네. (아가 3:4)

그러나 그녀는 예수님을 붙들 수 없다. "나를 붙들지 말라"(Noli me tangere). 나에게 집착하지 말라! 이전의 감각으로 인식할 수 있었던 만남의 형식이 끝난 것이다(요 19:29; 눅 24:31).

인식의 주인이 되어 무엇에 집착하여 파악하려는 육의 감각의 시대가 끝난 것이다. "우리가 무엇을 파악하려고 할 경우, 우리는 그것을 꼭 붙잡으려고 한다. 붙잡아 놓고 만지는 것은 우리 인간이 이해하는 방식이다. 하지만 부활하신 분은 그렇게 파악할 수 없다. 부활하신 분은 마음대로 다룰 수 없다. 우리는 그분을 손으로 잡을 수 없다"[그륀, 『예수, 생명의 문』, 218]. 이제부터 예수님께서 제자들 가운데 현현하시는 형태는 다른 종류의 감각, 곧 '영적 감각'(spiritual sensation)을 통해서만 알아볼 수 있다. 마태 복음서에서 무덤을 떠난 여인들이 예수님을 만나 "그의 발을 붙잡고 경배"(마 28:9)하기도 했다는 기록은 이에 해당한다.

'영적 감각'(오리게네스로부터 닛사의 그레고리우스, 아우구스티누스, 보나벤투라, 웨슬리, 라너, 폰 발타자르에게까지 발전적으로 계승됨)은 영적인 것들을 지각하고 향유(享有)할 수 있는 감각이다. 아직 상처가 심하기 때문에 향유(enjoy)할 수 없다면, 치유에 참여(engage)하거나 상처의 원인에 저항(oppose)해야 한다. 영적 감각은 사랑하는 자의 가슴에서 움 돋는다. 이 감각은 "시온의 돌들만 보아도 즐겁고 그 티끌에도 정을 느끼는"(시 102:14) 청초한 영혼의 시적 감각이다. 영적 감각은 경험적 세계의 아름다움을 인식하는 것이 아니라 '초경험적' 세계의 아름다움을 체험하는 감각이다. 영적 감각은 모든 것(종교적인 것뿐 아니라 친구, 가족, 일, 관계, 성, 고통, 기쁨, 자연, 음악, 유행, 문화 등) 안에서 하나님 발견하고 만나는 감각이다.

마이스터 에크하르트는 "그 육체(감각)에 사랑의 굴레를 씌우십시오"하고 설교한다. 영적 감각, 곧 믿음과 희망과 사랑의 감각은 인간에게 더 빼어난 통찰을 열어주는 종교적 깨달음의 감각기관이다. 영적 감각은 믿음으로써 당신의 한마음 안에 일어난 사랑의 불꽃을 통해 어두운 세상도 환히 보는 새로운 감관이다. 존 웨슬리는 믿음을 통해 영적 감각이 열림으로써 새로운 눈이 열리고 귀가 열린다는 사실을 설교와 여러 글에서 강조했다.

영적 감각이 열린 자는 하나님의 영이 그의 마음속 금선(琴線)

에서 울리고 탄주(彈奏)하는 감미로운 은총을 안으로 속으로 움키고, 밖으로 겉으로 퍼트린다.

말씀이 뜨거이 동공에 불꽃튀는
당신을 마주해 앉으리이까 랍오니여.
발톱과 손바닥과 심장에 생채기 진
피 흐른 골짜기의 조용한 오열
스스로 아물리리까 이 상처를 랍오니여.
조롱의 짐승소리도 이제는 노래
절벽에 거꾸러짐도 이제는 율동
당신의 불꽃만을 목구멍에 삼킨다면
당신의 채찍만을 등빠대에 받는다면
피눈물이 화려한 고기비늘이 아니리까 랍오니여.
발광이 황홀한 안식이 아니리까 랍오니여.
–박두진, 「당신의 사랑 앞에」 전문

부활절의 실존

30. 엠마오의 은총(1), 말없이 동행해주시는 분

묵상본문: 누가 24:15-17

렘브란트, 〈엠마오 도상에서 예수와 함께〉, c.1655.

'엠마오로 가는 길' 이야기는 부활 이야기들 중 가장 길고 아름다운 이야기이다. 렘브란트는 누가복음에 나오는 유명한 이 엠마오 이야기에 매료되어 여러 차례 이 주제를 그렸다. 렘브란트의 모든 그림은 예수께서 제자들 앞에서 떡을 떼는 순간 홀연히 예수님을 주님으로 인식하게 되는 계시사건으로 모아진다.

엠마오의 길은 예수님 부활절에 글로바와 무명의 한 제자가 예수님과 함께 예루살렘에서 약 12km 떨어진 엠마오로 가는 길이다. 이 길은 상실과 슬픔에서 기쁨과 감사로 가는 길이다. 우선 소박하게 그려진 이 드로잉을 보면 예수님께서 엠마오를 향해 타박타박 걸어가는 두 제자들 사이에서 동행하신다. 사랑은 옆에 나란히 서는 것이다. 몇 시간을 걷는 동안 예수님은 제자들에게 아직 낯선 사람이며, 그를 부활하신 주님으로 알아보지 못한다.

이 그림을 보면서 우리는 자신을 실의에 찬 채 엠마오로 걸어가는 한 인간으로 이해한다. 그들의 몸은 숙여져 있고, 상실과 슬픔에 젖어 얼굴은 풀이 죽어 있고 움직임은 느리다. 그들은 서로 바라보지 않는다. “우리는 그분이야말로 이스라엘을 구원하실 분이라는 것을 알고서, 그분에게 소망을 걸고 있었던 것입니다”(눅 24:21), 라고 그들은 말한다. 소망은 사그라지고 절망이 그들의 눈을 가린다. 그 때 한 사람이 그들 옆에 나타나 말을 건다. 그러나 그들은 막 겪은 상실과 고통의 위력으로 눈이 가려 그가 누구인지 알아보지 못한다.

엠마오로 가는 사람은 이 두 제자처럼 이틀 전 예루살렘에서 일어났던 예수님의 죽음에 관한 참담한 사건에 관하여 말한다. 충격이 큰 사건은 흉금을 털어놓으면서 말하고 또 말해야 한다. “인간은 강렬한 체험에 대해서는 그 체험의 감정적인 가치가 소멸될 때까지 되풀이해서 이야기하고 싶어 한다. 가슴에 가득 찬 것이 입으로 나오는 법이다.”(융, 『정신요법의 기본문제』(융 기본 저작집 1), 109) 이야기가 충격을 흡수하고 사건의 의미를 구성한다. 그들은 이야기함으로써 상실과 슬픔을 애도한다.

제자들은 이 사건을 기억하고 되 뇌이지만 이미 빛바랜 과거가

된 이야깃거리일 수밖에 없기 때문에 허탈하다. 그들이 갈 곳은 이제 옛날의 고향뿐인가. 그들은 몸과 마음이 다 지치고 망가진 채 터벅터벅 그 길을 걷는다. 힘찼으나 힘겨웠던 삶, 그러나 주님의 죽음까지 들여다보지 못한 그들의 유약한 삶의 순간, 흔들리는 인간이었기에 회한(悔恨)도 많아 이 길은 너무나 맥빠지는 길이다. 그렇지만 그때에도 어떤 낯선 분이 그들과 동행한다.

렘브란트, <엠마오 도상에서 예수와 함께>, c.1655.

렘브란트는 그의 삶 가운데서 눈에 보이지 않지만, 함께 걸어온 이 동행자를 느끼면서 살아온 것일 게다. 두 제자 중 더 나이 들어 보이는 제자는 그들의 이야기에 고개를 돌려 관심을 표하면서 즐겁게 참여하는 낯선 자를 향해 모자를 벗어 예의를 갖추고 있다. 짐을 등 뒤에 지고 가는 젊은 제자도 유심히 낯선 자를 호기심이 생겨 바라보고 있다. 두 사람 모두 낯선 자를 보고 있지만 그가 누구인지 알아채지 못한다. 누가는 "그들의 눈이 가리어져서 그인 줄 알아보지 못하고"(눅 24:16) 있기 때문이라고 설명한다.

그분은 아무 말 없이 그냥 옆에서 그들과 함께 걸어가고 있다. 그들의 이야기는 죽음으로 인한 낙담과 의미상실이었다. 그분은 더이상 그들 곁에 없다. 그러나 그분은 부활하신 새로운 존재가 되어 그들이 그분을 알든 모르든 그들 곁에 있다. 그리고 예수님께서는 예언자들을 믿지 못하는 그들의 어리석음을 탓한다. "어리석은 사람들입니다"(눅 24:25).

그분은 길을 걸어가면서 그들에게 성경에 쓰여 있는 대로 메시아의 고난과 죽음에 대하여 낱낱이 설명한다. 그분이 그들의 이야기를 경청하자, 이제 그들은 그분의 말씀을 귀 기울려 듣고 점점 온 마음이 밝아져 주님을 알아보지 못한 것에 대해 스스로 놀란다. "길에서 그분이 우리에게 말씀하시고, 성경을 풀이하여 주실 때에, 우리의 마음이 [우리 속에서] 뜨거워지지 않았습니까?"(눅 24:32). 마음에서 느끼는 뜨거움은 인식의 전환을 위한 전조이다. 이야기를 통한 이해와 마음의 공감은 아직 존재의 변화의 안방에 들어간 것은 아닌 것이다.

그렇게 고단한 생의 평지에 무언가 환한 지평이 열리고 있다.

그리도 절망적으로 보였던 삶에 희망의 서광이 비추기 시작한다. 이다지도 슬프고 아픈 생의 골짜기에 새로운 기쁨의 물이 흐르기 시작한다. 무엇이 잿빛 슬픔과 절망과 죽음을 설레는 기쁨과 푸른 희망과 고동치는 생명으로 바꾸는가? '보이는 것'의 '재현'(representation)을 통해서가 아니라, '보이지 않는 것'의 '현시'(presentation)를 통해서이다.

> 산을 오르다 길을 잃어, 어지러운 가시나무 사이에 방황하며
> 지쳐 쓰러져 일어나지 못하려 할 때
> 따스한 손길로 쓰다듬어 일으켜 세워주시는 분.
>
> 산세가 험해 몇 번을 미끄러져 내려가
> 낙심하여 돌아가려 할 때
> 누구에게나 찾아오는 절망은 이겨낼 만한 거라며 손 내미시는 분.
>
> 낭떠러지를 피해 무사히 올라간 그곳, 그 높은 곳에는
> 땅 속에서도 산 속에서도 알지 못했던 평안과 가슴 벅찬 승리와
> 그분의 미소가 햇살이 되어 머리 위에서 부서지더군요.
>
> 그래서 오늘도 무릎을 꿇고 두 손 모아 기도합니다.
> 어떤 일이 있어도 하잘것없는 나를 버리지 않는
> 그분에게……
> –김경화, 「주님」 전문

부활절의 실존

31. 엠마오의 은총(2). 성찬의 신비

묵상본문: 누가 24:30

렘브란트, 〈엠마오의 식사〉, c.1629.

인간의 경험은 다른 사람의 경험에 늘 의존한다. 그래서 경험의 전달과 소통이 중요하다. 우리의 지식이 다른 사람의 경험에 의존하더라도, 다른 사람의 경험이 자신의 경험을 단순히 대체하는 것은 아니다. 다른 사람의 경험이 이야기나 드라마 혹은 시로 표현됨으로써 자신의 고유한 경험을 해석해준다. 우리의 경험의 지평과 능력은 다른 사람들의 낯선 경험에 대한 눅진한 참여 없이는 왜소해지고 시들해질 것이다. 성경과 교회사의 경험이 때로 우리에게 낯설더라도 경험 지평의 무궁함을 수용해야 하고 늘 재해석해야 하는 이유가 있는 것이다.

렘브란트가 1629년, 24세 때 "엠마오로 가는 길"을 주제로 그린 그림들 중 첫 그림(평생 대여섯 편을 그림)이다. 이 그림은 그가 그린 초기 그림들 중에서도 가장 아름다운 그림에 속한다. 예수님을 주님으로 알아보지 못했던 제자와 예수님 사이에 높아진 긴장이 이 그림에서 빛과 어둠의 대비 속에 낭랑하게 잘 표현되고 있다.

렘브란트, <엠마오의 식사>, c.1629.

그리스도께서 빵을 떼는 순간이 바로 어둠에 빛이 비치는 경각이요, 제자들의 눈이 떠지는 신비한 은총이 내리는 삽시간이다. 이 그림에서 그리스도는 비장한 자세로 앉아 계신다. 윗몸을 심하게 뒤로 젖히고 있고, 위엄이 돋보이는 몸의 옆모습 윤곽이 또렷하게 드러난다.

그러나 그의 이목구비는 옆모습 탓에 살갑게 드러나지 않는다. 부활한 주님의 모습은 어둡게 처리되어 그분에게서 나온 빛을 받아 되비추는 나무로 만든 밝은 벽면과 대조된다. 부활하신 분의 인간적 모습이 아니라 그분에게서 발하는 빛이 중차대한 것이라고 생각된다.

그분은 우리를 어둠에서 빛으로, 회색빛 무덤에서 싱그러운 생명으로, 경직된 삶에서 부드러운 삶으로, 구속에서 자유로, 눈먼 삶에서 눈뜬 삶으로, 마비된 삶에서 감각적 삶으로, '율법의 행위'(ἔργων νόμου, 롬 3:28; 갈 2:16)에서 사랑으로 이끌어 내신 분이다.

전경 어두운 곳에서 한 제자는 앉았던 의자를 뒤로 제켜 나자빠진 채 주님께 엎드려 경배하듯이 무릎을 꿇고 있다. 주님 앞에 경이의 모습으로 비스듬히 앉아 주님을 알아본 제자의 얼굴은 퉁방울눈을 한 채 외경(畏敬)으로 가득 찼고, 너무 놀란 나머지 옆으로 쓰러지면서 팔과 손은 방어하는 듯한 모습이다. 주님의 이 실루엣은 저 멀리 부엌에서 음식을 준비하는 한 여인에게서 평행선을 그리며 반복되어 닮은꼴이 된다. 그 여인은 여기서 일어난 일을 알아채지 못한 듯 음식을 준비하느라고 여념이 없어 보인다.

식탁 위 한가운데에는 빵과 포도주잔이 놓여 있다. 렘브란트는 개신교 화가이지만 누가가 본문을 통해 강조하는 성찬의 중요성을 놓치지 않는다. 빵과 포도주를 먹고 마시는 순간, 우리는 자신의 살과 피를 떼어 나누어주는 그리스도를 알아본다. 성찬은 그리스도의 수난과 부활사건을 전례구조로 변환시킨다. 성찬을 이행함으로써 이 구조 속에서 사건이 재현된다. 성찬은 하나님의 사랑을 몸으로 체험하는 일이다. 유다처럼 빵을 받을 때 그 안으로 사탄이 들어가는 최악의 경우도 발생한다(요 13:27). 그러나 우리는 성찬 때마다 그리스도 안에서 반짝이는 하나님의 사랑을 확증한다.

빵은 우리에게 영양분을 공급하고 힘을 주고 인간의 마음을 강화하며, 포도주는 우리의 마음을 즐겁게 해주고, 기쁘게 해주고 감정을 풍성하게 한다. 예수님은 우리에게 빵과 포도주가 되어 힘과 기쁨으로 해가 닳도록, 달이 닳도록, 영원무궁하도록 현존하신다. 귀로 들은 말씀이 우리의 몸 안으로 다시 성육신한다. "진리란 초시간적인 보편적인 것이 아니라 역사적인 것만이 절대자의 형태를 보여줄 수 있다는 인식"(아도르노)에 더해 성육신은 절대자의 형태를 한 몸으로 보여준다.

로고스가 몸이 됨으로써 몸을 길라잡이로 하는 언어가 시작된다. 몸은 논리적으로 말하는 것이 아니라 시적으로 말한다. 세상의 물질인 빵과 포도주 안에 그리스도의 현존하심을 믿음으로 받아들임으로써, 성찬은 온 누리가 그 깊은 곳까지 그리스도로 채워져 있고, 우리가 모든 사물에서 그리스도를 만나야 함을 상징적으로 제시한다. 대개 예배(미사)가 먼저 말씀의 예전으로 시작하여 성찬의 예전으로 마감되는 것은 예배 때마다 말씀이 육신이 되는 성육신 사건, 즉 말씀이 사람의 세계 속으로 녹아 들어가는 체험을 기대하기 때문일 것이다.

성찬에서 우리는 하나님에게서 받은 우리의 삶을 그분께 맡긴다. 하나님에게 우리의 삶을 드림으로써 우리 삶을 목적과 성취중심의 미혹으로부터 해방시킨다. 삶은 하나님의 것이다. 그렇게 우리는 그분에게서 자유의 여백을 만든다. 그 안에서는 어떤 이득을 얻어야 한다는 강박이 없고 업적을 쌓을 필요도 없으며, 그 무엇도 자랑삼아 내보일 의무가 사라진다. 우리 삶을 그것의 원래 자리인 하나님의 영역으로 들어 올리기만 하면 된다. 하나님을 근본(根本)으로 삼을 때 우리의 근원(根源)을 짐작할 수 있다.

성찬은 귀로 들은 말씀이 온 감각을 거룩하게 하여, 눈으로 보고 코로 흠향하며, 손으로 만지고 입으로 먹어, 위와 장과 실핏줄을 따라 온 몸에 퍼짐으로써 몸과 삶을 아름답게 하고 거룩하게 하는, 예배(미사)에서는 물론 그리스도인의 일상에서 가장 중요한 성례(sacrament)이다. 성찬은 예수 그리스도와의 감각적 만남의 표징이다. 이런 의미에서 성찬신학은 감각신학의 전형이다.

성찬은 물질과 감각을 통해 그리스도의 은총을 경험함으로써, 세상을 물질과 감각의 물리화학적 성분으로 환원되거나 그 작용으로만 생각하지 않고, 그 이상을 지향하며 살게 한다. 성찬은 물질의 본질적 의미는 원자도 아니고 인간의 소유의 대상도 아닌 초월을 투시하는 창(window)임을 알게 하는 실험장이다. 성찬은 은총을 입어 사물에 은연중 머물러 오래오래 생각하고, 사물에 情을 붙여 사물 안에서 사물을 통해 초월자에까지 가까이 다가가는 아주 오래된 새 길이다.

고대교회의 전통에 따라 성찬은 예배의 정점이다. 5세기 교부 알렉산드리아의 키릴루스(376-444)는 성체를 이렇게 받으라고 말해주고 있다. "성체를 향해 갈 때 손을 평편하게 펴서 내밀거나 손가락을 펼치지 말고, 왼손을 왕을 영접할 옥좌로 만들라. 손바닥을 움푹하게 하여 그리스도의 몸을 받은 다음 '아멘'이라고 말하라. 그런 다음 성체와의 접촉을 통해 너의 눈을 아주 섬세하고 거룩하게 하고, 성체를 받아 모시라."

성찬을 개신교에서는 최후의 만찬(Last Supper)과 연결하여 주님의 만찬(Lord's Supper) 혹은 성만찬이라 부르고, 가톨릭에서는 '미사', 성공회에서는 '거룩한 교제'(holy communion), 최근에는 '감사례(eucharistia)라고 하지만 정교회에서는 '신비(mysterion)'라고 칭한다. 서방교회가 채택한 성례[성사, 거룩한 일,

sacramentum]는 그리스어 신비(mysterion)의 라틴어 번역이다.

"신비"는 인간에 대한 하나님의 꿈을 인간이 접하게 될 때 생기는 드높아진 실재다. 인간만이 삶을 꿈꾸는 것이 아니라 하나님도 인간에 대해 꿈을 꾼다. 꿈은 단순히 잠잘 때의 체험이나 수면 상태에서의 무의식적 체험을 의미하는 것이 아니라 각성된 상태에서 영혼의 심연에 샘물처럼 괴는 시적 동경이요, 인간 영혼에 충만해지는 낮꿈(Tagtraum)을 말하는 것이다.

하나님의 꿈은 아들 예수 그리스도를 통해 현실화 되었다. 예수님에게서 우리의 구원자이신 하나님의 호의와 인간애(φιλανθρωπία, humanitas 디도 3:4)가 발현되었다. 하나님이 꿈꾸신 인간상(humanitas)은 하나님과 온전히 포개어지며 하나님의 선하심과 사랑으로 가득 찬 인간이다. 성찬에 차지게 참여함으로써 이 꿈이 올차게 이루어짐을 꿈꾼다.

렘브란트의 그림에는 현란한 색채는 사용되고 있지 않지만, 오히려 드라마틱하게 발광하는 그리스도의 부활의 빛이 색채를 대신하여 닭이 우는 햇새벽의 별처럼, 우리들 가장 가까운 곳까지 내려와 남들보다 늦게까지 한 사람을 사랑하던 애타는 마음을 느끼게 한다.

새벽하늘에 돌아가지 못한 별 하나 떠 있습니다.
우리들의 마음이 가장 고요해지는 때를 기다려
우리들 가장 가까운 곳까지 내려온 별들인지도 모르지요.
오순도순 사랑하고 가슴 아파도 하는 얘기에 귀기울이다
모두들 소리도 발자국도 없이 돌아갈 때에
너무도 가까이 내려와 오래오래 혼자 눈물짓다가
돌아가는 시간이 길어진 별인지도 모르지요
남들보다 늦게까지 한 사람을 사랑하던 마음인지도 모르지요
–도종환, 「새벽별」 전문

이제 눈은 맑게, 귀는 고요하게, 입은 순연하게, 마음은 잔잔하게, 몸은 가지런히 모아 성체 안에 현존하신 예수님 품에서 새벽하늘에 돌아가지 못한 별처럼 화락(和樂) 붉어지자.

부활절의 실존

32. 엠마오의 은총(3), 신비한 아우라

묵상본문: 누가 24:29

렘브란트, 〈엠마오의 식사〉, 1648.

“엠마오의 식사”로 렘브란트가 그린 그림들 중 가장 유명한 그림이다. 렘브란트는 이 그림에서 배경을 아주 단순화시키고 빛에 집중한다. 예수께서 식탁 한가운데 두 손을 책상 위에 모으고 앉아 계신다. 머리는 약간 오른쪽으로 기울고 두 눈은 앞을 바라보시며 무엇인가 말씀하시고 있는 입모양이다. 예수님의 얼굴은 맑게 빛난다. 그 모습 뒤로 깊고 높게 드리운 벽감(壁龕, niche)은 고요하고 영명(靈明)하게 비치는 그분의 현현의 위엄을 안아주고 담아주는 가장 포근한 영성적 공간을 만든다.

앞서 본 1629년의 작품에서는 낯선 공포와 오소소 소름 돋는 경악 속에서 예수님을 바라보지도 못하고 꿇어 엎드릴 정도의 두려움의 성스러움이 느껴졌다. 그러나 이 그림에는 놀람과 경외의 누미노제가 찾아들면서, 신비가 몽글몽글 피어올라 차분하고 고요한 영적 청취와 대화를 불러내는 제자들의 모습이 그려져 있다.

렘브란트, <엠마오의 식사>, 1648

왼쪽의 제자는 놀란 표정으로 손을 모아 입 가까이 대고 주님을 주시한다. 오른쪽 제자는 자신의 눈앞에서 순간 일어난 부활하신 그리스도를 알아보고 관조하는 듯하다. 그의 오른손은 냅킨을 쥐고 있고, 왼쪽 팔은 의자 위에 올려있다. 그리고 빛의 조명을 한 몸에 받는 시중드는 한 노파와 젊은이는 일어난 사건을 전혀 눈치채지 못한 듯 자기 일에만 열중하고 있다.

누가는 "그들이 깨달았다"든지 "빛을 보았다"고 말하지 않는다. "그들 속에서 마음이 뜨거웠다"고 말한다. 단순히 새로운 관점, 새로운 자신감의 차원이 아니라, 새 생명, 새로운 삶의 환희, 새로운 영혼이 탄생하는 순간을 말하고 싶은 것일게다.

〈엠마오의 그리스도는〉는 렘브란트의 작품 가운데 가장 극적인 신앙고백이다(발터 니그). 이 그림은 렘브란트의 내적 자화상이다. 자기 안에 부활하신 주님을 모신 내적 중심이 자리 잡고 있다면 왜곡된 겉모습은 언젠가 끝내 사라질 것이다. 렘브란트는 한평생 엠마오를 걷던 사람이었으나 주님의 은총으로 구원의 신비를 알아차리고 흠뻑 젖어들어 맛본(浹洽之味) 사람이다. 물론 이 세상에는 이 진리를 깨닫지 못하고 음식을 나르는 것으로만 일생을 사는 사람도 있다. 그러나 그 일조차 주님의 은총으로부터 벗어난 일은 아닐 것이다.

전체적으로 이 그림에는 깊은 영적 만남과 대화로 빠져들어가는 신비한 긴장이 가득히 감돈다. 좌측에 길게 내려진 커튼도 한몫하는 것 같다. 거룩하고 신비스러운 세계는 바깥세계에서 엄벙덤벙 훔쳐볼 수 있는 세계가 아닌, 다음 시에서처럼 안으로 속으로 종이에 스미는 묵향처럼 한없이 은은한 세계다. 그러나 종이에 스며든 그 향은 당신이 천년 진창의 한길을 걸으며 키운 꽃의 감미(甘美)로운 향이다.

진창의 끝은 꽃이다

진창에서 꽃까지 백 년

향기마저 거두어들인

침묵의 끝은 소리다

침묵에서 소리까지 천 년

입도 닫고 몸도 닫은

한 올 소리 새어 나가지 못하여

내던져진 진창길

하여

다시 입 닫으며 오로지 한길을 가

꽃은 진창을 걸으며 향을 키웠다

종이에 스미는 묵향

—신달자, 「향」 전문

부활절의 실존

33. 엠마오의 은총(4), 투명한 형상의 광채

묵상본문: 누가 24:30~31

렘브란트, 〈예수의 사라짐〉, 1648-49.

"예수께서 빵을 들어서 축복하시고, 떼어서 그들에게 주셨다. 그제서야 그들의 눈이 열려서, 예수님을 알아보았다. 그러나 한순간에 예수께서는 그들에게서 사라지셨다(ἄφαντος)" (눅 24:30~31).

성찬, 거기서 그분은 자신의 몸을 취하여 감사기도 드리고 떼어 우리에게 나누어 주시면서 우리 곁에 계시고, 우리에게 말씀하시고, 우리에게 성서의 뜻을 알려주시고, 우리 삶의 신비를 밝혀 주신다. 성찬에서 우리는 그분을 접(接)하여, 그분을 유심히 보고 섬세하게 만지고, 묵묵하게 깊이 맛보고, 그분을 우리 몸 안에 오래오래 모시고 살 수 있게 되는 거룩한 사건이 일어난다.

우리는 그분을 우리 몸 안에 모셨으니, 우리 눈으로 그분을 계속 몸 밖에 붙들어 둘 수도 없고 그럴 필요도 사라진다. 예수님께서 제자들의 마음과 삶 안으로 들어오시면서 그들의 시야에서 사라진 것이다. 이제 나는 내 안에서 그리스도를 발견하고 그분을 본다. 그리스도께서 주신 살을 먹고 피를 마신 사람은 그리스도 안에 있고, 그리스도도 그 사람 안에 있으며(요 6:55), 그 사람 안에 계신 그리스도를 사는 것이다(갈 2:20). 내 안에 계신 그리스도는 나의 중심이고 나 자신이다.

렘브란트, <예수의 사라짐>, 1648-49.

렘브란트는 제자들이 눈이 밝아져 주님을 알아보자마자 예수께서 사라진 장면을 그렸다. 이 그림은 현대미술을 보는듯하다. 렘브란트는 깜짝 놀란 두 제자(한 제자는 앉아 있고 다른 제자는 서 있다)가 앉아 있는 그리스도를 바라보는 광경을 그렸다. 그러나 의자에는 그분의 윤곽이 어슴푸레 그려질 뿐, 그리스도의 몸은 사라지고(ἄφαντος, aphantos) 투명한 형상의 광채만이 눈부시게 빛나고 있다.

예수님이 제자들에게 나타났다가 성찬의 순간 사라지셨다. 이것이 부활의 변증법적 신비다. 성찬 후 그리스도의 몸이 내 안에 계시기 때문에 밖에 계실 필요가 없어져 육안에서 사라진 것이다. 예수님이 그들과 함께 있는 한 그들은 자기의 중심을 예수님에게 투사할 것이지만, 예수님이 그들에게서 사라지면서 그들은 눈을 모아 중심을 자기 안에서 발견한다. 사라진 예수님의 몸이 남긴 투명한 광채는 제자들에게서 눈부시게 빛나는 하나님의 한 줄기 광선이 된다.

누가에게 부활은 본질적으로 '열림'과 관계가 있다. 우리의 마음이 열리고(행 16:14), 정신과 눈이 열려(눅 24:31) 부활하신 주님을 통해 하나님을 본다. 예수님의 몸은 투명해져 한 점의 얼룩도 없이 하나님의 존재를 온통 투과시켜 보여주신 것이다. 바로 조금 전까지 그 자리에 앉아 떡을 떼 주시던 분이 아닌가. 의자 위에 남아 있는 왼쪽 팔의 흔적만이 그분이 여기 있었음을 암시한다.

그분의 머리가 있어야 할 곳에 사방팔방으로 찬란한 빛이 발산하고 있다. 몸의 형체는 사라지고 오직 빛의 사건과 에너지만으로 묘사된 이 부활하신 분은 이루 형언할 수 없으나, 감각적 실재보다 더 실제적인 체험을 그리고 있다. 이제 더이상 그분의 육체적 현시(顯示)는 불필요하다. 부활하신 예수님을 알아보는 순간 사라지는 예수, 알아보았기 때문에 더이상 내 앞에 있는 한 대상으로 존재하지 않는다. 내 영혼 안으로 다 들어온 것이다. 그것이 순수 영원이 유한한 인간에게 계시하는 방식일 것이다.

고전적인 하나님의 숨바꼭질 같은 계시 방식에 따르면 하나님은 계시하시면서 숨어계시고, 숨어계시면서 계시하시는 분이다. 성경의 언어로 말하면 "주님의 길은 바다에도 있고, 큰 바다에도 있지만 아무도 주님의 발자취를 헤아릴 수 없는 것"(시 77:19), 사건으로 존재하지만 헤아릴 수 없는 것이 주님의 계시다. 유한이 무한을 접하는 순간, 유한은 자신을 갈고 닦아 무한을 증거하기 위해 초월의 창으로 변신한다. 이때 무한은 유한을 지우거나 지배하지 않고 자신과 동행하기 위해 유한을 변형한다.

성육신이든 부활의 현현이든 매우 특별한 유형의 현전(나타나 있음)이다. 그러나 그것들은 현상(現象)으로서 단지 감각에 나타나는 것이 아니라, 현현(顯現)으로서 순수한 마음에 소롯소롯 현존(現存)한 실재다. 신앙은 사물을 감각이 아니라 가슴으로 경험하게 한다. 가슴으로 경험한 실재는 감각적 경험보다 더 감각적이다. 눈으로 바라보는 것이 아니라 심령의 만남을 통해, 내적 경험을 통해 알게 된다.

렘브란트는 부활하신 예수님의 현존에서 인간의 인식이 만든 대상이 아니라 순수한 '바깥', "없이 있음"(유영모)을 그린 것이다.

이로부터 내 어이없는 백지들 훨훨 날려보낸다
맨몸
맨넋으로 쓴다
허공에 쓴다

이로부터 내 문자들 버리고
허공에 소리친다
허공에 대고
설미쳐 날궂이한다

이로부터 내 속속들이 잡것들 다 묻는다
허공에 나가 춤춘다

오, 순수한 바깥이여
-고은, 〈허공에 쓴다〉 (1~4연)

하나님은 이름이 아니다, 명사가 아니다. 관념이나 표상과 형상이 아니라는 의미에서 그렇다(신 4:15-40). 하나님은 이름 없이 현존하시는 분이다. 그러나 다른 한편 성경전체에서 하나님의 이름, 예수님의 이름은 절대적이다. "그 이름만이 홀로 높고 높다"(시 148:13). "주님은 언제나 한결같고, 주님의 햇수에는 끝이 없다"(시 102:27). 심지어 "어떤 이는 전차를 자랑하고, 어떤 이는 기마를 자랑하지만" 신앙 깊은 시인은 "주 우리 하나님의 이름만을 자랑"(시 20:7)한다. 따라서 우리는 하나님의 이름을 부르되(창 4:26) "하나님의 이름을 함부로 부르지 못한다"(출 20:7).

하나님의 이름은 관념이나 형상이 아니라 하나님 자신이며, 구원활동을 하는 이름이다(시 23:3, 79:9, 106:7-8). 하나님은 구원활동을 하는 분이기 때문에 "주님의 이름을 부르는 사람은 누구든지 구원을 얻을 것입니다"(롬 10:13, 행 2:21). 요컨대, 거룩한 이름 주 "하나님은 살아계신 하나님이다. 하나님은 사건이요, 행동이요, 삶이다"(한스-요아킴 크라우스, 『시편의 신학』, 48). "주, 나 주는 자비롭고 은혜로우며, 노하기를 더디하고, 한결같은 사랑과 진실이 풍성한 하나님이다"(출 34:6). 그러므로 하나님은 이름이 있되 이름이 없다. 하나님의 이름은 명명하거나 대상화할 수 없는 사건이다.

아버지라는 것
어머니라는 것
옛 옥황상제라는 것
그런 것들도
감히 그 이름이 되지 못한다
몇 천 년 간 없어지지 않고 아직껏 떠도는
신이라는 것도
그 무엇도
그 무엇도
감히 그 이름이 되지 못한다
–고은, 〈허공에 쓴다〉 (5연)

백지들, 문자들, 내 속에 있는 잡것들, 표상과 관념들을 훨훨 다 날려 보낸 순수한 몸(맨몸), 티 없이 맑은 영(맨넋)에 임하는 이 무한의 허공의 체험은 오늘도 엠마오로 가는 길 위에 있는 제자들에게 임한 영적 체험이다. 그곳에는 오직 투명한 빛, 참 빛만이 찬연하게 빛난다. "명명될 수 있는 모든 것이 폐기되는 곳, 거기에서 영혼은 하나님을 가장 순수하게 인식한다"[블래크니, 『마이스터 에크하르트』, 326].

참 빛은 대낮의 밝음이 아니라 현존의 밝혀짐이다. 이 현존의 밝음 속에서 인간은 자기 자신의 본디 모습(眞面目), 곧 '나는 곧 나'

이신 분이 내 안에 계심을 만나고, '나'라고 하는 분이 '너'를 '그들'에게 보내는 홀로 걸어야 할 삶의 길을 발견한다(출 3:14).

하나님은 인간이 걸어온 삶의 길이며, 인간이 걸어갈 참삶의 아름다운 길로서 "하나님을 예배"(출 3:12, 7:16)하기 위한 출애굽의 길이다. 그래서 "아브라함의 하나님, 이삭의 하나님, 야곱의 하나님"이다. 하나님은 모든 인생이 걸어갈 참삶의 큰 길이다. 그 길 위에서 하나님은 "영원한 나의 이름"이며 "대대로 기억할 나의 이름"(출 3:15)이다.

지금 그 참된 생명의 길이신 주님을 알아보는 순간 그분의 형태는 사라지고, 삼라만상의 본디 모습인 큰 허공을 알아보도록 우리 영혼 가운데 그리고 이 세계 안에 그 빛만이 눈이 부시도록 환하게 오래오래 남는다. 예수 그리스도는 그들에게서 떠나 하늘로 올라가실 것이며(눅 24:51), 그들은 사기 안에 임한 하늘을 알아보고 하늘같이 아름답게 살 것이다(행 2장).

누가는 부활을 '열림'으로 이해한다. 부활은 우리의 눈이 열리고(눅 24:31) 우리의 마음이 열리는(눅 24:45, 행 16:14) 사건이다. 이스라엘에게 있어서 세계는 그리스적 사유의 대상인 '존재'라기보다는 '말씀의 사건'이듯이, 부활의 하나님은 '열림'의 사건 속에 현존하신다. 부활하신 분은 잡으려는 우리의 시야에서 늘 사라지지만, 그분께서 우리의 눈과 마음을 열어주시어 우리는 그분에 대한 사랑으로 타오르는 눈부신 삶을 살게 될 것이다.